外语院校人才培养模式创新研究

计金标 李小牧 ◎ 主编
宋 强 李洪波 裴怀涛 ◎ 副主编

中央编译出版社
Central Compilation & Translation Press

图书在版编目（CIP）数据

外语院校人才培养模式创新研究／计金标，李小牧主编．—北京：中央编译出版社，2019.8
ISBN 978－7－5117－3698－7

Ⅰ.①外…
Ⅱ.①计…②李…
Ⅲ.①高等学校—外语—人才培养—研究
Ⅳ.①H3

中国版本图书馆 CIP 数据核字（2018）第 296056 号

外语院校人才培养模式创新研究

出 版 人：	葛海彦
出版统筹：	贾宇琰
责任编辑：	杜永明
执行编辑：	周　毅
责任印制：	刘　慧
出版发行：	中央编译出版社
地　　址：	北京西城区车公庄大街乙 5 号鸿儒大厦 B 座（100044）
电　　话：	（010）52612345（总编室）　　（010）52612339（编辑室）
	（010）52612316（发行部）　　（010）52612346（馆配部）
传　　真：	（010）66515838
经　　销：	全国新华书店
印　　刷：	天津雅泽印刷有限公司
开　　本：	710 毫米×1000 毫米　1/16
字　　数：	294 千字
印　　张：	18.5
版　　次：	2019 年 8 月第 1 版
印　　次：	2019 年 8 月第 1 次印刷
定　　价：	78.00 元

网　　址：	www.cctphome.com　　邮　箱：cctp@cctphome.com
新浪微博：	@中央编译出版社　　微　信：中央编译出版社（ID：cctphome）
淘宝店铺：	中央编译出版社直销店（http://shop108367160.taobao.com）　（010）55626985

本社常年法律顾问：北京市吴栾赵阎律师事务所律师　闫军　梁勤
凡有印装质量问题，本社负责调换，电话：（010）55626985

前 言

习近平总书记在十九大报告中明确指出，建设教育强国是中华民族伟大复兴的基础工程，必须把教育事业放在优先位；加快一流大学和一流学科建设，实现高等教育内涵式发展。在新的历史起点上，外语院校作为高等教育的一分子，必将肩负着新的历史使命，面临着新的机遇和挑战，在传承与发展的基础上，为建设高等教育强国履行自己应尽的职责。

大学肩负着人才培养、科学研究、社会服务、文化传承与创新、国际交流合作的重要使命，其中人才培养是大学的根本使命。在中国特色社会主义新时代，更好推进大学建设，办好人民满意的大学，需要着力解决好为谁培养人、培养什么样的人、怎样培养人的问题。而这也正是新型外国语大学人才培养过程中必须研究和探索的首要和本质问题。

人才培养作为高等学校永恒的主题，一直是大学的存在之本。人才培养质量的高低在一定程度上取决于人才培养模式的深化改革，所以，人才培养模式是动态的、变化的、发展的，一种成熟的模式既有一定的理论基础，又会在长期的实践中不断丰富完善，形成相对稳定的结构特征，从而指导实践。因此，认真反思办学过程中已有的和典型的人才培养模式，从中总结经验和不足，对深入探讨新形势下人才培养模式的创新问题具有重要意义，对提升人才培养质量和水平具有决定性意义。

2015年以来，在全国高校教育改革的大背景下，面对办学环境深刻变革和竞争日益激烈的现实，我校积极探索人才培养模式的改革创新之路，谋求我校在高等教育事业中不可替代的价值。基于此，我校根据《中华人民共和国高等教育法》《国家中长期教育改革和发展规划纲要（2010—2020）》《教育部关于全面提高高等教育质量的若干意见》《国务院办公厅关于深化高等学校创新创业教育改革的实施意见》《国务院关于积极推进"互联网+"行动的指导意见》和本科教学国家标准，针对我校国际化、复合型、高层次、应用型的人才培养目标，大胆创新，切实修订2016版人才培养方案。

2016版人才培养方案高度关注且注意平衡人才培养过程中的四种关系：一是规范化和差异化的关系，二是国际化和本土化的关系，三是理论性和实践性的关系，四是专业化和通识化的关系。在此基础上，以学校发展定位和办学目标为本，凝练出国际化、高层次、复合型、应用型的人才培养目标。国际化是要开拓国际化的学科视野、建设国际化的课程体系，进一步深化国际化人才培养合作项目；高层次则是要求外语技能与专业知识水平层次"双高"；复合型是外语与专业的强强复合，要通过提高学科标识度来提升社会认可度；应用型是指要站在行业前沿，引领产业发展。我校2016版培养方案改变传统复合培养形式，机制性满足学生多元发展需求，在全校范围内打通专业壁垒，建立跨学科选课平台，将学生的复合需求内嵌入"主—双—辅"的培养方案。

新的人才培养方案，开拓了复合型人才培养的新空间，推动其全面实施落地，是学校"十三五"规划期间的核心工作。在这一过程中，需要全校教师和教育管理者总动员，形成教育教学研究合力，深刻探究人才培养过程中的专业建设、课程建设、教材建设以及教育教学管理中的问题，在实践中发现问题，在研究中高质量地解决人才培养问题，从而推动我校本科生人才工作进入提质增效的轨道。

在人才培养过程中，在教育教学研究中，我们一定要清醒地认识到学校发展所面临的机遇和挑战，全面理解和研究学校今后一段时期的发展定位和发展目标，面向全面从严治党改进作风的新时代，面向国家系列重大战略布局的新使命，面向高等教育全面深化改革的新趋势，面向首都城市功能定位的新蓝图，从现在到2022年，以"国际化、创新性、高水平、应用型"为发展定位，以培养"多语种复语、跨专业复合"的具有国际视野、家国情怀的高层次、应用型人才为根本任务，加强内涵发展，将学校初步建成具有鲜明首都特色的中国一流、世界上有重要影响的新型外国语大学。

知有渐，千钧重担从头减。人才培养问题是一个常研究、常新的问题，因此，人才培养改革事业发展永无止境，我们教育教学研究的奋斗脚步永不停歇。

目 录

第一部分

基于口译语料库的汉日翻译教学探索
　　——以正式场合的致辞口译为例 ………………… 路　逸（3）
试论认知语言学理论在日语教材编写中的运用
　　——以《基础日语综合教程2》为例 ……………… 王　晓（14）
探讨建设具有特色的本科英语翻译专业课程体系 ……… 韩常慧（29）
口译教学模式探究之翻转口译课堂 ……………………… 李晓宇（39）
国际化教育中的双语教学与汉语教学的选择 …………… 于　森（48）
显赫范畴与对外汉语教学
　　——以汉英语法对比为例 ……………………………… 赵晓晖（55）

第二部分

透过"核心素养"再看"能力"
　　——德国对"能力"的理论研究概述 ………………… 邓二红（71）
外语人才的跨学科培养模式研究 ………………………… 陈冰冰（84）
跨学科教学团队建设
　　——以北京第二外国语学院旅游规划专业方向为例 …… 冯　凌（95）
旅游类专业GIS课程多层次实践教学体系构建研究 …… 秦　静（104）
模拟法庭实践教学的展开与法律思维的形成 …………… 韩　阳（113）
外语院校复合型法律人才的培养及其完善 ……………… 王惠静（126）
外国政治制度课程全英文教学探索 ……………………… 苏淑民（136）

提高经管类大学生高等数学教学质量的研究与实践 ………… 郝顺利（145）
重视实验教学　提升文科学生实践能力培养水平 ………… 唐君键（154）
第二届世界大学生运动会美式橄榄球比赛数据分析
　　——以中国、日本、美国队作为研究对象 …………… 王　骁（165）
通识教育教学质量评价体系及指标构建
　　………………………………… 刘亚兰　薛　超　王洪见（176）

第三部分

"双一流"建设背景下学科建设的理论基础研究 ………… 裴怀涛（189）
以欧框标准互联互通搭建中国中东欧 16+1 多元文化
　　高等教育融通之桥 ………………………………… 贺爱江（199）
推进本科国际化人才培养战略　提升学校国际化水平 …… 华　楠（205）
创新人才培养机制，培养高素质国际化人才
　　——北京第二外国语学院国际化人才培养的思考与实践
　　………………………………………………………… 张华杰（213）
培养具有"中国心"的国际化高端技术技能人才
　　——北京第二外国语学院探索高端技术技能人才贯通
　　培养新道路 ………………………………………… 孙　婧（225）
高校复合型外语人才培养与"国际校区"办学模式探索
　　——以北京第二外国语学院夏斗湖海外办学项目为例
　　………………………………………………………… 陈　静（234）
北京第二外国语学院"双培计划"项目实施的探索与实践
　　——校际联合培养助力校内跨专业人才培养提升 …… 武冰欣（240）
基于协同理论的国际化与社会多元协同"1+3"外培生人才
　　培养模式 …………………………………………… 李树红（246）
"双一流"建设背景下加强高校教学管理供给侧结构性改革的
　　新思路研究 ………………………………………… 高钰洋（254）

第四部分

红色资源融入大学生思想政治教育探索
　　——对全国大学生红色旅游创意策划大赛的思考 …… 李智慧（265）
首都高校发挥文化引领功能的途径探析 ………………… 郝京清（272）
"思想道德修养与法律基础"课开展体验式教学的路径探索
　　………………………………………… 李智慧　张珑膑（282）

第一部分

基于口译语料库的汉日翻译教学探索
——以正式场合的致辞口译为例

路 邈

（北京第二外国语学院日语学院，北京 100024）

摘　要：口译活动中敬语的表达十分重要，尤其是在庆典致辞等正式场合。这就要求译员必须在短时间内快速准确地组织敬语表达。但是日语的敬语表达纷繁复杂，对于日语学习者一直是一个棘手的难点。笔者利用北京第二外国语学院近年来构建中的日汉口译语料库，在归纳并分析致辞口译中常见敬语错误的基础上，提出了汉日翻译教学中的对策，包括导入公众演讲训练模块、加强敬语表达的背诵式输入、以情景模拟训练为中心、充分活用日汉口译语料库等。

关键词：口译语料库；致辞口译；敬语翻译；问题及对策

一、引言

在日语专业高年级的翻译教学中，一直存在几个疑难问题，其中一个比较突出的就是敬语的翻译。以最常见的"这位是中国农业代表团团长李晓华先生"的口译为例，很多学生会翻译成"この方は中国農業代表団の団長李暁華先生です"。事实上，这个译法并不完全准确。如果译员是日方的翻译，在介绍中方代表团团长时应该译为「こちら（也可以用「この方」）は中国農業代表団の李暁華団長でいらっしゃいます」。而如果译员是中方的翻译，则需要译为「こちらは中国農業代表団団長の李でございます」。

类似这样的例子还有很多。学生虽然在本科二年级就开始系统地学习日语中的敬语，但在实际会话或翻译中，仍然会出现较多问题。究其原因，在于汉日敬语意识及体系上的差异。在中国社会，谦恭是一种美德，但不一定非要反应在语言表达上。换言之，没有需要通过贬低自己或抬高对方以保证交流顺畅进行的文化背景及心理意识。其次，汉语中虽然也有敬语，但多为名词，而日语的敬语除了名词外，还涉及各种表示尊敬或谦逊的动词、敬语句型及语尾变化等，这就很容易产生混乱。

笔者在教学实践中注意到，正式场合的致辞口译（尤其是中译日）是敬语问题多发的"重灾区"。由于庆典致辞等正式场合的气氛比较严肃，时间较为紧迫，许多在笔译时表现出色的学生也会在口译时失去水准。致辞口译作为口译中使用频率最高的语篇类型之一，准确适当的敬语表达会使听话者的心情和感觉截然不同，起到锦上添花的翻译效果。近年来，笔者利用构建中的日汉口译语料库，对汉日翻译教学中的敬语问题进行了探索。

二、问题点及分析

北京第二外国语学院日语学院从2009年开始构建日汉口译语料库，至今已建成了包括源语文本库、口译译文文本库、笔译译文文本库在内的日汉口译对应语料库。该语料库在进行相应处理后，可按需求再形成不同的子库，如学习者语料库、专业译员语料库、电视同传语料库、口译大赛多模态语料库等。笔者选取了学习者语料库中的2组语料[①]，进行了对比分析。观察发现，学生在敬语翻译方面的问题点主要集中在以下几点：

[①] 语料一为源语文本（中文），时长3分24秒，语料二（A至O）为2013级15名MTI学生的口译（同声传译）译文文本。本论文中的文本为音声语料的相应文字化内容。

（一）接头词的误用

例1

原文	同传译文文本
今天，我们在〇〇校长的亲自陪同下，参观了条件如此优越的大学，对此我表示衷心的感谢。刚才听了校长的一席话，了解了贵校对教育事业的基本理念，也使我们颇有同感。	(文本A) 本日、え、先生の、え、自らの*招き*をいただいて、このすばらしい学校を見学することが本当に感謝します。① 先生の*説明*から、え、貴学の教育理念を、え、伺いました。この教育、教育理念に共感を覚えています。 (文本B) 今日は、私たちは〇〇学長の*案内*でこの立派な大学を見学することができて、非常に光栄だと思います。先ほど〇〇学長の*話*を聞いて、この大学の教育理念を伺い、共感を覚えることができました。

例2

原文	同传译文文本
今天，各位在百忙之中抽出宝贵时间为我们安排了参观，在这里谨向你们表示衷心的感谢。	(文本G) 今日は貴重なご時間を割いて、割いてくださり、本当にありがとうございます。 (文本H) 今日はご*大事*な時間を割いていただき、ありがとうございます。

例1是接头词使用中较为典型的例子。结合文字文本的音声语料可以看出，作为同声传译，文本A、B的学生译员基本跟上了源语速度，译出率也相对较高。然而另一方面，在敬语上的不足也凸显出来。例1中的

---

① 斜体表示译文中敬语之外的其他错误。限于篇幅关系，在此仅以斜体标出，暂不进行分析。

「招き」「説明」「案内」「話」等词均应加上接头词「お」或者「ご」，以表示对话题中提到的人物的尊敬，但由于接头词的增加与否并不影响内容的传达，学习者在力图缩短源语与译语时间差的同时忽视了接头词的使用，影响了情感的传达。

还有一种相反的情况，就是不少学生虽然具有使用接头词的意识，但基础并不扎实，所以也出现了误用。笔者在后期的问卷调查中了解到，文本G、H的学生认为两个汉字词前面的接头词均应使用「ご」，所以才出现了例2中「ご時間」「ご大事」的用法。事实上，两个汉字构成的词的前面加「お」还是「ご」是以该词是「和語」或是「漢語」①来决定的。此外，即使是「漢語」也有很多例外，如「お料理」「お電話」「お時間」等，需要加以注意。

（二）敬语句型的误用

例3

原文	同传译文文本
今年秋天，恰逢我校校庆八十周年，我们准备举行纪念活动。在此，我谨代表我校全体师生，邀请〇〇校长和其他各位老师届时光临我们大学！	（文本B）今年の秋、うちの大学が創立80周年を迎えており、記念行事として、皆さん方を<u>お招きいただきたい</u>と思います。今、ここで本学を代表して、皆さんのご来訪を歓迎いたします。 （文本C）〇〇学長、そしてほかの先生を<u>お招きいただき</u>、私どもの大学の80年の記念活動に<u>お招きいただきます</u>。

在本次选取的语料中，出现错误频率最高的就是敬语句型的误用，尤其是结合授受补助动词「～ていただく」「お/ご～いただく」「～させて

---

① 「和語」指日语中本来就有的汉字词，多采用训读。「漢語」指后来从中国传入的汉字词，多采用音读。

いただく」时会出现混淆。由于"邀请"表示的是自己的行为，文本 B、C 的学生本来想使用表示自谦的「～させていただく」句型，但却错误地使用了"请求地位身份比自己高的人为自己做某事"的尊敬表达「～ていただく」句型，这样译文中的"邀请"就变成了别人的行为，使得听话者无法理解其含义。

例 4

原文	同传译文文本
最后衷心祝愿贵校日益发展，繁荣昌盛。	（文本 A）最後ですが、貴校の発展を祈りいたします。 （文本 J）最後は貴校のさらに発展を心からお祈ります。

例 4 的误用则较为意外地出现在另一个自谦句型「お/ご～します」中。之所以说意外，是因为这个句型较为简单，也不涉及助词的变化。对比音声语料后笔者发现，该错误的产生并不是由于语法没有掌握，而是文本 A、J 的两名学生为了不使译语发布出现太多滞后，在致辞口译的结尾部分加快了语速，导致了吞音和口误的产生。

（三）敬语意识的混乱

例 5

原文	同传译文文本
在新中国成立以后，你们又为社会主义建设培育了一批又一批大有作为的青年，直至今天，你们仍然肩负着培养建设四个现代化的栋梁之才这一重大使命。	（文本 D）建国後、社会主義建設のためにたくさんの有為の青年を育てました。今まで貴学は四つの現代化を実現させる人材を育てる使命を果たしております。

例6

原文	同传译文文本
最后，衷心祝愿贵校日益发展，繁荣昌盛。	（文本E）貴大学のいっそうの発展をお祈りして、ご挨拶といたします。 （文本F）最後に、貴大学のいっそうの発展をお祈りして、ご挨拶と申します。

例5和例6均属于敬语意识混乱造成的误用。例5是在本来应该使用尊他表达的地方使用了表示自谦的「～ております」句型，而例6的两个例句则与之相反，对自己的动作「挨拶」错误地加上了接头词「ご」，变成了对自己行为的尊敬。

例6的文本E、F中的「ご挨拶」虽然乍一看都属于误用，不过二者存在一定的区别。文本E属于错误地添加了接头词，应将其改为「私（わたくし）の挨拶」，而文本F则可以认为较多受到了「ご挨拶申し上げます」用法的影响。「申し上げます」作为自谦用语，接在动词连用形或サ变动词词干后，可以充当「致す」的角色。但由于在日语教学中很少将「申し上げます」作为敬语补助动词进行讲解，造成学生"知其然不知其所以然"，仅仅将其看作是「言う」一词的自谦用法，才会与「申す」发生了混淆。

（四）敬语使用不均衡

例7

原文	同传译文文本
今天，我们在○○校长的亲自陪同下，参观了条件如此优越的大学，对此我表示衷心感谢。刚才听了校长先生的一席话，了解了贵校对教育事业的基本理念，也使我们颇有同感。	（文本F）本日私は○○学長自らのご案内で、この立派な大学を見学させていただき、誠にありがとうございます。先程の○○学長のお話から、貴大学の教育理念を伺い、多くの点で共感を覚えている。

续表

原文	同传译文文本
（略） 　　贵校为民族的解放和新中国的诞生做出了重大的贡献，对此我们表示由衷的钦佩。在新中国成立以后，你们又为社会主义的建设培育出了一批又一批大有作为的青年，直至今天，你们仍肩负着培育建设四个现代化的栋梁之才这一重大的使命。	（略） 　　民族の解放と新中国の誕生のため、大きな貢献をなされたことに、深い尊敬の念を<u>表したい</u>。新中国の誕生の後に、数多くの有為青年を<u>社会主義建設に育て上げ</u>、今なお、四つの現代化に役立つ人材を養成する重大な使命を<u>果たしておられている</u>。
（略） 　　贵校有许多在科学研究上造诣精深的学者和对教育事业充满热情的教师，有条件完备的研究设施和图书馆，环境十分优雅。	（略） 　　貴大学に造詣の深い学者と教育の先生が多くあり、研究施設や図書館も多く、図書館なども<u>素晴らしい</u>。
（略） 　　今天各位在百忙之中抽出宝贵时间为我们安排了参观，在这里谨向你们表示衷心的感谢。最后，衷心祝愿贵校日益发展，繁荣昌盛。	（略） 　　本日は貴重なお時間を割いていただき、本当にありがとうございました。最後に、貴大学のいっそうの発展をお祈りして、ごあいさつと<u>申</u>します。

　　文本F是本次口译语料中问题点较为突出的一篇文本。观察源语文本、口译文本以及该名学生之后进行的笔译文本发现，该名学生的笔译文本非常出色，用词准确，敬语程度得当，但在口译时却出现了大量的漏译以及敬语使用不均衡的问题。结合对应的音声语料，我们注意到该名学生语速较慢，因此在时间要求严格受限的同声传译时显得手忙脚乱，只能通过大量删减内容以尽可能跟上源语。在致辞的开头及结尾部分，学生尚能意识到敬语使用的必要性，但在中间信息量比较集中的语段，学生将主要精力放在了信息的传递上，导致敬语使用严重失衡，甚至出现了不少以简体结束句子的情况。

三、对策

如前所述，敬语对于日语学习者来说一直是一个棘手的难点，因此在目前的日语教学中一直将重点置于敬语知识点的灌输，以及对敬语形式的讲授。但由于敬语的表达纷繁复杂，学习者普遍怀有畏难心理，并且中日在敬语意识上存在差异，学生对于敬语在沟通交际中重要性的认识有所不足，因此许多学习者一方面希望能准确使用敬语，另一方面又担心敬语用得不好，反而下意识选择不使用敬语。这一倾向在口译尤其是汉译日方向的致辞口译时体现得尤为明显。为了解决这一问题，笔者在教学实践中摸索出了一些语言技能基础之上的较为有效的口译技能训练方法。

（一）导入"公众演讲（Public speaking）"训练模块

众所周知，口译能否成功不仅依赖于译员的语言能力，还取决于译员的心理素质、口译技能等。特别是正式场合的致辞口译等多以在公众面前进行演讲的形式呈现，气氛比较严肃，这就要求译员需要具备一定的语篇分析能力、情绪掌控能力和公众演讲能力。

公众演讲中的每一个环节无不体现在口译的表达阶段，二者无论在语篇的逻辑结构、语言使用、副语言信息以及心理素质、对现场的把握方面都极为相似。不过，相对于口译而言，公众演讲的内容较为简单，压力也要小一些。因此在这一模块设计时，笔者首先从汉语开始，之后再过渡到日语演讲，包括有准备的主题演讲和无准备的即席演讲等。其主要目的在于培养学生在公众面前的表达能力，熟悉致辞口译的基本模式，减轻学生在真实口译时的紧张感。

（二）敬语表达的背诵式输入

背诵式语言输入作为一种传统的语言学习方法，有着其深厚的理论依据和实践价值，但在口译教学中，其作用往往遭到严重淡化。由于中日在敬语意识及体系上存在较大差异，在正式场合的致辞口译中，敬语容易成为翻译中的陷阱。但如果学生将较多精力置于敬语表达，又有可能"顾此失彼"，在信息传递方面出现较多失误。在这种情况下，背诵式语言输入可以有效地培养学习者的语感，降低学生对敬语使用的畏难感，将原本是显性的语言知识转化为隐性的语言知识，从而在口译过程中对敬语的使用做到驾轻就熟。

当然，敬语表达的背诵式输入也并非多多益善，而需要"有的放矢"。由于典礼致辞一般在语篇结构上存在明显特征，笔者在教学中首先根据语篇结构进行分类，再归纳出其中常见的核心词句、套话等①，要求学生进行背诵。这些内容不是简单的词或句子，而是包括相对固定的表达方式、约定俗成的词语搭配以及意义相近但又有区别的表达替换。这些具有针对性的背诵式输入可以使学生充分注意到敬语使用中的不足之处，有意识地完善认知结构，同时扩充学生的语库内存，便于口译时提取和使用。

（三） 以情景模拟训练为中心

口译作为一门实践性极强的学科，要求教学应以技能训练为主，培养学生的口译技能意识。然而，目前国内无论是本科高年级翻译课程还是 MTI 课程都并非小班教学，很难做到充分练习。这就要求我们必须改变传统的教学模式，通过分组分角色表演的情景模拟训练，增加每个学生进行口译实训的机会，以利于教师开展针对性指导。同时也可以让口译课堂"动起来"，更好地调动学生的积极性，激发学习兴趣。

在针对正式场合的致辞口译情景模拟训练中，笔者尤其注意对学生在声音语言及体态语言方面的指导。在致辞口译中，译员或以交替传译的形式伴随发言人一起出现在听众面前，或以同声传译的形式更多凭借声音完成交际任务。在声音运用方面，需要提醒学生注意音调、语速、节奏、呼

---

① 具体见笔者参编《中日同声传译技能技巧训练 下册》（外语教学与研究出版社 2014 年版）第 5、6 课内容。

吸、麦克风礼仪等，而在体态语言方面，需要提醒学生作为译员的站姿、坐姿、着装、表情、手势、眼神甚至笔记方式等。上述训练可以有效帮助学生发现并改正口译中存在的各种问题，提高其在真实口译场景中的表达能力。

（四）充分利用日汉口译语料库

如前所述，北京第二外国语学院自2009年开始构建日汉口译语料库，目前已经初具规模。其中根据不同需要形成的各子库具有较强特色，可以将其充分应用于日汉口译教学及研究。例如，日汉口译语料库中的"学习者语料库"除了源语文本库、口译译语文本库之外，也有相应的学习者笔译译文文本库。对比相同源语的口译译本及笔译译本，可以帮助我们了解当两种语言形式取得功能等效时，其依赖形态的程度有多大。敬语使用研究就是其中之一。我们还对历届MTI学生进行了跟踪性的语料采集及观察，以期通过纵向分析帮助教师更好地调整教学策略，提高教学效果。

此外，口译研究的生态效力及多模态话语分析日益受到关注，而日汉口译语料库中的真实会议语料库及多模态口译语料库可以弥补这一方面的空白。近年来我校教师在进行口译活动时，经与主办方协商，成功获取了多场会议口译的现场录音及视频语料，其中上海世博会、北京东京论坛、习总书记在人民大会堂接见日本3000人访华团、中日韩博物馆国际研讨会、北京图书高峰论坛、二外校际交流等正式场合的致辞口译中都能见到日语学院教师活跃的身影。这些语料的观摩及经验分享，可以克服以往口译教学与实际口译情景脱节的弊端，更好地促进口译教学。

四、结语

当然，以上对策并不仅仅适用于翻译教学中的致辞口译。口译教学与口译活动一样，是一门综合性的艺术。尤其在全球化、多元化的今天，口译活动无论从内容还是形式都在不断发展变化，这就要求我们应突破传统教学模式的束缚，有意识地设置课程模块组合，开展针对性的有效训练，以促进教学过程的意义构建最大化和教学效果最优化。

参考文献

（1）苑金章：《学以致用——日语口译教学探讨》，载《日语学习与研究》，2000 年第 2 期。

（2）［法］D. 塞莱斯科维奇、M. 勒代雷：《口译训练指南》，闫素伟、邵炜译，中国出版集团中国对外翻译出版公司 2007 年版。

（3）夏菊芬：《正式场合的中日口译分析》，载《浙江教育学院学报》，2009 年第 3 期。

（4）许晏玮：《背诵在口译训练中的作用》，载《牡丹江大学学报》，2009 年第 6 期。

（5）周尧：《中国日语学习者的敬语意识——以宁波地区为例》，宁波大学硕士学位论文，2009 年。

（6）杨蓓：《公共演讲在交替传译培训中的作用》，载《成都大学学报（社科版）》，2011 年第 2 期。

（7）李锋：《日语敬语表达的误用现象分析及教学策略研究》，载《惠州学院学报（社会科学版）》，2013 年第 5 期。

（8）邱鸣、杨玲、路邈、樊颖：《中日同声传译技能技巧训练 下册》，外语教学与研究出版社 2014 年版。

（9）小倉慶郎："通訳の授業における「式辞挨拶集」の使用について：「挨拶集」暗唱の有用性を考える"，大阪外国語大学日本語日本文化教育センター授業研究（4），2006。

（10）鶴田知佳子、内藤稔："大学における日英同時通訳指導の一考察"，東京外国語大学論集第 79 号，2009。

试论认知语言学理论
在日语教材编写中的运用
——以《基础日语综合教程2》为例

王 晓

(北京第二外国语学院日语学院,北京 100024)

摘 要:本文以《基础日语综合教程2》为例,从重视自下而上的过程、重视学习者的需求、重视认知因素和认知能力三个方面阐述了认知语言学理论是如何在日语教材编写中运用的。并指出了日语教材编写过程中存在的不足及今后的课题。

关键词:认知语言学;认知能力;日语教材;日语学习者

一、引言

认知语言学从语言角度来研究人脑中概念的内容和概念化过程,而应用认知语言学是一门研究认知语言学在外语教学领域应用的科学。弗里德里希·温格瑞尔、汉斯-尤格·施密特指出,语言学领域大多数人从事的是语言教学而非语言分析,新的语言学方法应该首先得到实际应用,特别是外语教学实践的检验。① 外语教材的编写是外语教学的一个重要的环节,如何运用新的外语教学理念和语言习得理论加快我国高校日语精读课的改

---

① [德]弗里德里希·温格瑞尔、汉斯-尤格·施密特:《认知语言学导论》,彭利贞、许国萍、赵薇译,复旦大学出版社 2009 年版,第 374 页。

革和发展是目前急需探讨的课题之一。本文将结合自己参加编写《基础日语综合教程2》①的具体实践来探讨认知语言学理论是如何在日语教材编写中加以运用的。

二、《基础日语综合教程2》简介

《基础日语综合教程2》为普通高等教育"十一五"国家级规划教材项目——高等院校日语专业基础阶段系列教材之一。采用了单元式编排方式，分5个单元，每个单元3课，共15课。每个单元拥有一个相对统一、又有发展的话题。学习内容主要包括人与动物、城乡与环保、生活与健康、世界遗产、中日饮食等。

第二册每课的学习过程均由4个STEP组成。STEP1、2以输入为主，均安排了比较详细的活动程序，突出合作学习、思路领先、优先考虑如何运用已有的语言材料来表达更多信息的观点。STEP3兼顾输入与输出，还根据需要适当安排了"知识整理"活动，梳理归纳已学知识，提供必要的新知识，帮助建立知识系统，以便综合应用。STEP4是综合的运用和输出活动，主要以介绍中国和日本的情况为主，并使学习者加深理解，开展真正的互动和产出活动。

每一个STEP又有3—4个环节。环节1以观察、获取信息为主。强调通过扫读、略读、推测等方式，克服生词的障碍，获取主要信息。环节2通过教材提供的例句和框架，发现归纳表达方式与句型。环节3结合前面两个环节，做一个小型的输出活动。为配合输出活动，通过"词汇链"的方式，提供部分相关的词汇，供同学们在实践中使用。基于"词汇链"，学习者还可以根据自己的情况，进一步增加词汇的数量和范围，以便更主动、更有效地掌握词汇。

---

① 潘寿君：《基础日语综合教程2》，高等教育出版社2011年版。

三、认知语言学理论与外语教学的结合

弗里德里希·温格瑞尔、汉斯-尤格·施密特指出,认知语言学对于外语教学的贡献是双重的:通过基本层次,转喻和隐喻,主体和背景以及完形等理论,它提出了习得外语的认知经验途径(cognitive – experiential access)的新形式,并揭示了以这些理论为基础的认知网络(cognitive networks)。①

《日本語教師のための応用認知言語学》② 是一本针对日语教师的认知语言学方面的入门书,其中的第8章"教学法和教材开发"中提出了对于外语教学的10点建议:

建议1　ボトムアップのプロセスを重視しよう(重视自下而上的过程)

建议2　反復的な言語使用を重視しよう(重视反复使用语言)

建议3　形式と意味のマッピングを強化しよう(强化形式与意义的映射)

建议4　学習者のニーズを重視しよう(重视学习者的需求)

建议5　認知的要因を重視しよう(重视认知因素)

建议6　認知能力を重視しよう(重视认知能力)

建议7　カテゴリー構造とその再編成を重視しよう(重视范畴构造以及再组合)

建议8　語彙学習の側面を重視しよう(重视词汇学习)

建议9　百科事典的意味を重視しよう(重视百科辞典意义)

建议10　言語の類型論的特徴を重視しよう(重视语言类型论特征)

---

① [德]弗里德里希·温格瑞尔、汉斯-尤格·施密特:《认知语言学导论》,彭利贞、许国萍、赵薇译,复旦大学出版社2009年版,第374页。

② [日]荒川洋平、森山新:《日本語教師のための応用認知言語学》,日本凡人社2009年版。

认知语言学认为，语言活动是一种认知活动，人如何审视外界，这在语言表达中也能反映出来。在现代社会，不仅是语言理解，文化的理解也变得越来越重要。有必要在课堂上教授这些百科辞典意义，将文学等含有丰富文化要素的资源纳入教材当中也很有必要。

四、认知语言学理论在《基础日语综合教程2》中的运用

本节着重从重视自下而上的学习过程、重视学习者的要求、重视认知的因素和认知能力这3个方面来分析一下在《基础日语综合教程2》的编写中是如何运用的。

（一）重视自下而上的过程

基于使用的语言习得模型的理论基础是认知语言学的三大假设之一，即"语言知识来源于语言使用"。① 与生成主义的模型相比，基于使用的语言习得模型是更适合说明实际的人类的语言知识和母语习得/第二语言的习得的模型。

迈克尔·托马塞洛（Machael Tomasello）对于母语习得的实证研究做了集大成的工作，再加上独自的研究，证明了朗奴·兰盖克（Ronald W. Langacker）的基于使用的语言习得模型作为母语习得理论是妥当的。兰盖克的基于使用的语言习得模型，不能说实证研究做得很充分。对于原型和习得的关系，继承了罗丝（Rosch）的"原型理论"，没有做出大的发展。以"原型理论"为基础的习得观是指"范畴中的原型成员最先被学习"的思考方法。②

对此，托马塞洛对于实际的母语习得过程进行了详细的调查。根据他

---

① 参见李福印：《认知语言学概论》，北京大学出版社2008年版，第24页。
② 参见［日］荒川洋平、森山新：《日本語教師のための応用認知言語学》，日本凡人社2009年版，第68页。

的研究，在这个过程中，首先是保守地学习耳朵听到的输入的东西，一边积累，然后有一个阶段照原样使用。在不断积累接受的过程当中，逐渐发现共同性，形成句法和语法范畴。自下而上模式所关注的是语言的每一个细节，是一种基于文本的学习策略。

在以教授形式为中心的课堂上，和具体事例相比，多是上位水平的语法规则作为知识由上至下地被教授。但是即使是教室中的学习，处于过渡期的学习者使用的语言，也就是中间语言，容易受到输入的影响，从具体事例开始的由下至上的过程应该和课堂上由上至下的过程辅助进行。

《基础日语综合教程2》提倡发现学习。即不急于要求学习者先预习生词，而是提倡首先基于已有的汉语、英语、日语等知识和上下文的关系，推测和把握主要信息，进而发现本课的主要语言表达方式和句型，并运用这些表达方式和句型完成一些贴近真实生活的应用性活动及任务。

例如，《基础日语综合教程2》第8课"运动与健康"，学习目标设定如图4－1。

> <目標>
> 1. スポーツと健康について考えましょう。
> 2. ダイエットとスポーツについて考えましょう。
> 3. スポーツの魅力を話しましょう。
> 4. 好きなスポーツを紹介するポスターを作りましょう。

图4－1　《基础日语综合教程2》例1

通过前3个环节的短文和会话文的输入，学习者对"运动与健康"这个话题有了一定的了解。第4个环节再要求学习者通过制作自己所喜欢的体育运动的海报，即在前3个环节输入的基础上做一个简单的输出。相比其他教材，《基础日语综合教程2》输入的量要大一些，文章长度更长一些。但是在外语学习中获得可以理解的输入量和学习者的运用能力是相关联的，学习者往往要经历一个输入→理解→输出的过程。所以《基础日语综合教程2》的1个编写原则就是大量的输入，要求学习者简单地输出，能够运用自己学到的知识进行力所能及的输出，也就是能够运用日语做一些简单的事情即可。

《基础日语综合教程2》为配合课堂教学，充分利用课堂中合作学习以及有教师指导帮助等有利条件，主要安排了课堂活动。但是，语言的熟练把握，仍然离不开课下的反复操练、朗读、背诵等基本功。为此，还准备了具有自我评价功能的练习册①。学习者可以采用自我练习为主的方式练习，还可以采用自我评价的方式掌控自己的学习情况，不懂的地方可以相互讨论，也可以课上向老师咨询。

《基础日语综合教程2》提倡在把握主要信息的基础上，通过教材的提示，主动发现语言结构、内容及语境的关系，以便尽快熟悉并更加有效地理解和运用这些语言结构，从而更加有效地用日语处理信息，表达自己的情感和观点。要求学习者通过教材提供的例句和框架，发现归纳表达方式和句型，填入下划线和方框处。

例如：《基础日语综合教程2》各课中的"表現のポイント"均采用了如图4-2的形式。

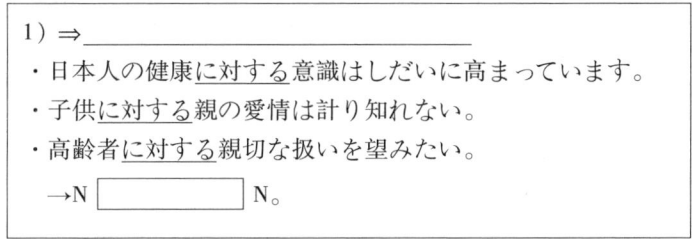

图4-2　《基础日语综合教程2》例2

由学习者自己来发现形式和意义之间的映射关系，就避免了仅仅只是教师由上至下的讲授。当然，对于其归纳的结果，教师可以结合教学参考书②给与正确的指示，适当补充一些例句进行讲解，帮助学习者掌握正确的语法知识。

所谓语言的习得，就是要在掌握词汇及构式的形式的同时，也要理解它们在何种语境中要表达何种交际意图，并且能够把形式和意义有效地映射，灵活地运用。所以在语言学习过程中，有必要给学习者提供真实的语境，通过加强交际意图和与之相符的语言形式之间的映射来进行练习。

---

① 《基础日语综合教程2练习册》，高等教育出版社2011年版。

② 《基础日语综合教程2教学参考书》，高等教育出版社2011年版。

《基础日语综合教程2》中每个单元前两课均设有"知识整理",后一课设有"知识窗",以便于对学过的部分知识进行整理。在这些环节,也多采用发现式的学习方法,提供语言材料,通过完成表格、做练习等方式引导学习者自己去总结、归纳。

例如,《基础日语综合教程2》第8课"运动与健康"的"知识整理"的外来语部分,采用了表格的形式,要求学习者将本课出现的外来语整理后填入表格当中。其中的"もとの言葉"一栏要求写入外来语的原文,也就是英语单词。鉴于中国的日语学习者大多有中小学阶段学习英语的经历,具有一定的英语水平,可以借助英语的知识促进日语的学习。出于同样的考虑,词汇手册①中出现的外来语单词也都给出了对应的英语单词。

1) この課にある外来語と意味を整理しましょう。

外来語	もとの言葉	意味

图4-3 《基础日语综合教程2》例3

《基础日语综合教程2》力图提供更为真实的语言运用环境,所以在教材中没有配备生词表。因为我们在日常生活中所遇到的任何语言材料,一般都不可能要求对方给我们提供生词表。我们需要学会的就是如何克服生词的障碍,更为积极主动地去解读材料中的主要信息。但同时,词汇毕竟是语言大厦的基本建筑材料,没有了词汇的有效掌握,语言大厦便会失去根基。为了方便读者复习、记忆和巩固,准备了词汇手册,便于学习者自主学习。

---

① 《基础日语综合教程2》中的词汇单独编成了1个小册子,随教材一起发行。

（二）重视学习者的需求

坎宁斯沃思（Cunningsworth）专门提出了教材评估的四个原则，其中最重要的两条是："（1）教材应适应学习者的需求，应和语言教学课程目标吻合。（2）教材应反映学习者目前和将来要使用的语言，能帮助学习者学会有效地使用他们所需要的语言。"也就是说，只有当教材编写的目的和学习外语的目的统一起来了，当教材能够满足学习者学习外语的需要，使他们能用学到的语言在学习、工作和生活中使用，教材编写目标才变得真实。那么大学生学习日语的目的是什么？显然与中小学生有所不同，他们工具性目的大大增强了。绝大多数大学生学习日语的目的是希望能够获得一种外语交际的能力，能够在他们今后的工作和生活中用日语完成学术、商务等活动，包括出国深造。而不仅仅是因为日语是学校一门必修课程，也不仅仅是因为要通过日语专业四级、八级考试[①]和日本语能力测试[②]，更不是要对语法、语言规则进行研究，或对文学语言产生兴趣，需要欣赏。

笔者曾对北京第二外国语学院日语学院2013级本科生的日语学习情况做过1个调查，其中就"学习日语的主要目的是什么"的调查结果显示，近70%学生的学习目的是为了使用语言去交流。[③]

[①] 日语专业四级、八级考试是目前中国国内客观公正地评定日语能力的考试。也是迄今为止日语学科具有权威性的两项考试。日语专业四级考试2000年第一次实施，每年6月份全国统一举行。日语专业八级考试，2002年第一次实施，每年12月份全国统一举行。

[②] 日本语能力测试是由日本国际交流基金会与日本国际教育协会（现日本国际教育支援协会）从1984年开始实施的，面向母语为非日语的学习人员的日语水平认定考试。

[③] 根据笔者2015年的调查，在北京第二外国语学院学习日语的13级99名学生当中，近80%的学生重视日语交际能力，接近60%的学生对自己的日语交际能力没有信心，还有接近80%的学生希望在提高日语交际能力方面多下功夫。

因此《基础日语综合教程2》在夯实学习者的语言基础同时,非常注重培养其综合应用能力。特别是听说能力,使他们在今后工作和社会交往中能用日语有效地进行口头和书面的信息交流。每1课的输出任务属于开放性练习,可以进一步激发学习者的积极性和主动性,展示他们的个性特点。在教师的指导下,学习者可以借助更多的课程资源分组或独立完成任务,在完成任务当中获得多方面的体验。

如何处理课文?如何学习和掌握课文中出现的词汇和结构?传统教材是需要教师进行详细的讲解,并通过大量的练习来做到的。而任务型(task–based)教材则是通过任务的设计和开展来完成这些教学过程的。钱媛认为,"学习外语的过程是学生以认知为基础的主动处理输入信息的过程。学生是主动的思维者。因此,应该设计各种类型的任务(task),让学生通过完成任务来学习或运用语言"[1]。蔡基刚指出,任务和练习的区别是:任务是合作完成的,属于交际性的,是人们在日常交际中使用语言的真实情况,而练习往往是独自完成的,是非交际性的,是为了学习和巩固语言知识或训练语言技能而设计的活动,这些练习活动不少是脱离语境的。[2] 任务的开展同样是要依据课文的,但这种依据只是利用课文的主题和素材来引发学习者的学习和刺激他们交际欲望。教材通过一系列和主题相关的任务的设计,让学习者通过有意义的、真实的交际任务来学习、掌握和巩固课文中出现的词汇和结构。这样,课文中要掌握的词汇和句子结构在整个交际任务完成过程中成为学习者思想表达的工具,而不像传统教材中的课文只是学习过程中词汇和语法的载体。

例如,《基础日语综合教程2》第8课"运动与健康"的输出任务是:制作海报介绍自己所喜爱的体育运动。为了完成这个任务,学习者需要:①通过用日语交谈,寻找到和自己具有相同体育爱好(如足球、篮球、网球等)的人,组成1个小组。考虑到所有学习者的情况,如果自己的爱好和其他人都不一致,教材中明确指出1个人也可以。②分配任务,分头准

---

[1] 钱媛:《介绍一份教材评估一览表》,载《外语界》,1995年第1期。

[2] 蔡基刚、唐敏:《新一代大学英语教材的编写原则》,载《中国大学教学》,2008年第4期。

备各自承担的部分，共同制作海报或PPT（这一环节要求学习者课下完成）。③推选代表进行小组发表。④听过全班的发表之后，再分组讨论，提出改进的意见。通过这一系列的活动，学习者学会了运用日语去制作海报这件事情，而制作海报或PPT无论在社团活动还是将来的工作中都是用得上的技能之一，能够满足学生运用日语做事情的学习目的。

任务的设计也考虑到了语言的反复使用问题，如问卷调查、访谈、制作海报、讨论会等任务形式都会在这一套教材中反复出现，当然会根据出现时学习者的程度来编排输出时的难度，有一个由易到难的过程。

在全球化的时代，对外语学习又提出了新的要求。那就是不仅要理解语言，更重要的是要理解文化，所以有必要在教学中导入百科字典的意思。在教材中也有必要有效利用文学、文化等各种资源。社会文化知识也是精读课教学的重要内容，精读课教材应该在提供语言知识的同时，还能够提供较为丰富广泛的社会文化知识。

《基础日语综合教程2》的选材多来自互联网，之后进行了改写和重新组合，使主题更加清晰、明确，语言更加规范。第2册涉及的主要内容有人与动物、城乡与环保、生活与健康、世界遗产、中日饮食等，内容较新，贴近生活，是近年来大家比较关心的话题。大学生通过多年的学习和生活实践，对这些话题都有自己一定的理解。所以，此时再借助日语教材的功能，使他们能尝试用日语来表达自己的观点，和教师、同学一起协作完成相应的任务，可以进一步培养大学生的思维能力和合作能力。如果能够运用所学的语言来表达自己的思想，可以提高学生成功的体验，增加其成就感。

（三）重视认知的因素和认知能力

认知语言学认为，是否容易认知对于语言学习会产生影响。也就是说在形式和意思两方面利于认知的程度可以有助于学习者理解意思、帮助学习者发现形式，因此可以促进语言的习得。对于学习者不容易注意到的部分或是需要重点掌握的部分，编写教材时可以在形式上有所体现。

《基础日语综合教程2》在这一点上也有所突破。例如，词汇手册中的单词在第一次出现时标注假名，并用日文黑体表示。以后出现，不作任何标记。让词汇在以旧带新、反复运用的过程中成为学习者自己的知识，这一目标将在师生共同摸索与探讨中实现。

传统教材中标注假名一般都放在汉字的上方，而这套教材中却放在了汉字的下方，意在既给学习者一定提示又要促进其自主学习，养成查阅工具书的好习惯。此外，会在文章后练习中出现的语句，在课文中都用下划线标记，有助于辨别。

认知语言学认为语言能力的习得和人类拥有的各种认知能力有着密切的关系。外语学习与儿童的母语学习有相似之处，但又存在差异。母语的学习过程中，由于认知能力尚未发达，所以更多地依靠由下至上的学习过程。但是到了大学阶段，再学习一门新的语言的时候，由于学习者都具备了相当高的认知能力，所以在由下至上的学习过程的同时，对于语法规则和语义等也可以使用自上而下的方式。

托马塞洛的研究是阐明了母语（第一语言）的习得过程，所以在这一点上可以说在相当程度上证明了基于使用的语言习得模型的正当性。但是，对于第二语言是否适用还需要进一步的研究。因为，成人和儿童的认知发展的阶段不同，在学习第二语言的教室里，和母亲对孩子的唤起不一样，可以进行从上至下的语法教学。

《基础日语综合教程2》的使用者大多有过学习英语的经验。在基础教育阶段学习英语等的时候，强调的是综合语言运用能力的发展，以及通过语言的实际运用使学习者的思维与外语能力共同发展。在大学阶段外语专业的学习中，这个理念仍然适用，但更需要学习者在学习中发挥主动性，主动地发现问题，分析问题和解决问题，提高创新思维和合作学习的能力。所以，这套教材[①]抛开了传统以讲授语法为主的教材编写体系，为了提供更为自然、真实的语言内容，出现了一些以往教材中相对靠后出现的语法内容。在知识整理、知识窗等环节，讲授语法规则时，也多采用发现式的学习方法，提供语言材料，通过完成表格、做练习等方式引导学习者

[①] 这里的这套教材指的是由高等教育出版社计划出版的高等院校日语专业基础阶段系列教材中的《基础日语综合教程》的第1册和第2册。下同。

自己去总结、归纳。这套教材提倡思维与语言同步发展。不论在输入还是输出的过程中，均突出对信息的理解和处理，特别是在输出阶段，不过多强调语言形式的丰富，而是更多地强调用简单的语言表达相对复杂的思维内容，用有层次、有逻辑的表达方式陈述自己所要表达的信息。

这套教材提倡词汇的大量输入和选择运用的学习方式。每课出现的单词分为必修词汇和理解词汇，必修词汇与本课活动密切相关，要求学会运用；将一些与本课话题和活动相关的词汇组合在一起，列入各课的"词汇链"，供学习者在练习和完成任务时使用并掌握，以扩大词汇量，促进词汇的更有效记忆。

例如，《基础日语综合教程2》第8课"运动与健康"的"词汇链"如图4-4所示。

言葉のチェーン	
扱う	[1]（商品、荷物、金）を扱う [2]（事件、ごみ問題）を扱う
応える	（声、ニーズ、要望）に応える
整う	[1]（顔立ち、容姿）が整っている [2]（環境、必要な台数）が整う
踏む	[1]（足、地雷、故郷の地）を踏む [2]（初舞台）を踏む [3]（手続き、手順、韻）を踏む
イメージ	[1]（独特な、知的な、新しい）イメージ [2] イメージを（抱く、高める）
しだいに	しだいに（寒くなる、高まる、盛り上がる）

图4-4 《基础日语综合教程2》例4

语言学习的本质在于词汇学习，我们不会参与学生为了固定知识一味死记硬背众多语言相关事项的过程。但是，在语言教学及教材编写中应通过多种方式，积极有效地运用学习者和教师都一样具有的认知能力。

五、反思与今后的课题

《基础日语综合教程2》以其独到的编写原则、编排体系以及任务设计为培养大学生的日语综合运用能力提供了一条有效途径。但在实际运用中，也存在一些不足之处：

（一）多义词是词汇教学的难点。一词多义，如何在教材中安排出现顺序，如何提高学习效果，是外语教学研究的课题之一。《基础日语综合教程2》中的"词汇链"注意到了多义语的语义扩展机制和词语搭配特征。但是，这套教材中词汇是根据文章的内容来定的，也就是说文章中出现了，又是尚未学过的单词就会作为新单词处理。这样难免会造成扩展义在先、基本义在后的出现顺序，会影响多义语系统的知识建构和习得效果。

（二）这套教材重视用日语输出、完成任务的能力，因此每1课都有1个综合的输出任务。虽然在输出阶段不过多强调语言形式的丰富，但是过多的任务编排可能会给学习者较大的负担，可能会导致教材编写者追求的可学性与学习者头脑中的可学性概念不对称。今后有必要从使用者的角度对教材进行评估，以利于今后再版时的改善。

（三）这套教材重视任务性学习，但是任务型学习效率可能没有练习型学习效率高，因为在交际过程中，学习者注意的是意义和内容，对课文中的词汇和语法结构的使用或多或少，没有像结构主义教材的练习那样，较为系统、彻底地覆盖课文中所有要掌握的语言点。配套的练习册可能会在某种程度上对主教材进行补充，但是，通过这套教材的使用如何使学生掌握语言知识和语言能力之间的平衡、如何既能开口说日语又能尽量说得准确也是不容忽视的问题。

（四）教材的编写者必须正确理解交际性、任务型语言教学之于学习者的意义，达到考试的目标与语言能力获得的目标相对一致。传统日语教材经过多年使用，有了相应的一套测试方式，但是《基础日语综合教程2》作为新型日语教材该如何进行测试，是一个需要解决的问题。如果能够有1个与之对应的试题库，能够实现自动拼题、组卷、评测考评、测试、自测自练则会相应减轻一线日语教师的负担。

综上所述,在外语教学活动中,作为输入源的教材,是构成学习环境的主要因素之一,教材中对习得项目的提出、语法解释等处理方式都将直接影响习得的效果。日语教材是影响日语综合运用能力的一个重要因素。教材必须关注学习者本身,必须指向外语教学的认知过程,符合学习者的智力和情感需求。日语教材编写中如何反映学术前沿信息和最新研究成果,如何能够真正做到"学习者友善",还是一个需要不断探索的课题。

参考文献

(1) 蔡基刚、唐敏:《新一代大学英语教材的编写原则》,载《中国大学教学》,2008年第4期。

(2) [德] 弗里德里希·温格瑞尔、汉斯-尤格·施密特:《认知语言学导论》,彭利贞、许国萍、赵薇译,复旦大学出版社2009年版。

(3) [日] 馆冈洋子、于康:《日语教学研究方法与应用》,高等教育出版社2015年版。

(4) 桂诗春:《外语教学的认知基础》,载《外语教学与研究》,2005年第4期。

(5) [日] 横山纪子:《二语习得研究与日语教育》,高等教育出版社2015年版。

(6) [日] 荒川洋平、森山新:《日本語教師のための応用認知言語学》,日本凡人社2009年版。

(7) [日] 吉村公宏:《はじめての認知言語学》,日本研究社2004年版。

(8) 冷立敏:《教师、课堂、学生与日语教育》,高等教育出版社2015年版。

(9) 李福印:《认知语言学概论》,北京大学出版社2008年版。

(10) 林洪:《日语教学法的理论与实践》,高等教育出版社2015年版。

(11) 刘晓华、黄一峰:《认知语言学视角下的日语条件句教材分析》,

载《日语学习与研究》,2013 年第 5 期。

(12) 刘正光:《认知语言学的语言观与外语教学的基本原则》,载《外语研究》,2010 年第 1 期。

(13) 潘寿君:《基础日语综合教程 2》,高等教育出版社 2011 年版。

(14) 钱媛:《介绍一份教材评估一览表》,载《外语界》,1995 年第 1 期。

(15) 沈黎:《运用认知语言学理论编写教材练习》,载《外语与外语教学》,2001 年第 10 期。

(16) 王寅:《认知语言学》,上海外语教育出版社 2010 年版。

探讨建设具有特色的本科英语翻译专业课程体系

韩常慧

(北京第二外国语学院高级翻译学院,北京100024)

摘 要:为了适应我国社会和经济发展对翻译人才培养的需求,教育部于2005年开始批准本科设立翻译专业,但还没有形成共识和较为完善的教学体系,本科翻译专业的课程体系、教学内容和教学方法等都还有很多问题需要解决。本文指出本科英语翻译专业应该结合院校的办学特点,在"质"上突出翻译专业下的英语教学翻译的特色,建立翻译专业的课程体系,利用现代化教学手段以适应培养专业化翻译人才的需要,同时也要加强实践教学环节,重视教学与业界的联系,更好地实现专业翻译教学的目标。

关键词:本科英语翻译专业;课程体系;教学内容和教学方法

一、导语

根据国家技术监督局1992年11月公布的《学科分类与代码》(GB/T12745-92),翻译学一直是三级学科,位于一级学科语言学的二级学科应用语言学之下。随着翻译的学科地位日益提升、人才市场的需要和英语教学渠道的增加都为在本科设置翻译专业提出了必然的要求,根据教育部关于《公布2005年度教育部备案或批准设置的高等学校本专科专业结果的通知》(教高〔2006〕1号),本科翻译专业于2006年3月获准设立。2008年1月28日,教育部发布《教育部关于公布2007年度高等学校专业设置备案或审批结果的通知》(教高〔2008〕2号),北京第二外国语学院、北京语言大学、对外经济贸易大学、华东师范大学、山东大学、四川外国语学院(现已更名为四川外国语大学)六所高校申报设置本科翻译专业的申请正式获得批准,自2008年开始招生。翻译学科的独立要求我们对翻译教学和专业发展重新进行审视和思考。截至2017年,本科翻译专业已有近十二年的历史了,但在实际教学中,各种关于教学方面的问题还是层出不穷,因此对其进行总结和展望是有很大的现实意义的。

本科英语翻译专业在教学目标、教学内容和教学方法等方面与传统的英语语言文学专业教学有很大的差别,只有充分认识到翻译专业的教学目标的定位,采取相应的教学方法,不断改善教学内容,才能够建设具有特色的翻译专业的英语课程体系,实现翻译专业的培养目标。人们曾经认定翻译能力是外语能力的必然延伸,然而一名出色的译员不仅需要出色的外语表达能力的训练,还需要出色的翻译能力的技巧培养。本科翻译专业主要进行基本的口笔译技能训练。笔译集中在主体知识的获得以及经济、社会、文化等信息类文章的阅读、理解和重新表述上。口译主要是交替传译基本技能训练。该阶段训练的最大特点在于:(一)训练分节进行,训练后技能的程序化程度还有待(或在硕士阶段,或在工作中)进一步提高;(二)涉及的主题和内容的广泛性与语言难度有别。对翻译技能的掌握程度要高于本科阶段的基础型,而且必须具备相关专业知识和较高的汉语水平,能承担有一定技能难度的口笔译工作。

二、本科英语翻译专业的定位

本科英语翻译专业课程建设和教学方法改革首先要对翻译教学的本质有一个清晰的认识,明确本科翻译专业的定位和培养目标,提出自己院校的办学特色。本科英语翻译专业的设立要求教学的实施必须符合翻译人才培养的规律,对于旨在提高外语语言应用能力的"教学翻译"和提高翻译能力的"翻译教学"这两个概念,要作明确的区分,目的是要让每一位翻译专业的教师与教学管理者清楚认识翻译教学工作的本质,以达到积极的教学效果。

探讨建设具有特色的本科英语翻译专业课程体系

加拿大学者德利尔（Jean Delisle）在1981年提出了"教学翻译"（teaching translation）与"翻译教学"（translation teaching）的概念。他认为，"翻译教学"是教给学生翻译的知识和技巧，而"教学翻译"是作为外语教学中的一种工具，翻译只是用来检查学生对语言点的理解程度。教学翻译是外语教学中的一种教学方法，是为了学习某种语言或在高水平运用这种语言和深入了解这种语言的文体时而采用的一种方法。[①]

在外语教学中，翻译是听、说、读、写、译五种语言技能训练中的一种，是为了帮助学生了解、学习并掌握语言知识，获得语言能力；翻译方法不是以交际为目的，而是用来提高并检验外语运用能力，翻译课程设置的目的也只是为了提高外语的理解能力和表达能力；外语教学中的翻译教材多为从单词翻译开始，逐步谈到句型的翻译和篇章的翻译。作为一种教学方法，教学翻译在外语教学中发挥着重要作用，当我们说某个外文词与中文词词义对等时，这是有助于学生加深对这个外文词的理解，但假如误以为这就是以交际为目的的"翻译"，那是非常有害的，会影响对"翻译"的正确认识。

翻译教学不是纯粹意义的语言教学，教学模式也不是一般的外语教学可以替代的，翻译技能需要进行专门的训练。翻译是以符号转换为手段，以意义再生为任务的一项跨文化的交际活动。翻译的过程从本质上看是心理的、认知的，它不仅表现为源语输入和译语产出这一外在的言语行为和言语事实，而且也反映了译者语际转换的内在心理机制和言语信息加工的认知过程。

翻译专门人才的培养起码需要涵盖三个方面：语言技能、百科知识（尤其是国际政治、经济、法律等）和翻译技能训练（包括翻译职业知识）。由此可见，翻译训练不同于语言教学，外语和母语是学员接受翻译技能训练的必要和重要前提条件之一。如何让学生在具备一定语言能力后接受翻译技能训练，这是翻译教学要解决的问题。同时，翻译教学的对象必须具有良好的双语基础，以保证翻译教学的有效实施和翻译教学任务的圆满完成。

---

① Jean Delisle, Hannelore Lee–Jahnke, Monique C. Cormier：《翻译研究关键词》，孙艺风、仲伟和译，外语教学与研究出版社2004版，第73页。

三、本科英语翻译专业的培养目标

本科英语翻译专业学生须接受外语语言基础训练、翻译基本技能训练，掌握翻译基础理论知识与相关学科知识，系统地学习口笔译技巧，具有较强的翻译实践能力，胜任一般性口笔译工作；须提高汉语应用能力，广泛了解双语国家文化及人文社科知识，从而获得作为译员的基本知识与文化素质；须具有某一个应用专业方向的学科基本知识与语言知识，一定的第二外语实际运用能力，掌握文献检索、资料查询及运用现代信息技术获得相关信息的基本方法，及初步的科研能力。我校本科英语翻译专业的培养应该秉承我校"听说领先""学用结合，注重实践"的教育方针，体现"口语好、上手快、能力强"的特色，结合目前我校的学科布局，根据我国翻译市场对翻译人才的需要，强调双语语言能力训练，树立跨文化交际意识，培养以应用文体翻译为基础、以口译为重点的应用型、国际化专门翻译人才。

本科英语翻译专业的办学要体现应用型专业的特点，强调教学与实践的紧密结合，加强实践教学的环节；注重素质教育、主动学习和创新精神的培养，不仅要求学生具有扎实的汉、英语言基本功和较强的口笔译翻译能力，而且培养学生的社会责任感、职业道德修养和良好的心理素质；毕业生应该具备较宽的适应性，可以从事一般性的口笔译工作或某一专门领域的口笔译工作、外事外联工作、涉外新闻媒体工作、对外文化经济贸易等的交流工作，也应该具备进一步提高翻译职业技能和从事翻译研究与教学工作的扎实基础。

翻译专业为应用型专业，其设置必须以社会需求为导向，凸显"应用"特色。此处必要要提到的是，随着社会的发展，对翻译人才的要求也在不停地发生着变化，同时在本科培养过程中，学生就业也是翻译教学目标所必须要考虑的因素，社会需求和学生就业也成为翻译教学不断改进的指标之一。近五年以来，我校的本科英语翻译专业的就业升学情况如表3－1所示：

表3-1 近五年北京第二外国语学院本科英语翻译专业毕业生就业（升学）情况

年份	毕业生人数	境内升学人数	境外升学人数	就业人数	专业对口人数	自主创业人数
2016年	79	13	33	31	25	2
2015年	73	7	36	30	20	0
2014年	70	5	26	39	33	0
2013年	71	8	34	29	20	0
2012年	71	10	28	33	27	0

事实上，不是所有的学校都具备培养翻译人才的背景和资源，同时翻译专业的学生也并不是都具备相对的自身条件和资质成为专业翻译人员。不难看出，毕业之后专业就业对口率只占到了就业的三分之一，很多学生选择了考研或者出国深造，进入翻译学习的更高阶段，同时毕业生就业范围大多数也和专业翻译译员距之甚远，很多从事外语相关行业，大学教育应和社会需求相符合。因此，针对本科翻译专业学生的实际情况，专业课程设置要考虑到口笔译不同专业翻译方向的选择，学生就业的实际需要，不同类别的选修课的设立以及参加社会实践活动的需要。以往单纯的课堂教学已经远远不能解决专业就业问题和学生的未来发展问题。

同时，学生的个人性格特征以及外语能力也应该成为口笔译方向选择的依据，在翻译专业里，学生不仅在口齿、发音和仪态上要十分讲究，而且学生的性格及心理素质也是该专业录取的部分依据。并且在部分院校，这一依据还将用于指导学生在高年级进行口译或笔译的选择。根据笔译的特点，选择笔译方向的学生应当具有一定的语言天赋和文字理解撰写能力；而口译方向的学生则应当具有较强的瞬间反应能力、记忆能力、语言表达能力和良好的心理素质。当然，这绝非是比较孰优孰劣的问题，而是针对不同学生的不同个体特点量体裁衣，因材施教，这也是顺应市场需求的多层次性的特点。

四、丰富教学内容，建立独特教学模式

翻译专业强调"外语 + 专业"的教学模式，培养掌握外语基本功又掌握某一专业技能的复合型外语人才。为培养专业化的翻译人才，专业化的外语教学应该从外语教学中分离出来。由于教学目标不同，各个院校的本科英语翻译专业的教学内容或开课计划与传统的英语专业也有所不同。为了实现培养"国际化""复合型"人才的目标，学习语言也就是学习一种文化；而对于需要熟练驾驭两种以上语言的翻译专业的学生来说，辩证地了解东西方文化，将语言能力与跨文化交际能力相结合是大有裨益的。本科英语翻译专业的课程体系应该包括语言技能训练、翻译技能课程以及百科知识课程。首先，课程体系要保证达到国家对本科专业教学的要求，不能超出对总课时数的要求，保证公共必修课的课时数，在剩余的课时数内设置专业教学，而且要落实国家有关大学生实践能力、创新能力培养的精神。

表 4-1 本科翻译专业课程体系：

模块 1	模块 2	模块 3	模块 4	模块 5
语言技能训练	翻译技能	百科知识	公共必修课程	校园活动和社会实践

其次，课程体系要符合本科翻译专业教学的特点，要完成本科翻译人才培养所必须传授的知识和技能训练。翻译人才必须具备的知识结构和能力包括：双语能力、翻译知识和技能、综合知识、实践能力。课程体系必须提出合理的比例使这些方面的知识和技能得到训练。再者，课程体系要给各个学校本科翻译专业的办学留出设置课程的空间，以体现各校的特色和充分发挥其资源优势。

另外，课程体系的设置要科学，要有广泛的适应性和可操作性，既能保证本科翻译专业培养方案的系统性、连续性和专业性，又能使具有比较优势的各高校在教学中发挥其教学优势。所有的课程之间应该具有一定的独立性，但应有主次先后同时又互相联系支撑。课程应该实用并具有针对

性，根据学生的特点和未来发展的计划，有一定的偏重，发挥学校的优势，并为学生就业和个人发展奠定基础。

为了强化学生的双语驾驭能力，拓展并提升自己的母语修养，加强学生中国古代文化经典的修养，在开课计划中应该加重古代汉语或现代汉语课的分量，并提高跨文化交流相关课程的比例。学习语言也就是学习一种文化；而对于需要熟练驾驭两种以上语言的翻译专业的学生来说，辩证地了解东西方文化，将语言能力与跨文化交际能力相结合是大有裨益的。同时"汉-英"双语互译的局限性已经成为翻译学习过程中的大问题，翻译专业的教学安排更应该着眼于发展多种语言翻译的项目，根据本校的教学优势鼓励学生选修第二外语，强化语言学习，这样的安排有益于学生的第二门外语的学习，为他们将来实现多语种互译打下基础。

市场调查显示，在经济全球化影响下，随着翻译市场的需求量急剧上升，翻译的工作模式也在发生着重大变化。计算机辅助翻译软件的应用已经成为专业翻译的必备技能之一。北二外翻译学院和中山大学翻译系向本科生开设的计算机辅助翻译课（Computer Assisted Translation）（CAT）可以说在硬件上将本科生教育向专业化推进了一大步。

翻译专业的学生除了必须修读英语系的核心技能课程以继续提高英语的听说读写基本功并增进对英语国家社会文化的了解以外，他们还必须接受一些特别的技能培训。笔译工作坊和聚焦小组讨论（focus group discussion）的工作形式使课堂练习最大程度接近真实工作状态。除此之外，中外教师联合教学的模式，也可以解决长久以来中国老师在此类教学中遇到的语言和文化的难题。

除了以上提到的机辅翻译、笔译工作坊以外，设有翻译专业的外语院校在本科生教育中采取了特别的教学策略。在口译的笔记训练、记忆训练等方面，教师需要根据认知心理学的相关理论设计的特殊课程，——从这个意义上讲，口译的训练更接近于心理干预的过程，这就大大区别于传统的听说读写反复练习的机械模式了。复旦大学翻译系开设的"翻译与思辨"以及其他翻译专业院系开设的利用图像游戏进行的记忆训练等课程就具有非常鲜明的技巧培训特色。

翻译专业院系将教学目标定位于培养"实用型"人才，所以他们更注重其"产品"的实用性。为此，很多翻译专业院系在成立之初就与一些知名的翻译公司签订了合同,与这些企业合力打造实习实践基地,通过为学生提供实习机会使学生学以致用,更快地适应社会,实现产、学、研一体化。对于指导学生就业以及和社会需求接轨,这是非常有意义的。翻译是一种行为,是一种技能,翻译教学中最重要的环节是实践性。因此,加强实践教学环节,重视教学与业界的联系,充分利用学校和社会(企业)两种不同教育环境,把课堂知识传授和参与翻译实践有机结合于学生培养过程之中是本科翻译专业课程体系建设和教学改革必不可少的一环。建立翻译专业产学研结合的培养模式不能仅仅停留在提供实训场所的层面,必须要深化其内涵,把传统意义的产学研合作教育推向新阶段,合作教育的功能不仅仅是提高学生的实践经验和动手能力,而且要提高学生的综合素质,因为缺乏工作和社会经历的人是不可能得到全面发展的,而合作教育不仅能帮助学生掌握实践经验,也是促进学生个性、身心与人格发展的不可缺少的教育过程。

五、结论

总的看来,翻译专业的英语本科教学的课程体系应具有如下几个特点:

(一)翻译专业的课程内容和教学方法应该具有一定的多样性,既要注重培养学生的翻译技巧和能力,又要注意学生英语基本功和语言运用能力的培养,以提高学生的综合素质。建立实践教学体系,提高学生的动手能力。以课题研究、翻译项目带动课堂教学。翻译的课堂教学要与学生的课外学习和实践活动相结合,学生一定要有相当的时间参加口笔译实践,把社会实习实训作为翻译专业本科生教学的重要内容。

(二)教学内容应当具有较强的实用性。教学内容应该灵活,不能仅局限于一成不变的课本,而是根据需要每学期的教学内容进行调整。其调整的导向就是市场和学生的实际英文水平。教学的内容应该在良好的基本英语教学的基础上坚持以市场的需求为导向并以此作为制定教学大纲的原则,专业翻译教育者应该及时灵活地调整教学大纲,结合学生的实际英文水平和就业导向,体现翻译专业的特色。同时,翻译专业英语课程内容要体现一定的专业性，法律翻译、文学翻译、科技翻译、新闻翻译、影视翻译、商务口译、政治外交口译、经贸翻译等都是值得参考的教学材料。利用现代化教学手段，如多媒体语言实验室、同传实验室、网络技术、计算机辅助翻译技术、搜索引擎等；充分利用网络平台和资源、虚拟翻译实践平台进行翻译实践练习和评价。口笔译教学都应该利用多媒体网络环境来营造更为良好的学习授课环境，建立科学的评估体系，建立多元的、全方位的教学模式，建立双语平行语料库，提高教学效率。翻译专业为应用型专业，其设置必须以社会需求为导向，凸显"应用"特色。课堂教学、第二课堂与社会实践相结合的人才培养模式可以使学生在毕业前对翻译职业有一定的感性认识，对职场有一定的了解，可以减少进入工作岗位后的适应时间，充分体现"应用型"的特点。

总的说来，本科英语翻译专业的英语课程设置应该坚持重视语言基础、强化专业技能的原则，实行以过程教学为导向、以学生自主学习为核心的教学模式，并且注意课堂教学与课外实践。这样的课程设置有利于翻译学科的发展，值得我们借鉴。课程体系要符合本科翻译专业教学的特点，要完成本科翻译人才培养所必须传授的知识和技能训练。翻译人才必须具备的知识结构和能力包括：双语能力、翻译知识和技能、综合知识、实践能力。课程体系必须提出合理的比例使这些方面的知识和技能得到训练。课程体系的设置要科学，要有广泛的适应性和可操作性，既能保证本科英语翻译专业培养方案的系统性、连续性和专业性，又能使具有比较优势的各高校在教学中发挥其教学优势。我们应该结合各个院校的办学特点，在"质"上突出翻译专业下的英语教学翻译的特色，培养具有出色的外语表达能力和优秀翻译能力的外语人才。

参考文献

（1）Gile, D., *Teaching Translation and Interpreting: Training, Talent and Experience*, Amsterdam and Philadelphia, John Benjamins, 1992, 1st.

（2）韩靖：《分析翻译发展形势，优化翻译专业课程设置》，载《读与写杂志》，2011年第9期。

（3）刘宓庆：《翻译教学：实务与理论》，中国对外翻译出版社 2006 年版。

（4）Jean Delisle，Hannelore Lee-Jahnke，Monique C. Cormier：《翻译研究关键词》，孙艺凤、仲伟和译，外语教学与研究出版社 2004 版。

（5）周业峰：《我国翻译人才的现状调查及对策研究》，载《出国与就业》，2011 年第 1 期。

口译教学模式探究之翻转口译课堂

李晓宇

(北京第二外国语学院高级翻译学院,北京 100024)

摘 要:信息时代,互联网给各行各业带来颠覆性的变革和加速式的发展,对翻译行业和教学来讲亦是如此。无论口笔译实践、翻译本地化、项目管理、计算机辅助翻译等,都越来越依托于网络和信息技术。具体到口译,课堂内的口译教学和课堂外的口译实践截然不同,这对教师教学方法提出了挑战,翻转课堂为解决这一难题提供了新思路,将课堂内外有机结合,最大限度模拟还原真实口译实践,全方位培养学生口译综合能力。

关键词:慕课;翻转课堂;口译教学;口译实践

一、引言

早在 20 世纪 60 年代初,美国著名系统理论家巴克敏斯特·富乐首次提出"产业领域的教育技术"这一概念,信息时代互联网给各行各业带来颠覆性的变革和加速式的发展,"互联网+"也强势进入教育领域。2001 年 4 月美国麻省理工学院(MIT)校长查尔斯·韦斯特在《时代》杂志正式启动开放式课程 MIT Open Course Ware 项目,几年内将 3300 门课程放在网上,此后众多美国高校纷纷加入这一教学创新运动中来。公开课资源包括可汗学院(Khan Academy)、Coursera、edX、TED、Udacity、Stanford Online、NovoED、Future Learn、Open2Study、Iversity、Ewant、FUN、Spanishmooc、网易公开课等。此外,慕课也开始蓬勃发展,最初由世界一流高等院校发起,比如清华大学 2013 年加入 edX 开放公开课程,中国东西部高校课程共享联盟也于同年成立,除了高校和非营利组织外,众多企业,如网易、优酷网、果壳网等也积极参加慕课建设。

"互联网+"教育近年来也在不断推动翻译教学发展。就翻译行业和教学而言,无论口笔译实践、翻译本地化、项目管理、计算机辅助翻译等,都越来越依托于网络和信息技术。具体到口译,课堂内的口译教学和课堂外的口译实践截然不同,口译实践是涉及译前准备、现场实操、危机应变、项目沟通、职业素养等多个维度的动态过程,而目前的口译教学和教材大都局限于简单的译前准备和口译实践等单一环节的部分技能训练,且由于客观条件限制而很少涉及或忽略了培养学生其他重要模块的能力。为更好地应对这一挑战,翻转课堂为教师提供了新思路,将课堂内外有机结合,最大限度模拟还原真实口译实践,实现了全方位培养学生的口译综合能力。在教学实践领域,翻转课堂作为慕课的一部分,帮助教学工作者真正实现了从"教"到"师"的转型。

二、翻转课堂

(一) 什么是"翻转课堂"

"翻转课堂"英文为"flipped classroom",最早提出这一模式的是来自美国科罗拉多州林地公园高中的教师乔纳森·伯格曼和亚伦·萨姆,他们通过观察发现,学生常常会因为各种原因缺课,不少学生则每天花大量时间通勤往返于家和学校,浪费了不少精力,影响学习。因此他们有了一个创意,将事前制作好的课堂材料和讲解音视频上传到网络平台,学生可以课后自学并将问题留到课上提出解决,这一模式获得了学生的积极响应。

一切教学问题的关键落脚点都在于教师究竟应该教什么、怎么教,或者说什么才是对学生最好的。翻转课堂的"翻转"大意就是把传统课堂上做的事情改为在家里做,传统上的家庭作业则在课堂完成,实现了"翻转"，不过其含义不局限于此①（乔纳森·伯格曼，亚伦·萨姆，2015）。学生在家可以借助于播客、电子书、网络云端平台等多样化的学习材料和工具完成课外的学习任务，课堂变为老师与学生、学生与学生之间互动交流与个性化沟通的场所，包括集中答疑、小组讨论、合作项目展示等环节，创造一种学生自主学习的环境，教师角色亦由"讲台上的圣人"转化为"学生身边的导师"。②另外，研究表明18岁以上人群是高度自觉人群，加之这一阶段学生大都课业时间较紧，翻转课堂可以大大帮助这一阶段学生提高学习效率，因而适合年长型学习者和职业技能型学习者，所以大学阶段口译课堂是翻转课堂理想的应用场所。

翻转课堂绝不是简单的在线课程，而是一种线上线下、交互性的教学和学习模式。传统课堂模式中，教师的角色大多被打上了"一言堂""满堂灌""填鸭式"的标签，学生被动接受教师的讲解和答案。翻转课堂则旨在颠覆这一低效的传统教学模式，以学生为中心，鼓励学生对自己的学习行为负责，将课堂单一静态的教学活动铺开延展，贯穿于学生课下准备、课堂任务、课后探索思考和考试动态测评等各个方面。经过国内外多年实践经验，翻转课堂被认为是可以大大提高课堂效率、改善教学效果且无需额外增加教学资金和人员投入的教学模式。

（二）为什么要"翻转"课堂

在传统教学模式下，教师能够关注到的通常是个别优秀的学生，或是和教师互动比较多、积极交流回答问题的学生，大部分学生处在被动学习听讲的状态。翻转课堂模式下，所有学生都必须主动参与到学习过程当中，充分发挥主观能动性。

其次，翻转课堂模式下，之前传统课堂上低效填鸭式的学习任务可以

---

① ［美］乔纳森·伯格曼、亚伦·萨姆：《翻转课堂与慕课教学：一场正在到来的教育变革》，宋伟译，中国青年出版社2015年版。
② ［美］乔纳森·哈伯：《慕课：人人可以上大学》，刘春园译，中国人民大学出版社2015年版。

放在课下解决,课上进度不会太慢而让学生感觉枯燥无聊,并且可以和学生及时沟通反馈,让学生更多表达自己的理解和需求,形成积极互动的学习氛围,比如传统说教式课堂上不听讲的学生,因为有了必须参加完成的学习活动和任务,不会再感到无聊走神或者扰乱课堂秩序。

另外,翻转课堂利用网络信息技术,教学材料在线共享,课堂变得开放透明,帮助学生在选课前充分了解教学内容、难度和进度,无法出勤时,完全可以参考线上学习资料,不至于落下太多课业。

翻转课堂让学生不得不发挥主观能动性,如果学生没有完成好课下的准备任务,课上当其他同学都在积极参与课堂活动时,就会成为没有人"搭理"的旁观者。课下学生可以不必再担心繁重枯燥的作业任务,取而代之的是充满交流、深入思考的小组协作学习任务。传统模式下自己"单打独斗"遇到瓶颈难以跨越,学习积极性和自信受到打击,在小组中这些问题大都可以迎刃而解。无论是空间还是时间上,翻转课堂将教学和学习有机结合成为一个动态的生态系统。

(三)翻转课堂对教师的要求

翻转课堂上,教师的任务貌似大大减少,实则对教师课下备课提出了更高要求。教师需要对整个课程体系和一学期的进度安排有准确的宏观把握,对学生的学习效果和问题有一定的预判,对不可控因素做出预备方案。与此同时,教师应学会"简政放权",习惯于将主动权合理地分配给学生,不过绝不是"大撒把"完全交给学生,这对教师对课内课外教学的把控能力提出了更高要求,并且对教师对学生的测评机制和学习目标等也提出了更高要求。

翻转课堂下,教师应当教会学生承担起自己的学习责任。学生对翻转课堂的第一反应是学习绝不是强加在他们身上的负担,而是一种探索未知、充满乐趣的挑战。同时,通过要求学生完成小组学习任务,培养学生团队协作能力,特别是取长补短、相互配合帮助的能力,这些能力的培养对学生今后学习和走向工作岗位打下了良好基础。此外,教师也应当相应建立适合的形成性、过程性的评估机制,给学生较为全面合理的测评。

三、如何翻转口译课堂

（一）基本教学模式

赵国忠、傅一岑提出翻转课堂翻转的是学习的顺序和效率，由课前预习、课堂练习、课后反馈三大模块构成，学习知识等准备工作在课外完成，知识内化启发思考在课上进行。翻转课堂在口译教学中实施时主要围绕"先学后教"这一原则展开，教学成效的关键在于课前及时反馈和课堂深入研究，特别是借助课堂活动，学生亲身体验实践，通过情景演示、活动练习、交流讨论、同辈互评，激发学生自主学习的潜力和兴趣，巩固知识，学会应用和联想延伸。口译翻转课堂就采取这种想、看、议、练贯通的模式。

（二）教学案例展示

如前所述，口译是一种内涵丰富的翻译实践活动，例如交替传译、同声传译、视译、耳语翻译、陪同翻译等多种工作形式，不论哪一种形式，都对译员提出了较高的要求。译员需要具备扎实的双语甚至多语语言功底，过硬的口译翻译能力，对不同领域专业知识的把握积累，快速处理信息短时间内反应处理的技巧，快速学习掌握新领域知识的能力，临场突发情况的灵活应变能力，和搭档、客户、发言人、听众等活动参与者的沟通和配合能力，高强度压力下长时间保持高效高质工作的能力，对相关职业规范和专业道德的把控遵守等，口译工作的特殊性和高标准对口译教学和人才培养提出了具体且复杂的要求，而目前大多数口译课堂的传统教学模式集中于课前简单准备词汇，课上放录音练习讲评的单一形式，很难兼顾学生综合口译能力的培养，难以适应真正的市场要求，这就是为什么很多实践经验丰富的教师普遍反映口译教学和口译实践是"两回事、两张皮"，很多学生走上工作岗位发现课上学到的似乎都不太能用得上，好多需要的知识课上老师都没有教到。

经过三年在北京第二外国语学院本科和研究生层面多门口译课程教学上的翻转课堂实践探索，比如专题口译、同声传译、交替传译、视译等，发现翻转课堂在口译教学上取得了良好的效果，引入了全新的视角。口译翻转课堂就采取翻转课堂的想、看、议、练的模式开展，参考西蒙斯的慕课翻转课堂学习步骤，具体设计如下：

首先，确定学习目标。根据真实口译工作的情况设计课程目标，围绕"市场""真实""学生"三个导向开展，前两者侧重教师对学生的培养和训练，最后一个维度关注学生学习过程当中的反馈和需求，形成双向开放的教学模式。

第二，在网络平台和课堂内展示，和教师同辈实现共享和交互。

1. 课程内容和进度。以本科三年级同声传译课程为例，根据学校教学安排，每学期包含17个教学周，每周两课时，学期教学大纲设计相应为每两周一个主题，本门课的安排是"导入""金融前沿""颁奖礼等仪式""大数据、云计算""中国商界""中国拉美关系""拍卖竞标""清洁技术"几个话题展开，话题选择均为近几年真实口译实践较常见的领域，对每个话题教师给出具体关键词让学生参考，例如对中国拉美关系，教师会提出"中拉论坛""新兴经济体"等关键词给学生参考。整个教学大纲在学期初发布给学生。

2. 教学学习模式。翻转口译课堂下，导入部分在两周内由教师完成，向学生示范课程材料的选择、讲解和练习讲评。后面部分，学生按照主题分为7组，按照个人兴趣自由选择组合，每个主题4课时，其中每个主题第一个课时交给学生完成，学生负责的一个课时细分为两部分，第一部分为课堂展示，第二部分为练习和教师总结讲评；余下三个课时由教师就话题进行知识补充深化、教师材料练习讲评。之所以用这种模式，教师的目的是最大限度还原模拟出真实的口译工作过程，即包括译前准备、现场翻译、后续总结。对于准备该话题的学生而言，译前准备就是要求该组学生提前就话题进行深入研究探索，例如"金融前沿"话题，建议学生通过阅读金融学本科教材、学术论文文献，观看音视频资料（纪录片、新闻片、电影等），形成该领域的知识宏观框架，锻炼学生快速学习新领域知识、筛选分析消化新信息的能力，而不是传统口译课堂译前准备只要求学生死记硬背几个专业词汇，不去探究背后的内涵；然后该组同学就调查研究的内容深入思考，发现并提出感兴趣的具体角度，制作成课堂展示内容，并就该话题形成一篇口译材料，可以是演讲、问答环节、新闻发布会等任何口译工作的场景，在课堂上向全班学生展示，做口译练习。对全班同学而言，译前准备就是该话题同学课堂展示的部分，现场翻译就是该话题同学选取形成的口译材料练习。

3. 教学目标和效果。每组学生的准备时间都是两周，和真实口译工作的译前准备时间相仿或略长，给学生真正体验译前准备的机会，一学期下来，每组同学都至少可以做到对所选话题有了非常深刻细致的了解把握，对其他六个话题有了基本全面的认识。通过翻转，传统模式中课上做的事情，即教师带领学生译前准备，现场学习背景知识和词汇，被放到课下完成，课下的任务在课上进行，即传统模式下由于课上时间被挤压，练习由学生自己在课下完成，现在变为课上在教师有针对性的指导下完成，大大提高了学习效率和学习效果。

第三，师生共同构建管理课程资源，发现解决问题，不断优化提升。如上文所提，该组同学的背景资料包、课堂展示、演讲（原文、译文）在课前全部交由教师审核修改，把控难度和体量。每个话题材料由学生和教师两部分材料构成，余下三节课练习全部为教师准备的材料。话题结束后，课后作业以及教师和学生材料全部上传云网盘共享交流。教师给出的话题设定已经比较具体，学生译前准备需在此基础上更加深入挖掘，对学生提出了非常细致具体的且较高的要求，三年来，在这种模式下，学生分析问题、处理信息、深入思考的能力得到锻炼。同时，不同学生对同一话题的理解和兴趣点各异，教师可以不断吸收丰富教学资源库，优化提升，分享给后来的学生，整个课程的质量不断提升，教师越来越能够把握好课程难度、进度、重点等各个方面，教学质量和教学效果大大提升。口译教学由简单机械的技能培训课，变为螺旋式上升、质量越来越高的精品课，真正实现了教学相长。

最后，教师对学生建立合理期望，学生对自己的学习效果建立合理期望，学生应当坚持参与，不断延展课下学习。就口译教学而言，短短的课堂时光教师教学重点和学生学习重点应放在了解把握口译工作的要求到底有哪些，课后甚至离开学校之后，不断加强练习和经验积累，向这些目标要求努力。所以学生应对自己的学习有合理预期，不应过于急功近利，或对自己没有达到预期效果感到沮丧焦虑，好的口译员是一生的锤炼，仅仅靠课堂的几小时就想做好是不可能的；教师也应当对学生的学习效果和自己的教学效果有理性预期，不应期望过高，带来负面情绪，变为对学生过多的批评和苛求，反而影响学生学习的积极性和主动性。

四、结语

在翻转课堂模式下，对课堂时间进行了彻底调整，把大部分时间用于大量的实践活动和定向问题解决。翻转课堂是围绕学生展开的，而不是以老师为中心，老师鼓励学生思考，只为学生提供必要的专业反馈，学生完成学习任务，并且分享成果，在高效的课堂指导下，学生的学习动力增强了，再也不用机械地训练，老师的角色是帮助学生而非信息的搬运工。翻转课堂正印证了不能勉强逼迫学生学习，学生必须也应当自己承担起这份责任并对自己负责，这种模式也让学生认识到这一点，不仅对其学业更为今后走向社会培养自律积极主动的个人素养提供了帮助。

传统模式下，高校口译教学由于其自身特点通常课时数较多，用于教师带着学生在课上进行练习，这常常令教师筋疲力尽却收效甚微，教师不仅需要精力体力还需要热情，像在舞台上演出一样卖力。翻转模式下，教师可以因材施教，解决重点问题，有针对性地帮助学生了解学生，通过互动拉近了师生关系，教学工作变得轻松，学生学习效果大大提高。课下进行深入细致的译前准备，课上进行有针对性的训练，不再浪费时间解决基本的语言问题和简单的知识点，大大提高了课堂效率，更是让学生亲身体会到口译工作的特点、要求和过程。传统的口译教学本末倒置，花大量课堂时间在机械无效的训练，而忽视了真正的口译活动绝大部分功夫是下在前期认真深入的学习和准备；真正现场翻译只是前期成果的体现，口译工作的重要能力，例如快速学习、信息加工处理、批判思考等能力在传统口译训练中几乎没有得到重视或只停留在理论层面。因此通过翻转口译课堂，将这些能力尽量引入教学中来，引起学生和教师的重视，让学生走出课堂实践时感到可以学以致用。

就教学管理层面而言，教学改革相应地也需充分采纳一线教师的意见，翻转课堂不是万能灵药，但着实可以为解决目前教学方面的瓶颈提供新的思路，将传统与现代相结合，紧跟世界高等教育信息化发展的大趋势，理论层面通过教学实践总结研究在线学习和O2O学习模式，各个高校之间加强大学课程联盟共享资源等，积极鼓励教师进行翻转课堂建设，提升教学技能，学习掌握相关技术和软件的使用，让技术走进课堂，用技术改变课堂，最终以"互联网＋"模式改良教学，更好地为学生服务。

参考文献

（1）Siemens，G.，"How to participate in an open online course"，from http：//gsiemens. tumblr. com/post/10153633521/how－to－participate－in－an－open－online－course，retrieved July 11，2014.

（2）丁兴复、王龙：《麻省理工学院开放课件运动评述》，载《中国电化教育》，2014年第10期。

（3）焦建利、王萍编：《慕课：互联网＋教育时代的学习革命》，机械工业出版社2015年版。

（4）[美]乔纳森·伯格曼、亚伦·萨姆：《翻转课堂与慕课教学：一场正在到来的教育变革》，宋伟译，中国青年出版社2015年版。

（5）[美]乔纳森·哈伯：《慕课：人人可以上大学》，刘春园译，中国人民大学出版社2015年版。

（6）汤敏：《慕课革命：互联网如何变革教育?》，中信出版社2015年版。

（7）赵国忠、傅一岑：《微课：课堂新革命》，南京大学出版社2015年版。

国际化教育中的双语教学与汉语教学的选择

于 淼

（北京第二外国语学院汉语学院，北京 100024）

摘　要：全球化背景的国际教育中，教学语言的选择也成为一个要审慎思考的战略选择。教学语言关乎一个国家的教育主权和民族文化的认同，针对来华留学生，不能简单地用英语或双语教学来解决知识的传输问题，要用战略眼光，强化汉语教学语言的地位，除了汉语言专业外，其他针对来华留学生的医学和理工科专业也应该在实践中摸索出以汉语教学语言为主、双语教学语言为辅的教学模式，从而使来华留学生教育更切合大国形象的文化自信。

关键词：双语教学；汉语教学；教育主权；来华留学生；国际化教育

一、当下教育情境中的"双语教学"解析

双语教学（bilingual education）的字面意义本身就是试图用一个简单的概念来给一个复杂的现象下定义。这里所说的双语教学不包括幼儿教育中的实验活动，也不涉及职业学院的成人双语教育，更不是指欧洲和美洲由来已久的复杂的民族语言环境下的产物，而是指高校面对人才培养所采取的通常的双语教学策略，在不同的学习阶段采取的沉浸式、保持型和过渡式的三种传统双语教学模式。在目前，中国高校的双语教学都是由保持型的双语教学过渡到沉浸式的双语教学，换言之，沉浸式双语教学是我们的理想模式，因为那将意味着中国学生的第二语言水平不仅仅是学习的内容，已经变成了可以跟母语同步思维的学习工具。当然，双语教学只是一

个平台,这个平台上的师资、学生和教材都要达到一定的专业化水准,才能实现这种过渡。所以,沉浸式的双语教学在理论上是存在的,但是在中国语境下是几乎不可能实现的。

虽然在我国的双语教学,有专家不断指出"英语+汉语"的双语是一种误区,但是我们目前就是在这种误区中大踏步前行。双语教学成了英语强化班或实验班的代名词,因为在中国,英语还不是我们的第二语言,而是属于"外语"教学范畴,并非像加拿大的法语区用英法两种语言进行的"第二语言+第一语言"的双语切换式教学。"双语教学"中的"双"的潜台词就是倾向于用英语作为教学主要语言甚至采用全英教学。这看似是全球化国际教育对语言的要求,但是却在事实上造成英语独霸全球的局面,在事实上更加肯定了英语统领教学语言的结果。所以,真正的双语教学其实从终极意义上讲是不存在的,这种双语是无法平衡的,最终会造成一种语言思维统领另一种语言,并使教育客体的母语成为教学辅助语言。

双语教学从2001年后逐步成为高校课程改革中的一个重要举措,甚至成为评价高校教学质量的重要指标。这跟中国加入WTO后在金融、法律和高新技术等领域需要大量的国际化人才有直接关系。同时,随着各个高校的试点和课程实践的开展,在双语教学中都积累了一定的经验,但是与此同时,更不乏有识之士发现了双语教学的隐患。从社会哲学家的角度来看,现在是一个"后殖民时代"语境,在文化多元化的同时其实正是西方文化霸权借助先进知识的话语权进行传播和征服的时代。很多专家担心,在强化英语教学的前提下,很多大学师生的文化价值观念正在彻底地发生改变,在汉语还没有进入全球知识传播的话语体系的背景下大力提倡双语教学,会存在剥夺我们的民族语言主权和教育主权的危机。我们尚未建立知识的话语霸权,在很多领先的科技领域,我们的汉语还远远没有取得英语的地位,我们的课堂不得不遵循西方的话语逻辑来教育学生进行思考,长久下去,这会排挤掉汉语的教学地位。由此看来,教学语言的选择并不是一个简单的教学策略的问题了。

二、汉语教学在来华留学生教育中的地位问题

本文先不探讨针对中国学生的双语教学的层次和科学模式，这里要换一个视角，就是我们的国际化教育建设中已经出现了新的内容，那就是一批批不断新增的来华留学生，在 2005 年后呈现出结构性和层次性的新变化，即学历留学生逐渐增多，他们的专业需求多样，从传统的汉语专业和中医中药专业逐渐发展到理工科和高新技术专业。他们的到来不仅是国际化教育的任务，更是新的力量和挑战，于是，在专业学习上针对来华的国际留学生的教学语言也随之产生了不同意见。有人赞成快速推进全英教育，对学习理工、医学和经贸专业的来华留学生用英语作为媒介教学语言，使知识传输的速度加快。因为汉语和汉字对非汉字文化圈的留学生还是一个障碍，等到他们掌握汉语的学术或专业阅读与思考需要相当长的时间，这会削减学生的学习热情和动机，这个理由是显而易见的。更有甚者，倡议在中华文化知识和人文课程上也用英语或双语教学，从而推进跨文化交际的进程。但是持这种观点的人忽略了来华留学生源的多样性，去除我们的师资本身的英文水平不说，生源中并不都是英美学生，相当比例的留学生用英文交际尚可，但是在专业学习上，英文教学语言对他们一样也是一只拦路虎，而且这种观点也忽视了留学生想学习汉语并想运用汉语的留学动机。

很多教师在实际的教学中也积累了一定的用英语教授留学生太极拳和中医中药知识的经验，但是在最近几年的研究中也表明，同样是这样的教学体验，教师也渐渐发现，"医学留学生是用英语学习医学的，汉语水平高低与医学专业学习没有任何关系"是一个非常严重的误区。姜安、李静等人都提出了医学专业留学生要加强汉语学习的重要性，甚至提出了把汉语上升到工具型动机和核心动力的高度，并提倡医学专业对留学生的培养要尽快摸索出以汉语为主导知识语言的教学模式。医学专业尚且如此转出误区，何况中医中药和汉语言专业？

从社会语言学的角度看，语言是知识的载体，即使是纯自然科学和技术科学也不能完全摆脱母语对客观知识描述和深入刻画的烙印。中国文化

元素和汉字是分不开的，词汇所表达的内涵跟汉字是息息相关的。比如"京剧""饺子""道家哲学"，这些词汇用英语翻译后内涵已经大打折扣。就目前的客观情况看，用英语、法语等主要工具语言作为教学语言，最大的问题是多数中国教师用外语授课仍受局限，且许多与中国学相关的人文、社会科学，也不宜用外语表达，比如中国哲学、中国医学、中国书法、中国音乐、中国绘画、中国武术等。此外，留学生来自世界各地，也未必都精通英语、法语等。近些年有些教师总结出了一些用英语教授以上中国文化专业课程的教学经验。但是无论是直译或意译，都不如学生掌握汉语后对拳谱的深刻理解。还有一个客观事实不容否定，那就是太极拳等中国文化色彩浓厚的专业，其本身的英语翻译研究还在不断地探索中，用英语作为教学语言从研究转到教学还有待时日，即使是非常"专业"的翻译也不够成熟，何况任课教师的英文水平还达不到专业程度。中医专业的英文教学在初始阶段非常重要，但是越到后期越需要留学生对汉语的深入把握。

教学语言的选用，理论上可选择留学生的母语，但是用留学生的母语教育其实不符合一个逻辑，就是留学目的国教师如果用学生母语讲课，那还不如本国教师在学生未出国前进行教育，何必听另一个国家的教师用本国母语授课呢？还有一个问题就是，目的国教师的外语水平是如何训练出来的呢？如果都采用留学生母语作为教学语言，那么这种精通留学生母语的教师也是不存在的。李宇明也指出，用留学生的母语作为教学语言，更不现实，中国教育界所能使用的外语语种相当有限。[①] 他同时指出，在某些地区、某些专业，可以考虑将留学生的母语作为辅助性的教学语言。例如在新疆，对哈萨克斯坦、吉尔吉斯斯坦的学生，在一定的学段可以适当采用哈萨克语、吉尔吉斯语授课，对于培养汉语与哈萨克语、汉语与吉尔吉斯语的翻译专业学生，更是方便使用哈萨克语、吉尔吉斯语作为教学语言之一种。我们在预科教学中正是采取了这样的策略。

语言水平是知识传输的前提，无论从以往教学经验还是未来的发展

---

① 李宇明：《转变来华留学生教育的观念》，载《社会科学报》，2016年8月4日第005版。

看，对来华留学生要坚持汉语作为教学语言，并且要不断强化其地位。对中国学生要大力推动双语教学，而对来华的外国留学生恰恰要大力提倡并坚守用汉语教学。

三、教学语言和教育主权的相关性要求我们强化汉语教学

李宇明提出了教学语言不仅是教学实践问题和教学理念问题，更是教育主权问题。① 孙兰荃、李威、熊庆华等人也在关注教学语言和教育主权的相关性，双语教学也应该在保障国家语言主权的前提下进行。②③

实际的教育情形也是如此，用留学目的国语言作为教学语言符合国家教育主权的要求，也符合历史上的欧美之通例。欧美的通行做法，是把本国通用的教学语言亦作为对国际学生的教学语言，如美国、英国等用英语，法国用法语，德国用德语，加拿大用英语或法语。中国留学生到这些国家留学，没有听说改用汉语作为教学语言的。同时，绝大多数来华留学生都有掌握汉语的要求，这也是"知华友华"的重要途径，甚至许多留学生的学习目标就是汉语和中华文化。但是，以汉语为教学语言的最大问题是，留学生的汉语能力普遍不足，提升到可以听课的水平、特别是与中国学生同堂上课的水平，尚需时日。我们正在扩大汉语言本科教学的规模，具备了一定的规模才能有质量的提升，因为毕竟汉语有其特殊的语言属性，不是一朝一夕的简单强化就可以完全掌握的。

长远来看，中国应把汉语作为教学语言，用来解决当前来华留学生教学语言的问题：第一，与中国学相关的专业，如汉语学、中国哲学、中国

---

① 李宇明：《转变来华留学生教育的观念》，载《社会科学报》，2016年8月4日第005版。

② 孙兰荃：《论国家语言主权》，载《北华大学学报》，2005年10月第6卷第5期。

③ 李静：《医学留学生汉语学习工具型动机强度的可控性研究》，载《语言教学与研究》，2014年第6期。

医学等，教学语言应以汉语为主，需要时辅之以英语等；其毕业论文或学位论文，要求用汉语撰写；第二，其他专业，要加强预科教育，在预科阶段尽量提升其一般汉语水平及专业汉语水平；进入本科学习之后，除非特殊讲座用媒介外语，应该保证汉语教学的绝对地位。对于学位论文，我们这些年一直提倡并坚持用汉语撰写，对汉语的学术语言的输入与使用，我们有专门的训练。骆小所提出要把汉语教学转化为"汉语文学教学"，这是一种质的理想飞跃，也是我们奋斗的目标，即把汉语的交际性提升到知识传播的工具性语言。在众多的合作办学中，双语共赢其实是不存在的，我们要有主权意识来保证我们的汉语教学语言的地位，从教育服务贸易的层面上讲，汉语言应该是我们教育贸易中最重要的"出口商品"之一。全球化网络资源的共享和"慕课"的发展中，英语得到了越来越强有力的巩固，随之在非英语国家被迫出现了教育主权让渡的问题。这一点值得我们深思。

要想培养出国际化的新型人才，无论什么专业，汉语教学是不能回避或缺席的，只不过是不同专业在不同的培养阶段渗入的程度不同而已，这是个基本的原则性问题。双语教学不是简单的"汉语+外语"的构成，在中国语境下，汉语的比重应该起引导作用，英语必需用，但是汉语必须要掌握，英语的"必需"和汉语的"必须"是随着专业程度的不断深入而呈现出汉语最终进入知识积累和思维习惯的成果。在讲文化自信的同时，也要讲语言自信。语言是文化的天然载体，也固化并诠释了文化中的观念、意义和价值。汉语是我们的精神故乡，在这个全球化时代，针对国内的大学生走向世界，双语教学是我们正确的战略选择，但是针对来华留学生的培养，我们更应该坚持汉语教学为主，双语教学为辅，保护好我们的故乡，坚守我们的教育主权。所以教学语言的选择关涉到我们民族文化的认同和复兴，对于教育主体和客体而言，都是非常庄严的选择。

参考文献

（1）姜安：《论医学专业留学生的医学汉语教学》，载《现代医药卫生》，2009第20期。

（2）李宇明：《转变来华留学生教育的观念》，载《社会科学报》，2016年8月4日第005版。

（3）李静：《医学留学生汉语学习工具型动机强度的可控性研究》，载《语言教学与研究》，2014年第6期。

（4）李威、熊庆年：《试论"慕课"条件下高等教育国际化中的教育主权问题》，载《高等教育研究》，2015年2月第36卷第2期。

（5）骆小所：《我们要由汉语教学转化为汉语文学教学》，载《云南师范大学学报》，2014年第五卷。

（6）孙兰荃：《论国家语言主权》，载《北华大学学报》，2005年10月第6卷第5期。

（7）周莉：《中医中药专业留学生双语教学模式初探》，载《高等函授学报》，2011年10月24卷第5期。

显赫范畴与对外汉语教学
——以汉英语法对比为例

赵晓晖

(北京第二外国语学院汉语学院,北京 100024)

摘　要:本文从语言库藏类型学的角度出发,引入显赫范畴的概念,对比了汉英两种语言在语法方面的若干异同,指出了显赫范畴理论在对外汉语教学中的应用价值。与英语相比,汉语的量词、体范畴等方面功能十分强大,使用非常频繁,常常能用来表达与其原型范畴相关而又不同的范畴,造成同语言内的范畴扩展现象和跨语言间的超范畴对应现象。在对外汉语教学中,师生应当具备语言库藏类型学的观念,特别注意目的语中的那些显赫范畴。

关键词:语言库藏类型学;显赫范畴;对外汉语教学;汉英对比

一、引言

(一) 语言库藏类型学

语言库藏类型学(Linguistic Inventory Typology)是近年由中国学者提出的一个概念,是语言类型学研究的一个分支。刘丹青最早于 2011 年在《当代语言学》发表《语言库藏类型学构想》,提出这一概念,后来他又相继发表了《汉语的若干显赫范畴:语言库藏类型学视角》《论语言库藏的物尽其用原则》等文,论证这一观点。所谓语言库藏(linguistic inventory,

或译为"语言库藏清单"),是指特定语言系统或某一层级子系统所拥有的语言手段的总和,包括语音及韵律要素、词库、形态手段,句法手段,包括虚词、句法位置等。语言库藏因语言而异,并且会导致语种之间形义关系的显著差异,不但影响到语义范畴的形式表达,而且深刻影响语义范畴的存在状况和"显赫性"(mightiness)。[1]

(二)显赫范畴

显赫范畴(mighty category),是语言库藏类型学中的核心概念之一。所谓显赫范畴,是在不同语言的对比中凸显出来的。假如某种范畴语义由语法程度高或句法功能强大的形式手段表达,且成为该手段所表达的核心(原型)语义,该范畴便成为该语言中既凸显又强势(prominent and powerful)的范畴,即显赫范畴。[2] 显赫范畴意味着它们在母语者的心理层面是容易被激活的,调用的认知心理能耗最低。它们除了用于该范畴本身的原型功能之外,常被用来表达其他相邻的甚至有一定距离的语义语用范畴,造成语义范畴在语法表征上存在核心范畴、扩展范畴、边缘范畴之分,这些范畴在很多其他语言里是由属于其他范畴的语法手段来表达的。各种语言显赫范畴的不同,反映了不同母语者心理结构和认知方式的差异。显赫范畴的功能扩展使语言中形式和语义的对应关系比传统设想的更加复杂,造成了语种之间表达相同语义语用之时形式手段上的不对等性,而这也正是第二语言学习时的难点之一。

(三)汉英语言库藏不同

从语言库藏类型学的角度出发,对比汉英两种语言,可以发现双方在语音、词汇、语法等方面均有显著差异,例如语音方面,汉语有声调库

---

[1] 刘丹青:《语言库藏类型学构想》,载《当代语言学》,2011年第4期。
[2] 刘丹青:《汉语的若干显赫范畴:语言库藏类型学视角》,载《世界汉语教学》,2012年第3期。

藏，而英语没有；英语中具备浊辅音和复辅音的库藏，现代汉语普通话中却不存在；汉语对于韵律库藏的使用也较英语更为突出。词汇方面，汉语在长期的历史发展过程中积累了极为丰富的词汇，形成了一大批同义或者近义的词库，但受韵律的支配、语体的要求，在使用时却不能随意，口语和书面语词库差异较大，至于历史遗留下来的大量的成语、俗语、歇后语等，更是为英语所不能及。本文主要引入"显赫范畴"的概念，讨论汉英在语法方面的差异以及"显赫范畴"在对外汉语教学中的应用。

二、语言库藏类型学关照下的汉英语法差异举例

（一）构词法

任何一种语言的语法，一般都包括词法和句法两大部分，词法又可以分为构词法和构形法。从库藏手段上来说，汉语很少有英语那种在词形上进行屈折变化的构形法（"们"可算是个例），但是汉语充分利用语素的构词法与英语相比却极为发达。

在构词法方面，汉语与以英语为代表的西方语言相比有明显的不同特点，汉语通常用一个统称词加上一个描述词，如"树""花"，只需加上另一个词就可以加以区别，如柳树、桃树、梧桐树、桑树，菊花、牡丹花、玫瑰花、荷花等。从西文的对译中很容易看出，西方文字是一物一词，而汉语的中心词是同一个词。又如用英语和汉语表达"笑"义的词：laugh—笑，smile—微笑，smirk—假笑、傻笑，sneer—嗤笑，beam—满脸堆笑，giggle—咯咯地笑，snigger—窃笑，jeer—嘲笑。在这组例子里，汉语的中心词都是一个"笑"字，前面只需加上修饰语就对应于英语里的不同的词。储诚志教授曾提到，在中国去医院，只要认识"科"再加上一些常用汉字，基本上就可以辨识清楚该去哪儿，但是在美国，尽管生活了很多年，进去以后认那些生僻英文单词仍然是如看天书，从一个侧面可以看出，对同一个实体或同一个事物，汉英的表述很不一样。总体来看，这与不同类型语言的造词方式有关。汉语的这种造词方式作为一种库藏手段，

在一定程度上减轻了学生学习生词的压力。如果教给西方学生汉语构词法的这一特点，他们会发现掌握汉语里一个词相当于学会了一群词，或者说学会了潜在的一群词。但值得注意的是，汉语词汇中并不是所有的词都是如此，例如亲属词汇就比英语要复杂得多；又如古汉语中关于马的各种词汇，就相当复杂；再如江河，古代是特指，而现代汉语中已经成为泛指的分类词。上古汉语可谓一物一词，而现代汉语采取的是中心词加修饰词的办法。这表明，某一语言的构词法与其语言类型有关，文化背景、历史因素也能造成特例。①

以上所述只涉及汉语构词法中的偏正式，事实上，汉语中的构词法还有并列式、动宾式、补充式、主谓式、重叠式等，可谓多种多样。英语中虽然也有词源一说，很多单词拆分开来可以从古希腊语或者拉丁语中找到根据，但是已经不为今天的大多数人所了解了，人们只是习惯将它们作为一个整体来记忆。特别值得注意的是，汉语构词法与句子的构成方式是基本一致的，这是汉语语法的一大特点，但是在我们以往的对外汉语教学中并没有足够的注意。学生对汉语的构词方式不了解，造成了词汇记忆负担重，语法掌握也不熟练，因此有必要让学生知道汉语构词法的库藏手段。

（二）词类

1. 量词

汉语中有一个非常显著的库藏是英语中所不具备的，那就是量词。汉语个体量词的国际通行术语是"数量分类词"（numeral classifier），"分类词"一名揭示其词义具有按形状等特征给事物分类的意义，而 numeral 或"量词"则反映了该类词所占据的位置是计量单位词（measure words）的位置（比较：三粒米/三斤米）。这个通行术语反映了汉语量词具有两类相关度不高的功能（计量和分类）。对照英语，如果说表示计量的功能尚可用名词充当的话（如一杯水，a cup of water），表示分类的功能则付之阙如

---

① 徐丹：《语言类型研究与汉语教学》，载《语言教学与研究》，2007 年第 3 期。

(如一棵树，a tree）。刘丹青指出：从现代汉语的使用现状看，量词的主要功能既不是计量也不是分类，而在于个体化。例如：

A. 我买了个/些苹果（很好吃）。B. 我买了苹果（很好吃）。

A句宾语带泛用量词"个"或复数量词"些"，基本没有分类作用，但带了量词，就指向特定个体，因此可以在同句中被后面的谓语"很好吃"所陈述；而B句"苹果"没带量词，就只指类而不能指个体，因此无法再在后面用谓语对其进行陈述。由此刘丹青认为量词这个功能性词类，已经不是一个单一语义范畴，而是一个至少包含了计量、分类、个体化多重功能的语类，其中个体化作用尤为凸显。

不仅如此，汉语中的量词还有其他功能，例如可以接受重叠操作表达全称量化，形成"个个""一个个""一个一个""两个两个"等全量的小类形态；还发展出指多量的状态性谓语用法，如"公园里红花朵朵，绿草片片""田里的稻草一堆一堆的"。汉语量词还可以跟指示词一起组成指量短语，在有定语的定名短语中代替"的"作为临时的定语标记，用在领属定语、关系从句等定语和核心名词之间，有时候甚至可以删除核心名词，量词成为有定的定名短语中的支撑代词，不能省略，如：

小张这份/我这杯/公司昨天新聘那个/正在钓鱼那位①

如果说汉语量词表示计量、分类的功能可以由学习者通过强记掌握的话，英语母语者很难习得用汉语量词表示个体化的表达；至于说"红花朵朵、绿草片片"等状态性谓语的用法，更是为英语母语者所难以理解。

2. 名词和动词

汉语究竟是一种名词性语言还是一种动词性语言，是一个有争议的话题。沈家煊先生认为汉语的动词（陈述语）也是名词（指称语），由此得出动词是名词的一个次类的结论。② 换言之，汉语的动词其实都是"动态

---

① 刘丹青：《汉语的若干显赫范畴：语言库藏类型学视角》，载《世界汉语教学》，2012年第3期。

② 沈家煊：《怎样对比才有说服力——以英汉名动对比为例》，载《现代外语》，2012年第1期。

名词",兼有名词和动词两种性质。我们把这种名动关系称作"名动包含",区别于英语和其他印欧语的"名动分立",如图2-1所示。

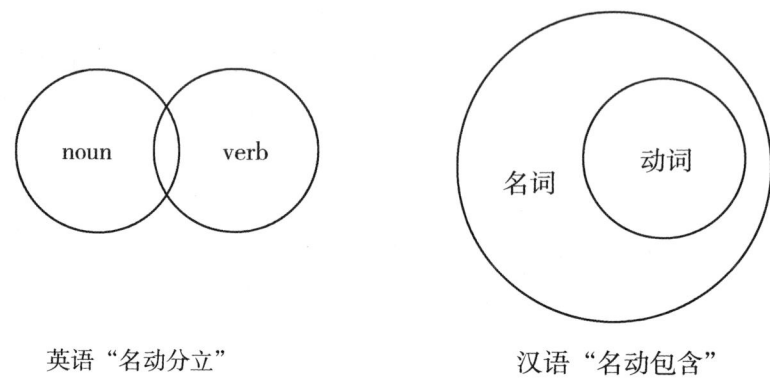

英语"名动分立"　　　　　　汉语"名动包含"

图2-1

从与修饰词的关系来看,沈家煊先生认为英语与汉语也有显著的不同,如图2-2所示。

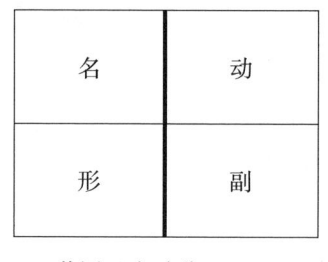
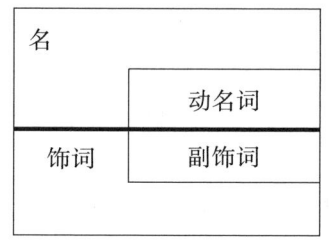

英语"名动分立"　　　　　　汉语"名动包含"①

图2-2

刘丹青认为,名词和动词在一种语言里各有自己的作用,本身难以比较。单就汉语和英语的相应词类而言,相比于英语的名词,汉语名词功能较受限制;相比于英语动词,汉语动词的功能非常强大。由此,在类型比较的意义上提出,汉语是一种动词型语言,区别于英语的名词型语言。②

————————

① 见沈家煊先生2015年6月9日在北京第二外国语学院的讲座。
② 刘丹青:《汉语的若干显赫范畴:语言库藏类型学视角》,载《世界汉语教学》,2012年第3期。

刘丹青列出大量多方面的例子，表明英语多用名词而汉语多用动词，转引一小部分如下：

（1）Obama! Obama! 欢迎奥巴马！/支持奥巴马！

（2）Attention! 注意！／立正！

（3）Wet floor. 当心地滑。

（4）No photos! 禁止拍照！

（5）Death to invaders! 让侵略者统统去死吧！

（6）Shorter working time! 缩短工作时间！①

在 2012 年的文章中，刘丹青进一步指出，汉语动词在句法中的作用远比英语动词重要，而名词的成句和句法功能受到诸多限制，出现了大量英可名、汉须动，英须名、汉可动的情况，这正反映了汉语动词是一个显赫的词类范畴，符合句法功能强大的标准，而名词是相对英语语言名词更加弱势的范畴，无法完成在其他语言中可以由名词完成的功能。在翻译和学习汉语、英语时，这种差别不能不注意。

3. 形容词和副词

因为有形态变化，英语对这一范畴的开发利用就非常充分。就形容词的比较级形式而言，英语中有大量的比较级在汉语中所不具备的用法，例如：no longer（不再）、from bad to worse（每况愈下）、higher wage! shorter working time!（提高工资！缩短工时！），这说明在英语中形容词的比较级是显赫范畴。

再看下面的例子：

（1）Women should get independent **financially**. 妇女应该**在经济上**取得独立。

（2）Mr. Medvedev has embraced, at least **verbally**, the modernizing political and economic agenda. 至少**在口头上**，梅德韦杰夫支持政治和经济议程的现代化。

---

① 刘丹青：《汉语是一种动词型语言——试说动词型语言和名词型语言的类型差异》，载《世界汉语教学》，2010 年第 1 期。

陆丙甫认为，英语中的方式状语虽然可以前置也可以后置，但是只有后置才能回答问题而成为自然焦点、新信息①。而相应的汉语翻译却倾向于在动词前用介词短语加以强调，这是因为现代汉语中名词固然可以直接修饰名词，但却不能像古汉语那样出现名词做状语的情况。换言之，现代汉语中缺少从名词变为形容词再变为副词的途径，虽然也有副词，但是远没有英语中那么发达，即显赫程度不同。

（三）"体"和"时"

作为一种缺乏屈折变化的语言，汉语的语法主要是依靠句法手段而非形态手段来实现的，即主要依靠虚词和语序，而在虚词中，"了、着、过"尤为突出。包括英语在内的很多有形态变化的语言是"体"和"时"俱备的。而在汉语中却只有"体"的范畴，缺乏"时"的范畴：

了：表示"动作的实现或完成"——完成体

着：表示"动作正在进行"或"状态的持续"——进行/持续体

过：表示"某事件至少发生一次"——经历体

那么，汉语中是如何表示"时"的范畴的呢？事实上汉语中是运用"体"标记来传达"时"的信息的，换言之，在汉语中"体"是一个显赫范畴：

了：默认为过去时　　如：他吃了碗面条。

着：默认为现在时　　如：他惦记着大家。

过：默认为过去时　　如：我去过山西。

但是"体"和"时"毕竟是两个范畴，不可能做到完全对应，然而很多留学生并不了解这一点，在学习汉语的过程中，错误地用"体"标记来翻译自己语言中一切"时"的范畴，这也就造成了很多偏误。以"了"为例，很多汉语学习者见到自己母语中的过去时，便统统以"了"代替，造成很大偏误，加上"了1""了2"的纠缠，更是导致学习者混乱不堪，成为汉语学习中的老大难问题。作为现代汉语中仅次于"的"的第二高频词，学习者对"了"掌握的好坏，直接关系到其汉语的整体面貌。

---

① 陆丙甫等：《状态补语是汉语的显赫句法成分》，载《中国语文》，2015年第3期。

三、显赫范畴在对外汉语教学中的应用

（一）不同语种间的超范畴对应

语言库藏类型学及显赫范畴理论提示我们从跨语言的视角看待形式和意义的关系，尤其关注库藏形式手段及其显赫程度对语义范畴的制约，这是因为在跨语言交际（翻译、第二语言获得）中，并不总是表现为同一语义范畴的不同手段之间的对应，而常体现为不同语种间的超范畴对应，即不同语义范畴在更高的表达层次上的对应。例如：

She is more sad than angry. 她与其说是生气，不如说是伤心。

英汉两句表达的语义相同，但手段不同，英语使用的是形容词的比较级的库藏手段，而汉语采用的是句法手段。尽管这两者可能在交际中完成同样的任务，但在各自的语言中，只有这样才是最地道的。这说明，语言库藏的存在及其显赫度会诱导不同语种的母语者在表达同样的"意思"时进入不同的"语义"范畴。

（二）显赫范畴的原型功能与扩展功能

之所以这样，是因为社会生活中的"马太效应"在语言中也同样适用。具体到语法库藏来说，就是越常用的，越显赫；越显赫的，也就越常用。从认知心理学的角度来说，这是出于人类认知心理的省力追求，因为越是显赫的范畴，越容易激活，调用的心理认知能耗也就越低。马太效应决定了范畴之间的不平等在任何一种语言之中都是必然现象。对于显赫范畴来说，它具有自己的原型功能，但由于语言库藏的物尽其用原则，会扩展到一些别的范畴中，从而产生扩展功能。其实，这是一条在自然界和人类社会中普遍使用的原则，例如大象的鼻子，原型功能是呼吸，扩展功能是取水饮水、抓取食物甚至格斗；对人类来说，果蔬的原型功能是食用，扩展功能是做成艺术品欣赏。显赫范畴的原型功能和扩展

功能的区别如表 3-1 所示①。

表 3-1

原型功能	扩展功能
句子的"断言"部分	句子的"蕴含"部分
始终存在，或单项制约扩展功能的表达	可以被语境取消
句法分布最不受限	特定的句法限制

显赫范畴的物尽其用原则导致了语言中的形－义的复杂的对应关系。对同一种语言来说，就是该语言内的范畴扩展现象，如前文所述汉语的量词由计量、分类扩展到了个体化甚至谓语的功能；对于不同语言来说，则体现在跨语言超范畴的对应现象，如汉语量词所体现的个体化功能在英语中是由数形态、冠词、量化词等手段实现的；状态性谓语功能是由动词或者系表结构实现的；而量词与指示词合成有定语的定名短语中的支撑代词，在英语中这类功能则是由名词所有格、名词性物主代词、关系代词或支撑代词 one 等表示的。同理，"了"之所以成为对外汉语教学中的一个老大难问题，不但是由于有"了1""了2"的区分，同时还由于在"了1"中又掺杂了表"完成"的原型功能与表"过去"的默认功能，甚至扩展到了其他一些边缘语义范畴，而在英语中这些扩展功能是由别的范畴来承担的，这又形成了不同语种间的超范畴对应，下面试简要分析之。

（三）"了"的教学

一般说来，"了1"为体标记，用于动词后，表示完成；"了2"为语气词，用于句子末尾，汇报事件、情况的发生或将要发生。以前我们的教学一般是先教"了1"再教"了2"，但是根据邓守信对台湾师范大学第二语言中介语数据库进行的调查，发现母语为英语的学生掌握"了2"似乎

---

① 见刘丹青 2015 年 1 月 13 日在日本大阪产业大学孔子学院的演讲。

较"了1"更为容易，于是有人提出应该先教"了2"再教"了1"。但学生为何掌握"了1"比较困难，却没有说明，其实很可能是我们的教学不到位。

据统计，体标记"了1"的用频远超语气词"了2"，如：

《茶馆》"了1" 147 次：〝了2" 25 次 = 5.88：1

《那五》"了1" 352 次：〝了2" 63 次 = 5.6：1

作为体标记的"了1"如此高频，并非都是出于完成体的语义需求，一些是在表示完成体的同时附带提供过去时的信息，特别是在表示需求较强的叙事语体中。根据《现代汉语频率词典》，"了"的分语体数据如表3-2所示。

表3-2

报刊政论	科普	生活口语	文学作品
4261	2531	3636	18253

可见，"了"在文学作品中的出现频率远高于其他三种，究其原因很可能是文学作品叙事性最强，时间信息和行为事件过程性的表达需求也最强，同时由于文学作品缺乏生活口语的现场性，无法以现场参照包含时间信息。

不仅如此，"了1"除了暗含过去时之外，物尽其用，还承担了一些其他的扩展功能。如：

（1）谁也没想到，他的兜里藏了一把刀。（表存现）

（2）扔了这张纸！（表消失）

（3）这双鞋大了一号。（表过量）

应该说，这都是些非常地道的汉语表达，外国人却很难掌握。究其原因，就是没有认识到汉语中的"体"是一个显赫范畴，它表达的核心语义范畴是完成，暗含的时间为过去，还可以扩展到一些边缘语义范畴，如上述例子中表达存现、消失性的结果或者过量偏量等。而这些边缘语义范畴在别的语言（例如英语）中往往是采用别的语言形式来表达的，所以这些独特而地道的汉语表达才应该成为学习的重点与难点，无论是教材编者还是授课老师，对此都不能视而不见，需要有意识地让学生多做练习，不同语言进行对比，领会其含义。综上，我们以后在教授"了"时，应该有这样的意识：

1. "了"首先分为体标记"了1"和语气词"了2"。"了1"用于动词后，表示完成；"了2"用于句子末尾，汇报事件、情况的发生或将要发生；

2. 一般情况下，"了1"默认理解为过去时，但出现特定的阻断因素时，时意义会被取消，但是表示"完成"的体意义始终存在；

3. 过去时毕竟占据默认蕴含义的地位，取消该解读需要加特殊的条件；

4. "了1"除了表示完成，蕴含过去时之外，还有一些其他的特殊功能（例如表达边缘语义）不能忽视。

当然，"了"的问题很复杂，不是本文所能解决的，但教师如果具备了这样的意识，就可以在学习之初便将这样的概念传达给学生，帮助他们将汉语中的"了"与自己母语中的过去时进行有意识地切分。这样，"了"也就不会再被师生视为畏途，只能用"习惯"来解释，只有通过"语感"来掌握了。当然，这并非是说学习者大量阅读练习掌握汉语的语感不重要，相反，显性学习与隐性学习应该结合，有了一定的理性认识之后，学习者更应在具体语境中反复体会揣摩其语义，增强语感，培养对汉语的敏锐度。这要求教师首先要对"库藏手段""显赫范畴""扩展功能""时""体"等有一个明确的认识，又能深入浅出、一针见血地给学生指出其精要，不能以其昏昏，使人昭昭。同时要求学生也应该从语言学的角度，对语言库藏类型学有一定的了解。

四、结语

必须承认，语言库藏类型学是语言类型学中一个年轻的分支，尚存许多地方有待完善：一方面是开列特定语种的语言库藏特别是语法手段库藏的清单并进行跨语言比较，需要设立语言间不同的库藏类型，研究不同范畴入库能力的语言共性和等级序列；另一方面是库藏显赫度的评估也缺乏量化的依据，需要通过跨语言的比较，总结成为显赫范畴的类型因素和显赫范畴扩展路线的共性及差异等；更重要的是要进一步探讨语言的形－义关系，揭示由显性范畴的扩展作用而导致的形-义关系的复杂状况，寻找形式和语义结合的不同模式。这都是语言库藏类型学未来将要面对的任务。但是，仅就目前的研究成果来说，语言库藏类型学对对外汉语教学已经具备了一定的指导意义。

从理论上来讲，作为语言手段的库藏，对任何语言都是公平的，任何语言都可以选择任何一种库藏手段为其所用；但在实践中，每一种语言对库藏手段的选择又是不尽相同的，对于所选库藏手段的利用程度更是千差万别，这就造成了显赫范畴。与英语相比，汉语中的显赫范畴还有很多，刘丹青指出汉语的显赫范畴有话题、量词、连动结构等。[①] 陆丙甫认为状态补语是汉语的显赫句法成分。[②] 另外汉语中的处置式，单句中的存现句、复句中的主次复句（相对于并列复句和主从复句）等与英语相比，功能十分强大，使用非常频繁，而这些地方正是汉语较之英语的特点所在，限于篇幅，不能一一分析。对汉语中的这些显赫范畴掌握不熟练，也是造成学习者表达不正确、不地道的主要原因之一。这提醒我们在第二语言教学中，师生应当具备语言库藏类型学的观念，特别注意目的语中的那些显赫范畴，并将其当作学习的重点，循序渐进区分其原型功能与扩展功能，并注意与其第一语言建立超范畴对应关系，这样才能做到事半功倍。以往的语言研究或者第二语言教学虽然可能模糊地意识到了这个问题，但没有在理论上明确地提出并在实践中给予足够的重视，这可能也是诸多第二语言学习者努力多年但成效不显著的主要原因之一。

参考文献

（1）刘丹青：《语言库藏类型学构想》，载《当代语言学》，2011年第4期。

---

① 刘丹青：《汉语的若干显赫范畴：语言库藏类型学视角》，载《世界汉语教学》，2012年第3期。

② 陆丙甫等：《状态补语是汉语的显赫句法成分》，载《中国语文》，2015年第3期。

（2）刘丹青：《汉语的若干显赫范畴：语言库藏类型学视角》，载《世界汉语教学》，2012年第3期。

（3）徐丹：《语言类型研究与汉语教学》，载《语言教学与研究》，2007年第3期。

（4）沈家煊：《怎样对比才有说服力——以英汉名动对比为例》，载《现代外语》，2012年第1期。

（5）刘丹青：《汉语是一种动词型语言——试说动词型语言和名词型语言的类型差异》，载《世界汉语教学》，2010年第1期。

（6）陆丙甫等：《状态补语是汉语的显赫句法成分》，载《中国语文》，2015年第3期。

第二部分

透过"核心素养"再看"能力"
——德国对"能力"的理论研究概述

邓二红

(北京第二外国语学院欧洲学院,北京 100024)

摘　要: "核心素养"目前正成为教育界的政策热词,为了更深入地理解"核心素养",在教学实践中真正做到以核心素养为纲,避免出现对核心素养概念的滥用,有必要对"核心素养"的本质即"能力"进行深入探讨。本文拟对德国的能力理论研究进行简单梳理,介绍德国对能力概念的起源,能力的内涵、类型、种类,能力群等方面所进行的相关研究。

关键词: 核心素养;能力;德国能力研究

一、引言

中国从 2013 年 5 月开始进行基础教育和高等教育阶段学生核心素养总体框架的研究。2014 年印发的《关于全面深化课程改革落实立德树人根本任务的意见》中,第一次提出"核心素养体系"这个概念。随着 2016 年 9 月 18 日《中国学生发展"核心素养"》的正式发布,"核心素养"成为当前教育领域最受关注的热词之一。从理论层面来看,国内学者主要研究核心素养的研制背景和过程、核心素养的内涵、基于核心素养的课程发展或课程标准研制以及学科核心素养;从实践层面来看,各种关于核心素养的学术或教学研讨会相继召开,这些研讨会有的专注于宏观政策与理论阐释;有的将视角集中到某一具体学科;有的则以学校为单位,介绍学校基于核心素养的具体课程改革构想。作为一线教师,我们固然应当了解最新的教育理念，但也不可只紧跟潮流，在对新概念或热门概念没有清晰认识之前便盲目跟风使用，甚至是滥用。通过对关于"核心素养"的理论研究的梳理，不难看出，万变不离其宗，不管"核心素养"如何热门，其本质仍是"能力"。因此，本文拟对德国的能力理论研究进行简单梳理，以期更深入地理解"核心素养"，从而在教学过程中更有意识、更有针对性地培养学生的学科核心素养。

二、国外组织和机构对"核心素养"的研究

中国的核心素养在研制过程中既虚心借鉴了国际经验，又充分考虑了本土特色。为了更深入地了解核心素养，就有必要了解联合国教科文组织 UNESCO、经济发展与合作组织 OECD 以及欧盟 EU 对核心素养的相关研究。

（一）UNESCO 的五大支柱说

UNESCO 对核心素养的研究最早可追溯至 1972 年，在《学会生存》一书中提出了"发展的目标是人的完整实现"，是人具有丰富内涵的个性的"全面实现"。2004 年，UNESCO 出版了《发展教育的核心素养：来自一些国际和国家的经验和教训》，该书指出核心素养是使他人过上他想要的生活和实现社会良好运行所需要的素养，这也是 UNESCO 与经济与合作组织（OECD）的 DeSeCo 项目工作合作的结果。[①]

（二）OECD 与核心素养

OECD 于 1997 年 12 月启动了"素养的界定与遴选：理论和概念基础"，即 DeSeCo 项目。在持续多年的讨论和研究之后，OECD 于 2003 年出版了最

[①] 参见张娜：《DeSeCo 项目关于核心素养的研究及启示》，载《教育科学研究》，2013 年第 10 期。

终研究报告《核心素养促进成功的生活和健全的社会》，将有关学生能力素养的讨论直接指向"核心素养"，并构建了一个分别涉及"人与工具""人与自己"和"人与社会"等三个方面的核心素养框架。为推动这一框架的实践与应用，OECD 于 2005 年专门发布《核心素养的界定与遴选：行动纲要》。[①]

（三）EU 对核心素养的研究

EU 于 2005 年发表《终身学习核心素养：欧洲参考架构》，正式提出终身学习的八大核心素养，同时提出贯穿于八大核心素养之中的共同能力，如批判性思维、创造力等。自 2006 年以来，欧盟便开始将核心素养作为整个教育与培训系统的参照框架，欧盟各国的宏观教育政策与计划一直围绕核心素养的培养这个主题展开。其中，ET2010 计划 2010 年的报告题目便是"面向变化中的世界的核心素养"。作为 ET2010 计划的后继，ET2020 计划所提出的 4 个战略性目标中，2 个与核心素养密切相关。欧盟 2012 年 11 月启动的"重新思考教育"计划中，将核心素养的课程实施与评价问题纳入专题研究，并发布相关报告。[②]

以上国际组织与经济体所提到的"核心素养"【英语 Key Competences】，【德语 Schlüssel kompetenzen】从本质上来看便是能力。

三、德国对能力的理论研究

德国关于能力的研究在欧洲处于领先地位，对各个学科对能力概念的理解与定义、能力在各个具体实践领域，如企业、教育、心理领域的测评都有着系统和深入的讨论和研究，本文主要将视角聚焦于德国学术界对能力的理论研究。

---

① 参见李艺、钟柏昌：《谈"核心素养"》，载《教育研究》，2015 年第 9 期。
② 参见刘新阳、裴新宁：《教育变革期的政策机遇与挑战——欧盟"核心素养"的实施与评价》，载《全球教育展望》，2014 年第 4 期。

（一）能力概念及内涵

1. 能力概念的起源

能力这一概念历史久远、历经变迁。拉丁语概念 competentia 来源于动词 competre，意为"遇见"，"应被…得到"或"有权得到"。罗马的法学家用形容词"competens"来表示"主管的""有权的""合法的""正式的"。自 13 世纪起，competentia 意指"某人所得"。在 1753 年出版的由约翰·海因里希·策德勒（Johann Heinrich Zedler）编写的大百科全书中，competentia 和 competenz 两个概念与现今的词义有了关联。从这时起，能力（Kompetenz）、能力之争（Kompetenzstreit）和能力冲突（Kompetenzkonflikt）便与一个现代的、分工的、功能社会组织密不可分。[①]

2. 不同学科的能力概念及对其的理解

怀特将能力概念引入动机心理学，认为能力是所有基本能力的不断发展的结果，这些心理能力既非遗传，也非生理成熟的必然结果，而是个体在社会化过程中通过自我组织发展而来。怀特认为，能力是个体与周围环境进行互动的前提。

乔姆斯基在其著作《句法理论的若干要素》中提出语言能力（Sprachkompetenz）这个概念，将能力定义为听者或说话者借助有限的组合规则和基本要素自己构造和理解无穷多新的、从未听说过的句子，将潜在无限多的表达要素赋予同样无限多的意义。乔姆斯基对能力的解读使能力概念在现代社会科学中变得重要起来。除了语言学，心理学、管理科学、甚至生

---

① Erpenbeck, J. & von Rosenstiel, L. (Hrsg), *Handbuch kompetenzmessung. Erkennen, verstehen und bewerten von kompetenzen in der betrieblichen, pädagogischen und psychologischen*, Stnttgart: Schäfer – Poeschel Verlay, 2007, XVIII.

物学都用到能力这个概念。①

（二）能力概念的内涵

德国大多数的能力研究专家认为，能力不是人们在可想象的学习和行动领域中的任意的行为能力，而是指那种在公开、复杂，有时甚至混乱的情景之下还能完成有意义、富有成效的行为，即在思想和物质不确定的情况下仍能自我组织的行为能力。②

图 3-1 清楚地显示，能力包含技能（Fertigkeit）、知识（Wissen）和资格（Qualifikation），但又不只局限于此。所有利于在公开、不确定及复杂情境下完成行为的因素均应归入能力的范畴之内，如自我负责的规则（Regel）、价值观（Wert）和行为准则（Norm）等。

技能指通过经常练习而获得的动作方式和动作系统，以行为为中心，可分为操作技能（如踢足球）和心智技能（如背诵）。③ 资格此处主要是指在从事某项职业时，个人所必须具有的知识、技能以及内化的一般能力。

---

① Erpenbeck, J. & von Rosenstiel, L. (Hrsg), *Handbuch kompetenzmessung. Erkennen, verstehen und bewerten von kompetenzen in der betrieblichen, pädagogischen und psychologischen*, Stnttgart: Schäfer – Poeschel Verlay, 2007, XVIII.

② Erpenbeck, J. & von Rosenstiel, L. (Hrsg), *Handbuch kompetenzmessung. Erkennen, verstehen und bewerten von kompetenzen in der betrieblichen, pädagogischen und psychologischen*, Stnttgart: Schäfer – Poeschel Verlay, 2007, XI.

③ Hacker, W., "Allgemeine Arbeitspsychologie", *Psychische Regxlation Von Arbeitstätigkeiten*, Bern et al, 1998: 655.

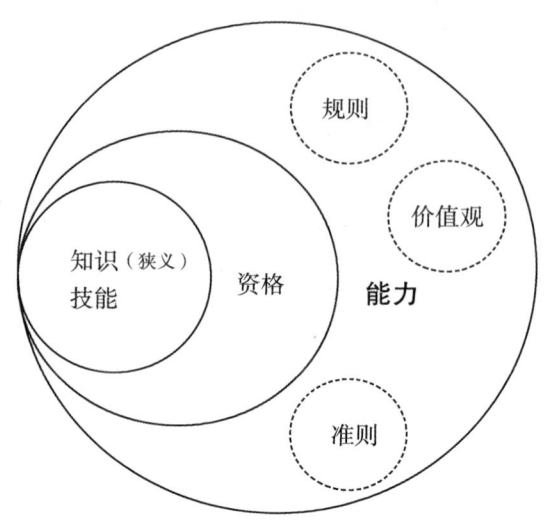

图3-1 能力与资格、知识、技能之间的关系图①

(三) 能力系统

1. 能力类型

在当今的企业、组织及其他领域,问题解决的过程是重要的战略过程。随着决策和发展过程越来越复杂,能力发展和自我组织的学习的重要性也越来越凸显。行为主体、行为场景和行为过程的复杂性,经常导致问题不能严格按照既定的方案得以解决,此时便需要行为的自我控制或自我组织。②

现代自我组织理论将基本的问题解决策略,分为梯度策略和进化策

---

① Erpenbeck, J. & von Rosenstiel, L. (Hrsg), *Handbuch Kompetenzmessung. Erkennen, verstehen und bewerten von Kompetenzen in der betrieblichen, pädagogischen und psychologischen Praxis*, Stuttgart: Schäfer-Poeschel Verlag, 2007, XII.

② Erpenbeck, J. & von Rosenstiel, L. (Hrsg), *Handbuch Kompetenzmessung. Erkennen, verstehen und bewerten von Kompetenzen in der betrieblichen, pädagogischen und psychologischen Praxis*, Stuttgart: Schäfer-Poeschel Verlag, 2007, XXI.

略。梯度策略实质为一种寻找策略,其基本出发点是,有一条最便捷的道路通往最佳结果,虽然该策略具有十分明确的目标,但对如何达到这个目标的描述却不清晰。在寻找目标的过程中如果能逐步优化,那么这被称之为纯粹的梯度策略,有时也被称为优化策略。在解决问题的过程中,行为主体尝试沿着最陡峭的"问题解决坡度"向上移动,当然,寻找最佳路程的过程中经常存在各种曲折。但是,在不断寻找的过程中,问题解决的距离缩短,不确定性降低,问题解决过程趋向最优化,这种策略因此也被称为自我控制策略。①

与梯度策略相比,进化策略则在寻找问题解决方案的方式上有所不同。在寻找过程中,将同时存在多种最优方案,且这些方案在寻找过程中可能随时发生变化,此时便需要借助进化策略。进化策略重要的构成要素包括复制优良解决方案、"突变过程"(即创造性地找出新的解决方案)以及保持并逐渐优化已获得的解决方案的能力。最终的解决方案通常不被人事先知晓,只能在寻找的过程中被创造性地发掘出来。进化策略因此也被视为狭义的自我组织策略。②

无论是使用梯度策略还是进化策略,都需要在一个充满问题或问题解决的可能空间内寻找问题答案,并在寻找的过程中对结果不断进行评价。上述两种策略的寻找过程具有各自的特性,使用策略的人群也有不同的个性特质,这些不同的个性特质便导致了不同能力类型的出现。

虽然运用梯度策略能找到较小寻找范围内的优质解决方案,但从更大范围来看,此时的解决方案通常远远不如最佳解决方案。一些个人特质,如热衷于游戏、想象力、坚韧、交际能力(善于与人建立联系,理解他人,爱交际)在梯度策略中更多地具有消极作用,它们可能被视为执拗或

---

① Erpenbeck, J. & von Rosenstiel, L. (Hrsg), *Handbuch Kompetenzmessung. Erkennen, verstehen und bewerten von Kompetenzen in der betrieblichen, pädagogischen und psychologischen Praxis*, Stuttgart: Schäfer – Poeschel Verlag, 2007, XXI.

② Erpenbeck, J. & von Rosenstiel, L. (Hrsg), *Handbuch Kompetenzmessung. Erkennen, verstehen und bewerten von Kompetenzen in der betrieblichen, pädagogischen und psychologischen Praxis*, Stuttgart: Schäfer – Poeschel Verlag, 2007, XXI.

者好辩。相反,专业和方法论知识在自我控制的问题解决过程中起中心作用。简而言之:专业和方法能力与其他能力(如个人能力、社会交际能力以及行为相关的能力)相比起主导作用。①

在进化策略中,需要行为主体能够放弃已找到的问题解决办法,并在继续寻找新解决办法的过程中接受可能出现的比之前的解决方案坏的结果。简而言之:在进化策略中,个人能力、与行为相关的能力以及专业交际能力起主导作用,专业和方法能力虽然必要,但并非充分前提。②

综上所述,能力具有自我组织的属性,可分为两种类型:

- 能力 I,即在一定目标时(有时目标不是特别明确)运用自我控制策略(梯度策略)的能力;
- 能力 II,即在面临开放的目标时运用狭义的自我组织策略(进化策略)的能力。

2. 能力种类

(1) 能力的一般分类

能力被视为自我组织行为所具有的特质。心理或生理行为体现出的关系为主体与客体或主体与主体之间的关系。自我组织行为可以反思性地指向行为主体本身(P);可以通过行为主体的行为和意志力要素更详细深入地描述(A);可以指一个具体的客观环境(在此处,其他人被视为研究对象)、从专业和方法上对客观世界进行理解和改变(F),最后也可指一个社会化的环境(其他个人或群体)(S)。根据各能力种类间不同的主体 –

---

① Erpenbeck, J. & von Rosenstiel, L. (Hrsg), *Handbuch Kompetenzmessung. Erkennen, verstehen und bewerten von Kompetenzen in der betrieblichen, pädagogischen und psychologischen Praxis*, Stuttgart: Schäfer – Poeschel Verlag, 2007, XXII.

② Erpenbeck, J. & von Rosenstiel, L. (Hrsg), *Handbuch Kompetenzmessung. Erkennen, verstehen und bewerten von Kompetenzen in der betrieblichen, pädagogischen und psychologischen Praxis*, Stuttgart, Schäfer – Poeschel Verlag, 2007, XXII.

客体关系（参见图 3-2），可将能力分为以下几类①。

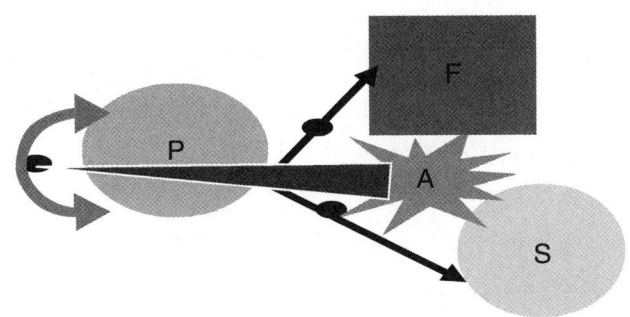

图 3-2　与能力种类间不同的主体－客体关系②

（P）个人能力：行为主体具有实施自我组织行为并对该行为进行反思的个人特质，即能够进行自我评价，提出具有创造性的观点，构建自我形象；能发展自己的天赋、强化内在动机，争取获得成就；能在工作或其他领域创造性地发展与学习。

（A）行为实施能力：行为主体具有积极且具有全局观地自我组织行为，以实现既定的意图、安排和计划的个人特质，即能够将自己的情感、动机、内化的一般能力、经验以及所有其他能力，如个人能力、专业和方法能力以及社会交际能力，融入到自己的意志驱动中，最终成功地实施行为。

（F）专业和方法能力：行为主体具有在心理和生理上实施自我组织行为，以解决具体问题的个人特质，即能够运用专业或工具性的知识、技能和内化的一般能力创造性地解决问题；能够按照意义对知识进行分类和评价。专业和方法能力还指能够在方法上自我规划自己的行为、任务和问题解决的方案，以及能够创造性地继续优化工作方法。

（S）社会交际能力：行为主体具有实施与他人交流、合作的自我组织

---

① Erpenbeck, J. & von Rosenstiel, L. (Hrsg), *Handbuch Kompetenzmessung. Erkennen, verstehen und bewerten von Kompetenzen in der betrieblichen, pädagogischen und psychologischen Praxis*, Stuttgart: Schäfer-Poeschel Verlag, 2007, XXIII-XXIV.

② Erpenbeck, J. & von Rosenstiel, L. (Hrsg), *Handbuch Kompetenzmessung. Erkennen, verstehen und bewerten von Kompetenzen in der betrieblichen, pädagogischen und psychologischen Praxis*, Stuttgart: Schäfer-Poeschel Verlag, 2007, XXIII.

行为的个人特质，即能创造性地与他人交流，在小组中与他人建立联系并制定新的计划、任务和目标。

尽管有许多不同的表述，然而如果非要尝试对能力进行基本分类，那么一般将采用上述的分类方法。在分类过程中的分歧在于应当将某个具体的能力或能力要素归入哪个类别之中，主要取决于研究者的研究视角、价值准则和研究兴趣。比如可将勤奋、坚韧、创造力、自信、价值意识、乐于承担风险，以及其他许多特征归入个人能力之列。

（2）教育界对能力的分类

海因里希·罗特（Heinrich Roth）在教育科学中首先提出能力作为广义的行为能力的观点。罗特指出："成年被理解为一种能力，主要从以下三个方面来解释：a）作为自我能力，即做出为自己负责行为的能力，b）专业（学科）能力，即对某些专业领域具有判断和实施相应行为的能力，并能对此负责，c）社会能力，即对与社会和政治相关的事实领域或社会领域具有判断和做出行为的能力，并能对此负责。"[1] 直到今天，在职业和经济教育领域仍持续着关于将行为能力细分为自我能力、专业能力和社会能力的讨论。[2]

3. 能力群

能力类型和能力种类的划分基于人类解决问题和行为过程的理论构想，直观再现了真实的自我组织过程和行为过程，具有本体论的分类特征。然而，现实不是机械的、可控制的或者自我组织的。若采用不同的研究视角和研究方法，对能力的理解也必将有所不同。

如果个性特征、行为特征、资格、社会文化交际前提体现了自我组织行为的特质，那么它们均可被视为能力并可被测评。动机心理学、人格心理学、行为心理学、工作心理学、认知心理学、教育学、社会心理学以及交际心理学中的方法论知识和测试理论知识都可用于能力测试。

---

[1] Roth, H., *Pädagogische Anthropologie*, Band 2, Hannover: Schroedel, 1971, 180.

[2] Hartig, J. & Klieme, E., *Kompetenz und Kompetenzdiagnostik*, In Schweizer K. (Hrsg), *Leistung und Leistungsdiagnostik*, Heidelberg: Springer, 2006, 127–143.

综上，能力可划分为以下的能力群①：

（p）能力作为个性特征。核心能力：个人能力，方法论基础：动机心理学、人格心理学。

（a）能力作为工作和行为的特质。核心能力：行为实施能力，方法论基础：行为心理学、工作心理学。

（f）能力作为专业资格。核心能力：专业和方法能力，方法论基础：认知心理学，资格传授与认证。

（s）能力作为社会交际前提。核心能力：社会交际能力，方法论基础：社会心理学和交际心理学。

4. 能力的动态发展

无论是从能力类型，还是从能力类别和能力群的视角，都可得知能力的即时状态，如时间点 To 时能力状态 Ki，或者以时间序列的形式来分析不同时间段的能力状态，即从时间点 To 时的能力状态 Ki 到时间点 Tn 时的能力状态 Ki。Tn 可以包含不同的时间段，我们需要考量是否真正需要将发展因素考虑在内以及在哪个时间段 Tn 会出现这些发展变化，对此需要不同的测量方法和手段。若需了解被评估者在 To 这个较短时间点的能力状况 Ki，那么通常会选择一个短时的、简单的能力考察方法。若时间段 Tn 涵盖一个较长的时间段，如会议、能力培训或者项目，那么多数情况下会选择测量能力的初始状况和终结状况。若能力发展持续多年甚至一生，则多会选择即时的状态测量和回顾性质的生平质性分析。任何一种能力测评都不可忽视能力发展的特性。

在特定的时间段，能力 Ki 总会显示出显著的发展活力（Ki）To（Ki）T1 … （Ki）Tn。能力发展可以是短时（Tn - 数日至数周）、中等时长（Tn - 数月至数年），也可以是长期的（Tn - 数年或多年至整个人生）。

---

① Erpenbeck, J. & von Rosenstiel, L. (Hrsg), *Handbuch Kompetenzmessung. Erkennen, verstehen und bewerten von Kompetenzen in der betrieblichen, pädagogischen und psychologischen Praxis*, Stuttgart: Schäfer – Poeschel Verlag, 2007, XXV.

能力发展可以通过时间段测评或者选择质性方法加以把握。①

四、结束语

通过对德国能力理论研究梳理,可以看出能力具有可习得、可变化、通过行为得以外显的特征。能力的内涵大于知识,能力与具体情境/具体学科相关等特点。② 作为专业教师,肩负培养学生核心素养的重任,系统了解能力特点是深刻理解中国核心素养的重要基础,即核心素养是"个体在面对复杂的、不确定的现实生活情境时,能够综合运用特定学习方式所孕育出来的(跨)学科观念、思维模式和探究技能,结构化的(跨)学科知识和技能,世界观、人生观和价值观在内的动力系统,分析情境、提出问题、解决问题、交流结果等过程中表现出来的综合性品质,是(跨)学科的知识和技能、过程与方法、情感、态度和价值观的整合"③。核心素养是一个让人欢喜让人忧的概念,④ 只有在教学过程中不断深入了解和把握核心素养概念,才能在教学实践中真正做到以核心素养为纲,实现立德树人的终极教育目标。

---

① Erpenbeck, J. & von Rosenstiel, L. (Hrsg), *Handbuch Kompetenzmessung. Erkennen, verstehen und bewerten von Kompetenzen in der betrieblichen, pädagogischen und psychologischen Praxis*, Stuttgart: Schäfer – Poeschel Verlag, 2007, XXVI.

② Grunert, C. "Bildung und Kompetenz", *Theoretische und empirische Perspektiven auf außerschulische Handlungsfelder*, Wiesbaden: VS Verlag, 2012.

③ 上述观点来自杨向东在 2016 年 4 月 21 日第 11 次课标会议的 PPT。

④ 崔允漷:《素养:一个让人欢喜让人忧的概念》,载《华东师范大学学报(教育科学版)》,2016 年第 1 期。

参考文献

(1) Erpenbeck, J. & von Rosenstiel, L. (Hrsg), *Handbuch Kompetenzmessung. Erkennen, verstehen und bewerten von Kompetenzen in der betrieblichen, pädagogischen und psychologischen Praxis*, Stuttgart: Schäfer – Poeschel Verlag, 2007.

(2) Grunert, C. "Bildung und Kompetenz", *Theoretische und empirische Perspektiven auf außerschulische Handlungsfelder*, Wiesbaden: VS Verlag, 2012.

(3) Hacker, W., "Allgemeine Arbeitspsychologie", *Psychische Regulation von Arbeitstätigkeiten*, Bern et al, 1998.

(4) Hartig, J. & Klieme, E., *Kompetenz und Kompetenzdiagnostik*, In Schweizer, K. (Hrsg), *Leistung und Leistungsdiagnostik*, Heidelberg: Springer, 2006.

(5) Roth, H., *Pädagogische Anthropologie*, Band 2, Hannover: Schroedel, 1971.

(6) White, R. W., "Motivation Reconsidered, The Concept of Competence", *Psychology Review*, 1959, 66/5.

(7) 崔允漷:《素养：一个让人欢喜让人忧的概念》,载《华东师范大学学报（教育科学版）》,2016年第1期。

(8) 李艺、钟柏昌:《谈"核心素养"》,载《教育研究》,2015年第9期。

(9) 刘新阳、裴新宁:《教育变革期的政策机遇与挑战——欧盟"核心素养"的实施与评价》,载《全球教育展望》,2014年第4期。

(10) 张娜:《DeSeCo项目关于核心素养的研究及启示》,载《教育科学研究》,2013年第10期。

(11) Fertikeit: https://de.wikipedia.org/wiki/Fertigkeit.

(12) 百度百科:进化策略[EB/OL]: http://baike.baidu.com/item/进化策略/6419332.

外语人才的跨学科培养模式研究

陈冰冰

(北京第二外国语学院亚洲学院,北京 100024)

摘 要:随着经济全球化的发展,各国对外语人才综合素质的要求也逐渐提升。目前,我国的高等教育与国际先进水平相比还存在着一定的差距,要提高我国高等教育的国际化水平,必须进一步提升学生的综合素质、科研创新能力和国际视野。外语人才,尤其是外语专业研究生的跨学科培养,是今后我国外语专业人才培养与教育改革的一个重要方向,也是我国高等教育与国际接轨的必然途径。

关键词:跨学科;人才培养;研究生培养;外语人才

一、序言

随着中国经济实力的不断增强,以及国际地位的不断提升,中国文化必然在全球范围内得以复兴,而随着全球国际化的交流与发展,国家对外语人才的语言水平和综合素质的要求也越来越高。外语人才的培养不能再停留于单纯的语言应用,在具备高水平的外语技能的同时,还应具有较高的综合素质和宽泛的文化知识。单一的外语人才已经不能适应社会发展的需求,我国外语人才的需求呈现多元化的发展趋势。尤其是随着"一带一路"倡议的实施与逐步推进,国家需要更多具有高水平、高素质、复合型的外语人才。因此,高水平、复合型外语人才的培养成为目前国内高校,尤其是外语院校人才培养的一个重要目标。

在当今国际化大背景下,进一步深化教育教学改革,提升教学质量,是我国高等教育的一个重要目标。本论文以外语专业跨学科培养为研究目标，探究符合社会与时代发展的外语人才跨学科培养模式。

二、外语人才跨学科培养的现实意义

"跨学科"一词最早在20世纪20年代美国的纽约出现，由Interdisciplinary翻译引进而来，其最初的含义大致相当于"合作研究"，学术界也称作"交叉科学（学科）"。我国于1985年召开"交叉科学大会"，从此"交叉科学（学科）"一词在科学界广为传播。跨学科培养是把跨学科引入教学之中的一种新型教育理念。通过跨学科、复合型课程的学习，一方面能够激发学生的学习热情，提高学习主动性；同时通过各种知识的交融与碰撞，学生的视野得以开阔，而学生的研究与创新能力也会相应地提升。可以说，跨学科培养打破了传统单一的培养模式，其目标是为社会培养出更多具有扎实的专业技能，同时又能掌握两门或两门以上较为系统的学科理论知识，富有跨学科探索、研究和创新精神的人才。而将这一教育理念融入到外语人才，尤其是外语专业研究生的教学工作之中，符合国际化人才培养战略，也是全球经济一体化的必然趋势。

正如刘延东在2016年1月国务院学位委员会第三十二次会议上所强调的，要坚持育人为本、立德树人，深化研究生培养模式改革，加快健全内部质量评估和监督保障体系，提高研究生社会责任感、创新能力和实践能力。要立足推动研究生教育发展转型，科学制定研究生教育发展"十三五"规划，统筹推进世界一流大学和一流学科建设，努力建设一流的研究生教育体系。提高教育质量，是十八届五中全会提出的明确要求和发展目标。经过三十多年的发展，我国研究生教育基本实现了立足国内自主培养高层次人才的战略目标，尤其是外语专业的规模逐渐扩大，教学水平不断提高，然而随着各国之间的国际化交流与发展，随着我国国际化社会地位的不断提升，传统的研究生培养模式已经不能适应时代的变迁，我国外语人才的培养必须要与国家的战略需求相对接。因此，"十三五"时期，我国对研究生教育又提出了新的要求，必须坚持以提高质量为中心，以服务需求为导向，更加突出培养模式转变，突出体制机制创新，突出结构调整优化，突出调动各方资源参与，突出走向国际和开放发展。

在"一带一路"大背景下，中国文化的对外传播是其中一个重要内容，语言是推动中国文化在"一带一路"上传播的重要工具。而目前我国外语人才的培养还有待于进一步完善，在国际交流日益深入的当前社会，国家外语能力直接影响了中国文化的对外传播。目前和中国建交的175个国家中，通用的语种约95种，而内地现在开设的语言课程不到60种，我国外语人才还远远满足不了国家战略所需。因此，从2015年开始，国内外语院校开始陆续扩展外语专业的建设。2017年，北京外国语大学新增设了蒙古语、泰米尔语、孟加拉语、菲律宾语、格鲁吉亚语、亚美尼亚语、摩尔多瓦语等11个小语种。北京第二外国语学院新增设了波斯语、印地语、希伯来语、土耳其语、罗马尼亚语、塞尔维亚语、立陶宛语、爱沙尼亚语等8个小语种，学校服务国家战略，积极加强非通用语专业建设，以中东欧十六国语言作为未来发展的重点方向，到2017年学校语种规模拟达到30个左右。广东外语外贸大学也在原有19个小语种专业的基础上，又新增塞尔维亚语、波斯语、孟加拉语、土耳其语、捷克语等5个小语种。

可以说，"一带一路"为外语人才的培养指明了一个新的方向，同时也为学生创造了更多的就业和发展的机会。但是如何才能更好地抓住这一机遇，则需要各院校制定一个合理的培养计划。北京第二外国语学院以培养高水平、跨学科、复合型、应用型的外语人才为宗旨，率先进行综合改革，重新制定了2016版本科生培养方案，开设了"外语+"、国内外联合培养等多种项目，使北京第二外国语学院的外语人才培养提升到一个新高度，同时还指出，外语院校要切实担当起培养有"中国心"的国际化人才的历史使命，要树立起符合时代要求和学校未来发展需要的人才培养的崭新理念。

教育目的源于学生的需要和社会的需要，在新时代背景下，社会对外语人才的水平要求越来越高，高水平、专业性外语人才目前还较为短缺。目前大部分用人单位对外语人才的需求已经不再只是停留在外语能力的层面，而更多的是希望学生的外语能力能够与其他专业知识相结合，最好是有实践经验、工作经验的外语人才，即跨学科、复合型、应用型的高水平外语人才。

国内目前大多数外语专业学生毕业之后会选择直接就业，传统的语言、学术型人才满足不了社会对外语人才的需求。以北京第二外国语学院为例，2015和2016年，来校招生的用人单位中，单纯招聘语言文学人才的单位为零，对翻译的需求也大多是与法律、经贸专业相结合的高水平外语人才。由此可见，通过鼓励跨学科发展来促进外语教学是非常具有现实意义的，能够提高外语教学和人才培养的质量，促进学生全面提升自己的外语水平和综合素质，同时也能让学生在今后的就业中占据更大的优势。

三、外语人才跨学科培养的实践探索

大学生教育是教育结构中的较高层次，在社会中也备受关注，大学生创新能力的提升与培养，直接影响到国家整体创新能力的提升。进入21世纪，各学科之间相互交叉、渗透，只有建立跨学科的培养模式，才能为国家和社会培养出具有扎实的专业技能，同时又具备创新能力的高素质复合型人才。目前，我国各高校在外语人才培养模式和学科建设等方面还存在着诸多问题，如人才培养模式较为单一，知识结构不够完善，缺乏复合型外语人才等。而要解决这些问题，必须从根本着手，改革传统的教学和培养模式，建立起适应社会与时代发展，与国家发展战略相一致的培养模式。

（一）优化课程设置

课程的优化与改革是高校教育改革的核心，能否培养出优秀的外语人才，关键在于课程体系是否科学合理。课程建设在高校教学过程中处于基础地位，它是高校实现教育目标的一个重要手段，课程的结构是否合理直接影响高校人才培养的水平。目前，很多用人单位明确表示，作为外语院校培养出来的外语人才，要具备更加扎实的语言能力，同时还要具有一定的创新能力与语言交际能力。大部分用人单位认为现在的外语专业学生还存在着很多不足，如听说能力差，对外国文化不够了解，缺少国际知识，翻译水平不够等。因此，要提高各高校外语人才的培养水平，必须要进一步优化课程设置，重视课程体系的建设与改革。从学校层面而言，要科学合理地规划高校外语专业的跨学科培养，从宏观的角度建立起外语专业跨学科培养的方针和政策，为各外语专业的跨学科培养提供制度支持，为各学院之间的交流与合作提供一个良好的平台。而各院系可以从以下几点优化课程设置。

首先，进一步加强通识教育，将通识教育与专业教育相结合，提高学生的综合素质。通识教育是拓宽基础，沟通文理的教育，在跨学科的沟通协作中培养科学研究的团队精神，形成科学的态度，培养人文素养，使科学精神与人文精神相结合。① 高校开设通识教育课程的目的就是要在夯实学科基础知识的同时，提高学生的综合素质和科学创新能力。而这对于研究生教学尤为重要，对于外语专业研究生来说，不仅要具备扎实的专业技能，同时还要具有一定的科学创新能力，要进一步扩大知识面，加深对专业知识的理解、掌握和运用。只有具备广博的知识，才能够提高自己的思维能力和认识能力，才能够更好地开展科研学术活动。同时，通识教育课程的学习还能够培养学生的沟通与合作能力，培养学生的良好品质和道德素养，这是外语专业学生在跨文化交际的过程中必不可少的一项技能。

其次，加强外延性课程建设。很多用人单位表示，现在外语专业的学生知识技能比较单一，对外国文化的了解较为肤浅，缺乏跨文化的思维能力。随着国际化的交流与发展，单一的外语人才已经不能满足当今社会的发展需求，各高校必须结合时代发展，为社会提供复合型、国际型的外语人才。优秀的国际型外语人才，不仅要具备扎实的专业技能，同时还要具备较好的跨文化交际能力。文化教育是外语专业学生准确使用语言进行跨文化交际的保证，也是学生跨文化交际能力提升的需要，外语教学不能仅仅停留在语言技能的学习方面，其主要目的是实现学生的跨文化交际。因此，在加强外语专业课程的基础上，适当地增设一些外延性课程，包括语言对象国的相关文化课程以及政治、经济、外交等方面的课程，让学生在学习专业知识的同时，能够进一步了解对象国的文化，学习到更多、更广

---

① 张婷妹，徐文哲：《论通识教育与创新型研究生培养》，载《当代教育科学》，2009年第1期。

的专业知识。

再次,注重实践课程的开设。我国《高等教育法》规定,"高等教育的基本任务就是培养具有创新精神和实践能力的高级人才"。实践教学是高校教学工作的重要组成部分,它与理论教学相辅相成,共同构成本科教学相互支撑的统一体。而学生的创新能力是在实践中获得的,在更为直接的理解、实践,再理解、再实践和提高的循环中实现的。[①] 实践课程是以培养学生的专业实践能力与创新意识为主要目标的教学方式,其目的是通过各种教学实践环节和课外实践活动,激发学生的学习兴趣,培养学生的学习自主能力、思维能力和创新能力,外语专业研究生教育亦应如此。进入研究生教育阶段,尤其是学术硕士研究生,他们一般都会把时间和精力更多地用到专业知识的学习和论文的撰写方面,而忽视了语言的进一步提升与应用。而实际上,这部分研究生中的大多数在毕业后还是要从事一些语言实际应用的工作,能够进入教学和科研单位的学生少之又少,因此,除了科研能力以外,学生的语言交际能力和实际应用能力也不容忽视。北京第二外国语学院结合国家和社会对外语人才的实际需要,在2016版人才培养方案的基础上,2017年进一步深化教学改革,将原有的17周教学改为18周,并将其中一周专门定为教学实践周,由教师指导学生进行社会实践与学习。通过社会实践,一方面可以检验学生所学语言知识与技能的应用,同时也可以在实践中找到自身的不足与知识的缺失,让今后的教学和学习能够更具有针对性和有效性。教师在平时的教学工作中同样也要融入实践意识,增设一些实践课程,通过课堂展示、小组合作与辩论等形式,提高学生分析问题和解决问题的能力,培养学生的团队意识和竞争意识。

(二)建立"外语+"的培养模式

学科之间的交叉融合是我国高校学科发展的必然趋势。目前我国高等教育的一个重点就是学校创新能力的提升,而要在短时间内实现这一能力

[①] 戴炜栋,张雪梅:《对我国英语专业本科教学的反思》,载《外语界》,2007年第4期。

的提升必须通过多学科之间的交叉融合，提升各学科的综合实力和国际竞争力。培养"外语+专业"的应用型人才，不仅是我国高等教育与国际接轨的需要，也是我国"一带一路"倡议顺利实施的需要。

目前，大部分用人单位对外语专业毕业生的要求都有所提升，既要求学生具备扎实的外语技能，同时也要掌握一定的专业知识。如英语专业的学生，要求具备较高的英语水平，能够精通对象国文化，同时还要掌握一到两种专业知识与技能。而对于小语种专业的毕业生，除要求学生精通本专业的语言，对学生的英语水平也有较高要求，至少能够胜任基本的听、说、读、写、译等方面的工作，或者能够熟悉其他专业的一些知识和技能。也就是说，跨学科、复合型的外语人才已经成为目前用人单位对外语专业毕业生的基本要求。学校培养外语人才的目的就是为了满足社会的需求，能够实现学生的顺利就业。因此，用人单位对外语人才的需求和评价是外语教学改革的重要依据和方向，也是各院校进行重大改革的动力。

跨学科教育是涉及两门或者两门以上学科知识的教育，教学内容也较为复杂，需要架构起一个庞大的知识体系。而要实现跨学科培养不能仅仅只靠本专业的学习，还需要各院系之间建立起一个合理的合作机制，通过课程共享、资源共享等形式进行院系之间的联合培养。跨学科培养模式既能够让学生掌握多学科的知识技能，改变传统单一的知识结构，同时也可以提升学生的思维能力，尤其是跨学科的科研创新能力。

对于外语专业研究生来说，要根据各专业学生的特点，可以考虑"外语+外语"和"外语+专业"的培养模式。外语专业的研究生主要分为学术硕士和专业硕士两种，从目前的就业情况来看，翻译硕士研究生的就业前景较为广阔。随着世界各国之间的交流，尤其是"一带一路"倡议的实施，国家需要更多高水平的外语翻译人才。翻译硕士主要是结合国家和社会的发展，培养具有较强的语言运用能力和翻译能力的应用型人才，能够胜任不同专业领域的高级翻译工作。但目前我国高校的翻译硕士，从总体上来看，英语水平依然有待提高，尤其是日语、韩语专业的学生。因此，对于这部分学生，可以采取"外语+外语"的培养模式，让学生能够精通两门以上的外语，提高社会竞争力。当然，这并不意味着，翻译硕士的学生只要精通外语就完全能够迎合社会的需求，精通语言就一定能够做好翻译，翻译是一种综合性的技能，它在具体的实践过程中会涉及社会、历史、文化等各方面的内容。所以，翻译不是一种单纯的语言工作，它是一种跨语言、跨文化的交际活动，需要翻译人员有较高的综合素质。

与翻译硕士不同，学术硕士更倾向于培养学生的创新精神和科研能力，培养能够从事科学研究、教学管理等方面工作的学术性人才。科学上的每次重大突破、科技领域中的发明和创新，以及新学科的产生，往往都是在不同学科之间的相互交叉与渗透的过程中实现的。单一的专业和技能，必将会限制研究者的研究思路以及看问题的深度和广度，要实现科研能力的提升与创新，必须要有扎实的基础和广阔的视野。国外高校的外语专业课程中有近一半是培养学生了解该国的文化、历史、社会、政治等方面的内容的。对于学术硕士来说，可以采取"外语＋专业"的培养模式，学生除了精通本专业的语言，还要有自己的专业方向，并学习与自己专业方向相邻的其他专业的知识。如文学方向的学生，可以再辅修一门哲学或历史课程，同时还要熟知中国文学，这样在今后的研究过程中才能提升思考问题的深度和广度，才能有条件进行科研创新。

（三）与国外高校开展联合培养项目

随着世界经济全球化的发展，国际间的交流与合作日益密切，高等教育也必将朝着国际化进一步发展。培养复合型、高水平的外语人才是当今世界各国高等院校的共同目标和首要任务，也是顺应国家经济社会发展的必然要求。目前，我国各高校都在积极与国外大学建立多层次的交流与合作，如互换留学生短期学习与交流、中外合作办学、中外高校人才联合培养、与国外大学建立产学研联合培养基地等。

2010年，党中央国务院颁布的《国家中长期教育改革和发展规划纲要》（2010—2020）中指出："加强国际交流与合作。坚持以开放促改革、促发展。开展多层次、宽领域的教育交流与合作，提高我国教育国际化水平。适应国家经济社会对外开放的要求，培养大批具有国际视野、通晓国际规则、能够参与国际事务与国际竞争的国际化人才。提高交流合作水平。扩大政府间学历学位互认。支持中外大学间的教师互派、学生互换、学分互认和学位互授联授。加强与国外高水平大学合作,建立教学科研合作平台,联合推进高水平基础研究和高技术研究。加强国际理解教育,增进学生对不同国家、不同文化的认识和理解。"[①] 为了贯彻落实这一发展纲要,近几年,我国各高校都在积极开展中外人才联合培养项目,据教育部统计,十八大以来,我国留学生规模持续扩大,出国留学与来华留学人数同步增长,成为世界最大的留学输出国和亚洲重要留学目的国。2016年度我国出国留学人员总数为54.45万人,其中国家公派3万人,单位公派1.63万人,自费留学49.82万人。

虽然我国的高等教育一直都在进行改革,但是目前我国大部分高校的人才培养模式仍然没有摆脱传统的教育思维,课程内容设计较为单一,缺乏学科交叉课程;教学模式也主要是以传统的讲授式为主,缺乏对学生创造性思维和科研能力的培养。这种传统的教学模式已经不适合外语院校学生的培养,尤其是研究生的培养。研究生教育需要进一步解放思想,改革教学模式,要更好地与国际接轨,这样才能拓展学生的国际视野,培养出国际化、高水平的复合型外语人才。因此,高等教育应该更多地借鉴先进国家的培养经验,尤其是对于外语专业的学生来说,出国留学更是一个必要的学习过程,通过国外丰富的资源,一方面提高自己的外语水平,同时也可以开阔国际视野,增进对国外文化的认识和了解,提升自己的国际竞争力。

当然,要做到这些首先要求学生具备较高的外语水平,这样才能较快地适应国外的教育方式和学习内容。因此,要顺利地开展国外联合培养项目,必须强化学生的外语学习,要尽可能地选用一些国外的原版教材。同时也可以通过网络授课等方式开设一些国际性的课程,或邀请国外的教授直接来国内进行短期授课,让学生较早地熟悉国外的教学和培养模式,确保学生在国外学习期间能够更好地适应国外的培养机制,顺利地完成学业。对于外语专业研究生来说,可以开展"1+1""2+1"等多种研究生

[①] 《国家中长期教育改革和发展规划纲要》(2010—2020),第十六章"扩大教育开放"。

培养模式，采取国内外双导师制，由国内外不同专业方向的两位导师共同指导。这样，学生通过跨专业的学习和实践，可以获取更多的学习资源，不仅能够及时掌握国内外不同专业的最新研究动态，同时还可以开阔国际视野，获得更多的研究思路，提升科研创新能力。

四、结论

跨学科培养模式是一种新型的教育理念，将这种新型的教育理念与我国高等教育，尤其是外语专业的人才培养相结合，是世界经济全球化发展的必然趋势，只有培养出更多国际化、复合型、高层次的优秀人才，才能更好地推动社会经济的发展。

但是，目前这一教育理念还没有被大多数教师和学生广泛地接受和认可，这种跨学科的培养模式尚处在摸索阶段。大部分高校的外语专业教师还是更多地强调外语专业的学习和外语技能的训练，这种传统的教育观念和教育模式已经在教师的思维中根深蒂固，而这种教学思维必然对学生的学习和思想认识产生重要的影响。因此，改变传统的教育模式，转变教师和学生的传统思维模式，加大跨学科培养模式的宣传，是目前迫切需要解决的一个重要问题。而解决这一问题最有效的方法就是让教师和学生认清目前社会发展的现状，结合学生的就业实际，让教师和学生能够主动地接受这一新的教育观念。

参考文献

（1）《国家中长期教育改革和发展规划纲要》（2010—2020），第十六章"扩大教育开放"。

（2）曹德明：《高等外语院校国际化外语人才培养的若干思考》，载《外语教学理论与实践》，2011年第3期。

（3）戴炜栋、张雪梅：《对我国英语专业本科教学的反思》，载《外语界》，2007年第4期。

(4) 张婷姝、徐文哲:《论通识教育与创新型研究生培养》,载《当代教育科学》,2009年第1期。

(5) 赵美娟:《外语院校人才培养方案的优化探索——基于对毕业生调查的研究》,载《外语界》,2016年第3期。

跨学科教学团队建设
——以北京第二外国语学院旅游规划专业方向为例

冯 凌

(北京第二外国语学院旅游科学学院,北京100024)

摘 要:多学科交叉和跨学科融合是现代科教发展的一大趋势。旅游学尤其是旅游规划专业方向以其多学科基础、应用导向型的人才培养需求,需要构建跨学科教学团队。在分析旅游规划专业特点和人才需求现状基础上,以北京第二外国语学院旅游管理学院的旅游规划教学团队建设为例,从师资队伍组建、课程体系设置、人才培养模式、科教活动开展等方面进行考察回顾和经验总结;提出应用导向型专业的跨学科教学团队建设,应组建多学科背景的师资队伍,设置跨领域融合的课程体系,推进科教联动、产学研一体化培养等建议。

关键词:跨学科;教学团队;旅游规划

多学科交叉和跨学科融合既是现代科技创新的重要萌发点,也是高等教育的新兴发展趋势。美国、加拿大等国对于跨学科的人才培养已有较多实践,形成了 STEM(Science、Technology、Engineering、Mathematics)、STEAM(Science、Technology、Engineering、Art、Mathematics)等较为成熟的教学模式。我国大学"双一流"目标对创新型、应用型高端人才培养提出了更高要求,在工程类、环境类等应用型专业为主的高校,初步开展了一些跨学科教学的尝试,但都是基于某一大学或某类学科的宏观研究或框架构建。事实上,高等教育中的学科交叉融合主要体现在具体的专业建设中,关键是跨学科教学团队的构建,核心是利用多学科知识开展相关的教学活动,从而培养具有综合性基础、实践性技能的创新创业人才。近年来，在相关教研项目支持下，国内也已有较多关于教学团队建设的研究成果，但尚未见从跨学科视角进行的探索。本文根据作者所在的北京第二外国语学院旅游管理学院旅游规划专业方向近年来的探索实践，旨在解剖式探析跨学科的专业教学团队构建模式，以之为相关领域尤其是实践应用型专业的跨学科教学提供借鉴和启示。

一、旅游学与旅游规划专业方向的学科交融基础

我国现代旅游学来源于地理学、经济学等传统学科对旅游领域的关注，其发展主要受实践应用的需求驱动，多学科融合、实践与理论互动的特征明显。无论是从学科体系设置、人才专业背景还是从期刊论文发表、著作成果出版来看，我国现代旅游学一直源于地理学、经济学、管理学等传统大学科的综合性支撑。从发展历程追溯，旅游学也具有鲜明的应用学科性质，受产业实践驱动特征明显。我国最早的旅游专业院校——上海旅游高等专科学校、西北大学旅游学院和北京第二外国语学院旅游系，从成立之初就着眼于解决旅游产业的实际问题，如提供外语类导游、酒店和旅行社管理人员培养以及研究旅游经济运行。旅游业发展初期，面临的主要工作是旅游资源普查、评价和开发利用等方面的内容，这一产业发展的现实，要求地理资源学进入旅游研究领域。在资源底子逐渐厘清、大规模的开发随后跟上的情况下，地理学家又投身到旅游规划的研究、编制工作中，为产业发展奠定了基础。因此，从旅游学和旅游规划方向发展考察，其综合性学科奠基并与产业实践互动的特征十分显著。

近年来，随着旅游产业规模的壮大和"全域旅游"等融合性发展模式的普及，旅游规划发展表现出三个明显的特征：一是市场规模壮大，旅游规划成为"多规合一"中重要的子规划，甚至在旅游产业主导的"全域旅游示范区"，成为统筹区域发展的主导性规划，由此旅游规划机构增多，人才需求量大；二是新兴业态兴起，旅游规划向多领域扩展，从区域性产业规划向项目类建设规划深化，从观光型产品规划向休闲度假、特种旅游等多种业态规划扩张，多个领域的智力型人才进入旅游规划行业；三是旅

游规划机构人才需求复合化,普遍需要从业人员具备地理资源、经济管理、园林景观等多学科的基础知识和专业技能。

二、北京第二外国语学院旅游规划跨学科教学团队建设

北京第二外国语学院旅游管理学院于 2012 年组建旅游规划系,并于当年开设了旅游规划班。① 面向旅游产业和旅游规划市场快速发展需求,依托旅游规划系,于 2015 年成功申报旅游管理学科下的人文地理与城乡规划专业(目前教育部本科专业目录中尚无旅游规划专业),并正式设立"旅游规划与开发"招生方向。专业方向定位为以人文地理、城乡规划、旅游管理学科为基础,整合国内外优秀的学术与实业师资,实行产业与学术双导师制、全学制实习修学、行业顶级机构定制型培养模式,培养具有国际高端视野、产业深度认知与规划实操能力的复合型旅游规划设计精英人才。因此,为使教学活动符合专业方向定位和市场实际需求,必须建设一个跨学科的教学团队。

(一)构建多学科背景的师资队伍

团队以旅游管理学院新旅游规划系师资为主体,整合系内外相关教学力量,共由 10 位专职教师和规划设计专家组成,其中系内教师 7 名,系外 3 名,团队人员基本都是"双师型"教师,在国内旅游规划领域已有一定知名度。从专业背景看,地理资源学科背景 5 名,其中 4 名为旅游地理学或旅游资源学背景,1 名为地理信息系统;经济学 2 名,管理学 1 名,城市规划 1 名,园林景观设计 1 名;这样的团队师资构成既符合旅游规划以地理资源学科为主,同时又兼顾其他相关领域教学需求。从学历来看,8

---

① 2012 年旅游规划系组建成立,当年就依托旅游管理学院开设了"旅游规划班",学生从旅游管理专业三年级学生转入,那时起就开始了跨学科教学团队建设的探索。

名为国内著名院校博士,只有 2 名为硕士学历。从职称看,有教授 1 名,副教授 3 名,讲师 5 名,校外旅游规划专家 1 名(和旅游规划系有长期紧密合作关系、国内著名规划机构总裁)。

在团队建设过程中,将不断优化师资队伍专业结构。未来三年中,拟引进 2 名城市规划、建筑设计方向的副高级职称人才,1 名旅游规划方向的博士后或副高级职称人才,聘请更多校外专家、系外教师参与本专业教学,建设形成一支以教学名师为指导、以中青年教师为骨干、以知名旅游规划师为有效补充、具有多学科专业背景的教学团队。

(二) 设置跨学科领域的课程体系

旅游规划教学团队组建和发展过程中,参考国内外相关院校课程设置,形成了跨地理学、城乡规划、旅游学等多学科融合的专业课程体系,主要突出三个特点:一是突出旅游规划方向。以教育部本科专业目录中的"人文地理与城乡规划"专业为建设基础,发挥北京第二外国语学院外语和旅游管理传统学科优势,设置以外语、地理学、城乡规划等课程为基础,重点开设旅游规划、规划设计、旅游设计等方面的系列课程,充分突出旅游规划方向,推动旅游规划教学体系的构建。二是突出就业导向。以市场需求为前提,坚持以学生就业为课程设置导向,通过人文地理与城乡规划的宽基础,不断拓展以旅游规划为核心竞争力的理念创新、技能方法、规划实训等方面的实践类课程,全面提升学生综合素养与专业技能,提高学生就业能力。三是突出与院校经管类课程的结合。尤其是基础课程,主要依托于学院和学校的经济学、管理学等课程安排。由此形成跨学科领域的旅游规划专业课程体系,具体见图 2-1。

类别	第1学期	第2学期	第3学期	第4学期	第5学期	第6学期	第7学期	第8学期
先导类		旅游学概论 自然、人文、经济、城市地理学 资源环境概论	生态学基础与应用		遥感概论 地理信息系统导论	旅游地理学		
旅游规划类			旅游规划 规划设计初步	城市规划原理 城市规划实务 规划制图技术基础	战略管理 土地利用规划 城市规划管理与法规 城镇体系规划	区域分析与规划 乡村规划 风景园林规划设计 生态旅游与遗产旅游专项规划 国际旅游规划	城市设计 旅游地产与土地利用 社区旅游规划与管理	毕业论文（设计）
实践应用类					旅游规划实习 城市规划实习 区域可持续发展实习			
辅助类			地图与测量学	ArcGIS应用				

图 2-1 旅游规划专业方向跨学科课程体系设计甘特图

（三）设计应用导向型的培养模式

针对旅游规划专业方向人才培养特点，通过教学团队研讨，除了设置关于地理信息系统及其应用、地图与测量学、规划设计制图、实习实践等较多实操类课程，还在应用型人才培养模式方面进行了较多探索：一是建立校内的旅游规划"双创"实践基地。依托旅游管理学院已有的旅游规划实验室建立旅游规划创新创业实践基地，主要面向专业的一二年级学生，以规划设计制图和地理资源信息数据分析处理等培训为主，培养学生多学科领域的基础技能。二是校企合作建立旅游规划实训基地。探索校企深度合作模式，共建旅游规划校外人才培养基地，主要面向专业三四年级的学生，以寒暑假、周末和毕业实习为契机，引导学生到旅游规划机构进行专业性实习，培养学生从事旅游规划和相关工作的综合素养。三是建立"双导师制"。旅游规划需要工匠型的学徒制传授和精英培养模式。因此，从三年级开始,除了校内教学团队教师作为学生的学术型导师,还联系校外旅游规划学者和相关企业知名规划师参加教学团队作为外聘产业导师。每位高年级学生都明确自己的学术和产业双导师并正式拜师,在三四年级的学习中可随时请教,使得学术研究与行业应用、理论与实践相结合,扎实培养旅游规划专业学生的综合性知识基础和多项应用性的从业技能。四是建立专业机构订制型培养机制。通过团队教师努力,已与蜗牛旅游、达沃斯巅峰、大地风景、幻方旅设、光华卓策等多个国内知名旅游机构达成战略合作,形成对本专业学生从奖学金到实习再到就业的订制式一揽子培养机制。

(四) 开展多样化的科教研学活动

研学活动和研学旅游已经成为国内教育鼓励的一个方向,除课程教学外,丰富多样的课外专业教学活动能够形成浓郁的研学氛围,提高学生专业学习和研修兴趣。团队主要在以下方面进行了探索:一是开展丰富的校内外研学活动。在教学团队策划和指导下,联系业内知名企业和规划界精英,先后组织了"旅游规划学术沙龙""中国旅游规划大讲堂"等系列学术研讨活动。每学年组织1次高年级学生赴外地开展课外研学旅游,目前已赴上海、河北承德、山东泰山、山西晋中等地研学实习。每门专业基础课和专业课程都安排了实践活动周,至少安排1次赴市内或京郊的研学实习。二是指导学生申报和开展科研项目。在教学团队教师指导下,已有共计2个团队共13名学生成功申报国家旅游局"万名旅游英才计划"培养项目,18个团队54名学生成功申报学校"大学生科研创新项目"。通过教师指导、以学生为主申报和实施科研项目,培养了学生在旅游规划和相关领域系统思考、统筹推进、实际操作的研学能力,为就业和考研积累了基础。三是团队鼓励科教融合师生互动。旅游规划跨学科教学团队成员整体较为年轻,科研动力和能力较强,2/3以上有相关的国家级和省部级科研课题。目前,关于文化旅游、生态旅游、旅游规划、景观设计等方面的科研成果已逐渐转化到教学实践中。而且,团队鼓励本科生参与老师的高级别科研项目,形成师生互动、科教融合的良好发展格局,切实提高学生的研学能力。

三、对跨学科教学团队建设的几点建议

建设新型的跨学科教学团队，对于具有多学科背景、应用导向型的专业至关重要，是推进高校专业教学改革、提高教育教学质量的关键所在。北京第二外国语学院是北京市属一般院校，拥有的教学教研资源有限，依托于全国知名、市级重点的旅游管理学科，以2012年新组建的旅游规划系为主体，开展了跨学科教学团队建设实践，尽管因资源所限取得的重大成果不多，但不少创新教改举措和机制建设已经得到学校充分认可，并在全国旅游高校形成一定影响。通过对旅游规划教学团队的发展回顾和经验总结，以案例解剖探析跨学科教学团队建设的几个关键举措。

一是组建针对专业培养需求、具有多学科背景的师资队伍。我国高校专业教育中，普遍存在教师学科背景相似甚至"近亲繁殖"现象，复合型的知识比较欠缺，难以满足跨学科教学要求。近年来一大批教学团队产生，应借此重新组合和引进师资，充分利用专业外相近学科师资、产业内知名专家资源和引进新教师的契机，构建一支满足专业发展和学生培养需求的跨学科教学团队。

二是设置跨领域、系统培养学生理论与实践相结合的课程体系。高校教学内容上，理论灌输多于应用性知识技能传授，专业课程设置滞后于产业发展实际，也是当前被诟病较多的问题。构建跨学科教学团队的重要任务是研究和重构课程体系，创新教学内容，应用导向型专业的课程设计除了设置基础理论课程，还应较多设置实训类、工具类课程，实现对学生基础理论—应用知识—实操技能的全方位培养，使学生理论结合实践，同时提高动脑和动手能力。

三是注重科教联动、产学研一体化培养。尽管素质教育已提出多年，但高校目前还是以"灌输式""填鸭式""闭门式"等传统教育方式居多，学生针对实际问题的研学能力、自我训练成长的修学能力不强，难以满足就业和研究发展要求。因此，构建跨学科教学团队一方面要解决基本的课堂教学问题，更重要的是构建科教联动和产学研一体化机制，整合学术和产业资源为教学服务，让学生全面参与到教师科研课题、社会服务项目和

专业机构的常态工作中,通过定期开展的学术活动和丰富充实的课外实习提高学生研学修学能力,甚至能够独立申报和实施专业项目,形成学生良好的自我培养习惯,实现从课堂知识教育到综合素质教育、从大学阶段教育到自我终身教育的转变。

参考文献

(1) 王邦权、李玉芹、蔡文伯:《高等教育跨学科研究文献计量分析》,载《现代教育管理》,2015 年第 6 期。

(2) Bybee, R. W., "What is STEM education?", *Science*, 2010, 32 (9).

(3) Yakman, "G. STEAM Graphics [DB/OL]", http://www.steamedu.com/wp-content/uploads/2014/12/STEAMpyramid.pdf, 2016-10-19.

(4) 赵慧臣、周昱希、李彦奇等:《跨学科视野下"工匠型"创新人才的培养策略——基于美国 STEAM 教育活动设计的启示》,载《远程教育杂志》,2017 年第 1 期。

(5) 张媛:《"跨学科"视角下研究生培养模式探析——基于加拿大研究生教育联合会报告述评》,载《研究生教育研究》,2016 年第 4 期。

(6) 陈亚玲:《论跨学科能力培养与我国工程实践教育改革——以南京理工大学为例》,载《高教探索》,2015 年第 10 期。

(7) 王焰新:《跨学科教育:我国大学创建一流本科教学的必由之路——以环境类本科教学为例》,载《中国高教研究》,2016 年第 6 期。

(8) 刘建凤、武宝林:《高校教学团队建设与管理探析》,载《中国大学教学》,2013 年第 4 期。

(9) 史恩义:《科教融合的教学团队建设》,载《中国高校科技》,2016 年第 9 期。

(10) 石培华、冯凌:《中国旅游研究 30 年》,中国旅游出版社 2009 年版。

(11) 石培华、李成军:《我国旅游人才队伍建设的问题与对策思考》,载《旅游科学》,2011 年第 1 期。

(12) 冯凌、石培华、刘佳峰:《基于期刊论文时序特征的中国旅游研究 30 年历程与规律》，载《地理科学进展》，2011 年第 2 期。

（13）石培华、冯凌：《30 年来我国旅游类著作的统计研究》，载《旅游论坛》，2009 年第 6 期。

（14）石培华、冯凌：《中国旅游研究 30 年：成就、挑战与使命》，载《旅游科学》，2010 年第 3 期。

（15）唐承财、周韶睿、唐鸣镝：《复合应用型人才培养导向下旅游规划专业建设探讨》，载《教育与教学研究》，2016 年第 2 期。

（16）冯凌、周玲强、宁志中等：《确保鼓励政策落地促进研学旅行发展》，载《中国旅游报》，2016 年第 3 期。

旅游类专业 GIS 课程多层次实践教学体系构建研究

秦 静

(北京第二外国语学院旅游科学学院，北京 100024)

摘 要：随着旅游信息化的发展，地理信息（GIS）技术为旅游资源调查、旅游规划、旅游信息服务等领域提供了崭新的手段。GIS 技术在旅游业的广泛应用，要求旅游类专业毕业生必须具备一定的 GIS 基础，而我国旅游类专业 GIS 课程体系处于初步建设阶段，需要探索新的教学手段和方法。本文依据旅游类专业学生知识结构特点，分析了旅游类 GIS 实践课程建设存在的困难，设定了旅游类专业 GIS 培养目标，并依据培养目标构建了由浅入深的 GIS 多层次实践教学体系。该教学体系将实践教学按内容设置为认知性实验、综合性实验、设计性实验三个层次，针对不同层次的实验教学内容，分别采用演示教学方法、案例教学方法、项目教学方法，形成巩固知识—串联知识—运用知识层层递进的阶梯式教学模式，通过实践教学验证，该方法取得了良好的教学效果。

关键词：旅游类专业；GIS 课程；实践教学

一、引言

随着知识经济的发展，信息化成为推动世界经济和社会发展的关键因素，信息已成为旅游业的命脉。目前旅游信息化的发展，已经处于由数字旅游向智慧旅游的过渡阶段，旅游信息化建设呈现智能化、应用多样化发展趋势，多种技术和应用交叉渗透至旅游行业的各个方面，全面的智慧旅游时代已经到来。智慧旅游时代,"海量"旅游信息和相关数据的处理将成为旅游业管理和发展的难题,需要有效工具来辅助管理和决策。GIS 技术强大的数据处理、管理及分析能力,能够有效管理旅游业中的大数据,并且已经形成了一种专业化的旅游地理信息系统(TGIS),TGIS 技术可以对旅游地理信息进行高效获取、存储、管理、分析、表达与传输,以其高效处理海量空间数据、高效制图技术、动态过程分析等特点,为旅游资源调查、旅游规划、旅游流的空间分布、旅游信息服务等领域提供了崭新的手段。随着 GIS 技术在旅游业的应用越来越广泛,要求从事旅游相关领域工作的旅游类专业毕业生必须具备一定的 GIS 基础。相关调查研究也表明,高校旅游专业的大多数学生已经意识到 GIS 对于旅游的重要性,并且认为 GIS 应该成为专业课程的一部分。

目前国内外学者关于旅游类专业 GIS 课程设置、课程内容、教学过程、实践教学等方面的研究仍然较少。我国开设旅游类专业的重点院校中,仅有中山大学、北京第二外国语学院、华东师范大学、陕西师范大学、云南大学、四川师范大学、华侨大学等为数不多的学校相继开设了 GIS 相关课程。旅游类专业 GIS 教学仍处于初步探索阶段。由于缺少相关研究的指导,导致实际教学中存在各种各样的问题,如教学手段单一,内容局限于课本知识,抽象难以理解;实践课程多以认知性实验课程为主,而与旅游相结合的综合性实验、分析性实验较少,不能很好地训练学生解决实际问题的能力;实验案例之间相互独立,缺乏联系,学生所学实验知识不能系统化等。

综上,本文通过分析旅游类 GIS 课程存在的挑战,探索新的教学手段和方法,构建适应旅游类专业 GIS 课程多层次实践教学体系,在教学内容设置上分为认知性实验、综合性实验、设计性实验三个层次,并针对不同层次的实验教学内容设置演示教学方法、案例教学方法、项目教学方法,最终形成巩固知识—串联知识—运用知识层层递进的阶梯式教学模式,以期为旅游类专业 GIS 课程体系的建设与变革提供借鉴和参考。

二、旅游类专业 GIS 课程教学中存在的挑战

（一）学生知识结构不成体系，无先导课知识

通过调查问卷对我校三年级本科生进行调研，调查结果显示，大部分本科生只是在高中时期地理课对地理信息系统有简单的认识，没有接触过地理信息系统相关软件，没有遥感基础，没有数据库技术等先导课程知识，没有使用软件进行数据处理的经验。GIS 是一门综合性较强的课程，知识点多，具有学科和技术的统一性、发展与内容更新的快速性、渗透性和空间抽象性强、研究对象的空间尺度变化大、应用范围广等特点。这就决定在短短几十个课时内想使学生全面、深入、透彻地掌握 GIS 知识是不现实的，所以教学的侧重点在于实践应用，在实践应用中让学生逐步理解理论知识。同时，GIS 课程是一个实践性非常强的课程，实践教学在本课程中占有十分重要的地位，许多内容如数据采集、编辑、空间分析、专题地图制作等都必须通过实践，才能够真正掌握和理解。因此旅游 GIS 专业学生在教学过程中需要着重强调 GIS 课程的针对性和实用性，重点放在培养 GIS 软件操作应用上，加强实验教学，增强学生的社会竞争力和实践能力。

（二）无针对旅游类专业的 GIS 教材

现有的 GIS 教材分为两类，一类是理论型教材，如高教出版社出版、黄杏元等编著的《地理信息系统概论》，武汉大学出版社、李建松编著的《地理信息系统原理》等；二是实验型教材，如科学出版社、汤国安等编著的《ArcGIS 地理信息系统空间分析实验教程》，科学出版社、田永中等编著的《地理信息系统基础与实验教程》等；对于 GIS 理论教材里的内容，往往需要学生有地图学、空间数据库、数据结构等知识基础，如黄杏元等编著的《地理信息系统概论》，涉及数据结构、空间数据库、地理信息系统工程等章节的知识，这显然不适宜直接选用作为旅游类学生的教

材；而实验型教材如汤国安等《ArcGIS地理信息系统空间分析实验教程》基本无原理的讲解，偏重软件操作步骤，这对于无任何GIS原理基础的旅游类学生来说容易导致"知其然不知其所以然"的结果，过于复杂的操作步骤，不利于知识的应用与记忆。因此，对于旅游类专业学生进行GIS教学时，暂无直接可以参考的教材，需要教师依据旅游专业学生知识特点，抽取关键理论知识，配套相关实践练习，形成主体授课内容。

（三）实验教学内容体系仍在探索中

相对于理论教学，实验教学具有直观性、综合性、设计性与创新性。对实验教学重要性的认识不足容易导致旅游类专业在GIS课程实验教学内容体系设置上存在以下三种偏差：①实验课的设置采取以教师为中心的教学模式，在实验中，学生大多按照老师的详细指导完成实验，整个实验过程中学生处在一种被动盲目的状态，缺少参与实验的主动性和积极性；②以认知性实验课程为主，而与旅游专业相结合的综合性、分析性实验较少，不能很好地训练学生解决实际问题的能力；③实验之间相互独立，缺乏联系，学生所学实验知识不能系统化。

三、旅游类专业GIS课程教学目标

旅游类专业GIS课程教学主旨在于，培养旅游专业人才的空间思维方式和空间分析能力，服务于旅游管理行业，让学生能够在已经掌握的专业课程基础上，利用GIS技术，解决旅游管理、旅游规划与旅游营销等专业领域内的实际问题。具体课程建设目标可分为：（1）掌握GIS软件应用技能，通过课堂讲授、课堂演示及上机实践，要求学生掌握一种GIS软件的核心功能，具备熟练运用GIS软件的能力；（2）了解GIS发展前沿和趋势，要求学生能够融会贯通所学知识，在项目和科研中运用GIS技术解决旅游规划、旅游管理、旅游营销等专业领域内的实际问题；（3）为旅游提供GIS服务，使学生能够胜任与GIS软件有关的旅游管理工作。

四、旅游类专业 GIS 课程的教学内容体系

考虑旅游类专业 GIS 教学开展存在的挑战，依据具体的教学目标，构建由浅入深的 GIS 课程多层次实践教学体系，如图 4-1 所示。将实践教学按内容设置为认知性实验、综合性实验、设计性实验三个层次，采用巩固知识—串联知识—运用知识阶梯式的教学模式，循序渐进地强化学生运用所学知识解决实际应用问题的能力，同时训练学生科研素质。

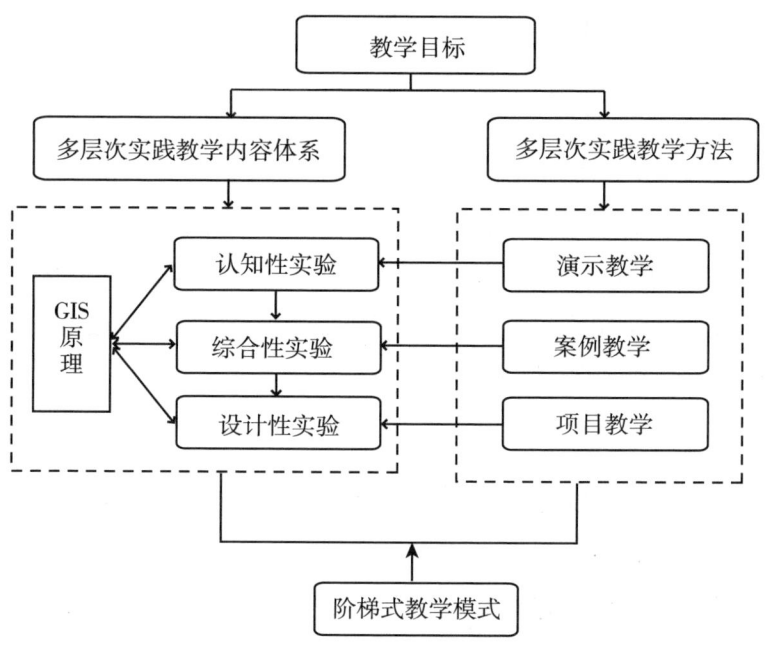

图 4-1 GIS 多层次实践教学体系

（一）实践教学内容设计

1. 认知性实验。认知性实验的主要目的是使学生熟悉 GIS 软件的界面、基本功能，了解软件的基本操作、空间数据的采集、管理与处理，掌握空间数据的分析与应用方法。实验内容主要包括熟悉基本功能模块、数

据的采集和处理、空间信息查询、图形数据和属性数据的编辑、空间数据的可视化表达、缓冲区分析、叠置分析、网络分析等内容。

2. 综合性实验。主要是在学生掌握 GIS 基本功能、分析方法的基础上，结合本专业的知识来分析解决在实际中遇到的问题。实验内容主要包括：制作某区域的旅游资源分布图，旅游规划现状图的绘制，景区三维可视化分析，确定旅游区的保护范围，景区周边的宾馆、饭店等设施布局分析，景点之间最短路径分析等。这几个实验都是旅游管理及规划实践中经常遇到的问题，涉及地图学、旅游规划原理等相关理论背景，并且涵盖了大部分 GIS 空间分析功能。

3. 设计性实验。设计性实验要求学生综合多门学科的知识，充分运用已学到的知识发现问题，分析问题，解决问题。实验的主要内容如：旅游景区各种旅游布局现状评价及优化建议，根据景区之间的网络拓扑关系，设计一日游路线；分析某地区的旅游环境，对旅游环境进行评价；并分析经济、社会发展等因素对该地区旅游的影响等；整合旅游基础数据，对景区或者区域旅游发展进行规划等。通过实验锻炼学生运用 GIS 工具来解决相对较为复杂的专业问题以及完成相关实践项目的能力，最大限度发挥学生学习的主动性。

（二）实践教学方法

根据不同层次与阶段的教学内容，设计不同的实践教学方法，包括单个知识点的演示教学方法，串联知识的案例化教学方法，以及组织学生参与科学实践与生产性实践项目的项目化教学方法。

1. 单个知识点演示教学。单个知识点演示教学方法对应认知性实验阶段的教学，主要是解决学生对 GIS 课程的基础认知问题，即让学生熟悉 GIS 软件的基本功能模块、主要操作方式和基本概念。具体教学实施过程为：教师首先借助 GIS 软件，使用已有数据演示 GIS 数据采集、处理、查询、空间分析等每一个模块的基本实验内容，同时教授学生知识点背后原理以及适用的场景，然后布置随堂作业，让学生依据实验任务及已有数据完成相应的模拟操作，了解实验软件的处理运作方式，加强学生对相应知识点的理解与记忆。

2. 案例化教学方法。把相互联系的一些知识点串联成一个旅游实践中的案例，通过案例的分析梳理，建立解决方案模型，然后通过 GIS 软件实现。此教学方法对应综合性实验，具体教学实施过程为：在一个章节单个知识点（认知性实践）教学结束后，将此章节知识点串联成一个旅游管理与旅游规划案例，如在地图版面设计、地图渲染等单个知识点（认知性实践）教学结束后，可以将知识点串联成通过 GIS 软件制作 2000 年以来京津冀地区旅游收入分布图等，通过实际案例的实验练习，锻炼学生分析问题、建模以及灵活使用所学知识点解决实际问题的能力。

3. 项目化教学方法。该方法对应设计性实验内容，主要是解决教学内容与旅游专业实践关联的问题。在教学知识点讲授基本结束时，针对课程内容遴选出若干旅游研究及项目中具有代表性和启发性的问题供学生选择，开展项目化教学。如：以北京老城旅游片区为研究对象，研究老城区餐饮、公共设施等的布局及优化，以及旅游流时空分布。各小组可以依据兴趣选择其中一个具体问题进行深入研究。具体实施环节如下：建立项目团队，依据班级情况（大概 30 人左右），每 5—6 名学生组成一个项目团队，作为项目实践的基本实施单位，设 1 位组长，负责小组成员间实践任务的分工、组织和协调，定期讨论实习内容、进度等。首先经小组讨论后确定一个选题，给出项目完成的具体流程，项目数据、方法或模型，及可行性方案。针对可行性方案与指导教师讨论，并且课堂答辩通过后，即可着手进行具体实践，在实践过程中学生必须做到及时与指导教师共同讨论、交流项目思路及分享应用设计成果。学生在课程结束时提交应用项目报告和进行项目答辩，对其取得的学习和研究的成果进行评估，鼓励学生撰写科技小论文，整理发表。在整个项目实施的过程中，学生将 GIS 知识和技术与旅游项目结合，做到了知识的融合，同时，在项目的实施过程中，经历了分解知识点，串联知识点等过程，进一步巩固了课程所学的知识。这样，既增强了学生的实践能力，又培养了学生的团队协作精神，一改过去"满堂灌"的教学模式，也为学生今后走向社会打下坚实的基础。

目前，这种教学内容与方法的设置，已经通过 3 轮教学实践（旅游规划方向本科及研究生）的验证，取得了良好的教学效果，学生普遍可以将课程所学的知识应用到项目实践及论文撰写中，受到学生的普遍欢迎和好评。

五、总结与讨论

对于旅游类本科教学来说,探索新的教学手段和方法,构建适应旅游类专业 GIS 课程多层次实践教学体系,对于引领旅游学科知识体系演化和变革,培养符合时代发展需求的旅游专业复合型人才具有十分重要的意义。本文依据旅游类专业学生培养目标与知识结构特点,构建了由浅入深的 GIS 多层次实践教学体系,在内容与方法上形成巩固知识—串联知识—运用知识层层递进的阶梯式教学模式,加深了学生对所学知识的理解,提高了旅游实践应用能力。通过实践教学验证,该方法取得了初步的良好效果。然而,课程的建设与完善是一个长期的过程。在现有的教学体系框架下不断完善教学内容,建立旅游类 GIS 应用案例库及项目库,编写旅游类 GIS 实践教程等,是下一步研究亟待解决的问题。

参考文献

(1)杨瑾、马耀峰:《GIS 在数字旅游中的应用研究》,载《西安科技大学学报》,2007 年第 3 期。

(2)Hefeng, W., "Spatio – temporal data model and TGIS", *Geomatics and Spatial Information Technology*, 2006, 29 (4).

(3)黄非亚、王晓东:《GIS 技术在旅游规划中的应用初探》,载《国土与自然资源研究》,2002 年第 4 期。

(4)刘振波、张王君、党国锋等:《GIS 在旅游业中的应用与展望》,载《现代计算机》,2002 年第 3 期。

(5)黄潇婷:《国内基于 GIS 技术的旅游研究进展》,载《地理与地理信息科学》,2009 年第 4 期。

(6)蒋勇军、况明生、齐代华等:《基于 GIS 的重庆市旅游资源评价、分析与规划研究》,载《自然资源学报》,2004 年第 1 期。

(7)张君:《基于 GIS 的陕西区域旅游资源群开发潜力研究》,载

《旅游学刊》，2007年第4期。

（8）尹乐、王永明：《基于GIS的滁州市旅游资源功能分区及旅游线路设计》，载《测绘与空间地理信息》，2010年第1期。

（9）Stankov, U., Đurđev, B., Markovi C. V., et al, "Understanding the Importance of GIS among Students of Tourism Management", *Geographica Technica*, 2012（2）.

（10）吴贵华、汪京强、刘建华等：《旅游类专业地理信息系统课程教学改革框架的建构》，载《旅游纵览（下半月）》，2013年第7期。

（11）钟志农、李军、陈荦：《"地理信息系统"课程教学方法研究》，载《当代教育论坛》，2010年第12期。

（12）岳汉秋、甘泉、陈延辉等：《非GIS专业GIS课程教学改革及优化》，载《地理空间信息》，2015年第4期。

模拟法庭实践教学的展开与法律思维的形成

韩 阳

(北京第二外国语学院马克思主义学院，北京 100024)

摘　要： 模拟法庭实践教学在我国法学教育中的作用日益凸显。模拟法庭教学目标的转变促使人们更加关注它在培养学生法律思维方式的功能。通过这种教学模式，学生的法律思维方式得到了训练和强化，这既表现在学生法律正义观的形成上，也表现在学生对证据的认识和运用，同时还表现在对其理性逻辑思维和职业表达能力的训练上。

关键词： 模拟法庭；法律思维；实践教学

案例教学、法律诊所以及模拟法庭是法学教育中实践类教学的三大法宝，在全国 600 多所独立法学院和二级法学院中，基本都开展过。其中模拟法庭实验教学这几年的普及程度更广，很多院校都纷纷开展了模拟法庭大赛，尽管效果各异，但却都凸显出法学教育中对学生实践能力提高以及法律思维形成的诉求。

一、模拟法庭教学对学生法律思维培养的诉求

回溯模拟法庭教学方式发展的历史，我们发现，这种教学方式恰恰起源于将学生的法律实战能力置于首位的英国。14世纪时，英国的四大律师学院——林肯学院、格雷学院、内殿学院和中殿学院——都是通过模拟法庭的方式来挑选学院中优秀的学徒进入英国律师协会，而被选中的人才能获得在正式法庭出庭辩护的资格。时至今日，英美法系国家直接将苏格拉

底不断追问式的判例法教学当作了其教学的首选。而将学生训练得像律师一样思考，成了其直接的教育目的；而大陆法系尽管由于将法学教育传统看作一种通才教育而必然地不过分强调职业训练，比较侧重理论训练。但对于那些日后要成为法律从业人员的学生，都非常重视对其实践能力和法律思维方法的训练。比如日本的司法研修制度、德国的法学院毕业生在通过第一次国家司法考试之后要接着到法院或者其他司法机构实习，之后再通过第二次司法考试，才能成为职业法律人。可见，无论是英美法系国家还是大陆法系国家，尽管其培养路径各异，但对于未来职业法律人的培养都是以对其法律思维的培养为要旨的。

中国的法学教育和法律职业之间缺乏一种世界各国法学院都基本具备的职业衔接制度，充分而有效的实践能力培养渠道的匮乏使得我们的法学院毕业生"不好用"，就业也出现重重困难，其实这种不好用不在于学生对教义性法律知识掌握的匮乏，而在于从校门直接进入法律职场的中国学生们由于缺乏法律实践，没有形成一套法律人的思维方式，在学校所学的书本上的法律知识在实践中不能自然而然地"无缝衔接"。在这个背景下，模拟法庭等实践教学方式才日益受到重视。其实，早在20世纪20年代，上海东吴大学就通过组建实习法庭的形式引入了模拟法庭这种教学方式，而且其形式一点都不比今日逊色，"法庭在周六晚上开庭，由学生充当律师、陪审员和证人，从外面请来律师、法官和本校一些教师充当法官，轮流演示三套法律程序：中国法庭（用汉语）、混合法庭（中、英语）以及英美法庭（用英语）!"仅从资料介绍就可以想见当年的盛况。相比而言，我们现在的模拟法庭在学生职业能力和法律思维的训练上还有许多不及之处，比如模拟法庭课堂的组织和展开很难形成一种制度，像当年东吴大学那样每周开庭，因此训练强度和频率上有所不足；而且我们现在也很难组织混合法庭，最多有少量的使用英语的英美法庭组织模式，比较法上的训练有所不足。但有一点是肯定的，模拟法庭在培养学生法律思维能力方面的作用和法学教育对这种作用的诉求日益凸显。

二、模拟法庭设置目标的转变：
提高学生的综合法律思维及职业能力

我国的法学本科教育定位历来有很多争议，我们既与不招收本科法学学生的美国的本科后教育不同，也不同于大陆法系法学本科毕业之后还需要经过各种研修或者实践才能进入法律职场。无论争议如何，我们的学生在本科毕业之后，如果取得全国统一司法资格考试，在理论上就可以从事各类法律工作了。笔者认为，在这种教育背景下，我们唯有通过实践类教学活动的完善来弥补法学教育与职业生涯衔接之不足。因此，传统的以了解诉讼程序为主要内容，间接理解其他法律运作形式的模拟法庭的设置目标，必须转变为以提高学生的综合法律思维和职业能力为核心目标。为此，至少需要完成如下几个方面的转变。

（一）从辅助诉讼法的学习到学会适用实体法

我国法学院早期对于模拟法庭设置目标的认识是辅助诉讼法律知识的学习，因此模拟法庭被当作了诉讼法教学任务中的一个环节，这个环节的主要目的是基于一个典型案例——以笔者近年来所指导的北京第二外国语学院法政学院的模拟法庭活动而言，最初选取的案例大多是英美法的成熟案件——通过让学生们对检察官、原被告、证人、法警以及审判人员等角色的担当，使学生们熟悉各个诉讼环节。

然而，随着这项活动的普及，单纯地为诉讼法学习服务的目标逐渐显现出其不足：缺乏对实体法深刻的认识和理解，学生们无法在诉讼的各个小环节中准确地适用相应的实体法律，常常显得底气不足。基于这一点，笔者改变了方法，在针对诉讼法内容对学生进行指导的同时，逐步加大了对各个案件实体法内容的指导，帮助学生们分析实体法律关系，辨清各方所应当承担的责任和分别享有的权利，同时指导他们如何发现对方的证据漏洞。通过这种指导方向上的改变，学生们对一个案件的逻辑分析能力得到了很大的提升。

（二）从表演到抗辩

由于最初对于模拟法庭的认识是将其当作了一种学习诉讼法的工具，因此，我们最初几年选取的都是已经成型的案例，将案件的内容和判决结果都发给参加的同学，其工作就是熟悉已经经过的诉讼流程。而且，为了增加案件的可观赏性，当时我们选取的都是英美法系的刑事案件，比如辛普森案件、东京审判、纽伦堡大审判，因为从表演的角度而言，英美法庭的庭审程序更具有对抗性和戏剧性的特点，而由于英美法系在证人出庭制度上做得比较完善，一个影响较大的案件得以参与作证的人员也比较多，因此可以保证参与活动的同学的数量。这种形式的模拟法庭一开始获得了巨大的成功，我们从舞台道具到台词的准备都有章可循，因此胸有成竹，同学们甚至创造性地拍摄了背景视频和花絮，表演的到位更是赢得了台下非法学专业观众的追捧，我们在 2006 年和 2007 年甚至组织到别的院校，比如北京舞蹈学院，进行巡演，也都获得了成功，这更是激发了同学们和笔者本人的热情。而由于每年参与模拟法庭活动的学生都是不同年级的，所以这种表演式的组织方式的缺陷并没有很快凸显出来。

对表演式模拟法庭的检讨是从别的活动中被发现的。2007 年，我校法学院的学生首次参加由北京经济贸易仲裁委员会牵头的贸仲杯国际商事仲裁模拟仲裁庭辩论赛，这是全英文的贸易仲裁对抗赛，全国的强校云集，我们的战绩不佳，学生们都很沮丧，因为我们不是输在外语水平上，而是输在应变能力和对实际案件的整体把握上。学生们普遍反映，"感觉自己的法律思维水平严重不足"。

此次比赛之后，笔者开始反思传统的表演式模拟法庭的不足：显然，由于过程和结果都是预设好的，学生们所做的仅仅是重现庭审过程，并加入自己的激情，在这种方式下的活动当然无法使学生们的法律思维能力、应变能力、语言表达能力和法律适用能力得到充分的训练和提高。其实，模拟法庭课堂的组织目标应当与整体法学教育的目标是一致的，应该是提高学生们的综合法律职业素质，而在这其中，对法律思维能力的培养是占据首位的，他是整个法律职业素质的基本体现。

因此，我们现在的模拟法庭课堂和活动设计不再是表演，而是真正的对抗。一个案件在被选定之后，只让参与学生接触到基本的案件事实和主要证据。在庭审开始之前，当事人双方需要完成相关法律文书的写作，按照实践中的程序进行送达，并按照证据交换程序进行当事人双方的证据展示。尽管双方对对方的证据材料都有了相当的认识，但是对于庭审中对方会如何运用这些证据、法官会如何指导庭审、自己的应变等情况都是未知的。一开始，我们所有的角色，包括审判长和审判员、陪审员、检察官（或者民事或行政案件中的原告）、被告人、证人、法警等仍然都是由学生们自己担任的，但后来发现，这样做尽管对抗性有所加强。但是由于担任法官的人对如何指导庭审明显不专业（即使事前我们和法院合作，做过现场旁听审判和观看网络视频等辅助性活动），经常出错，而且难以发现抗辩双方的错误并及时纠正，法官对庭审的控制力要么显得特别薄弱，要么过分地强势而显得武断，整体效果欠佳。因此，我们再次调整了对模拟法庭的设置，每次开庭的时候每个庭的合议庭组成人员由一名专业法官担任审判长，一名检察官或者律师、一名法学专业教师担任审判员或者陪审员。其他角色仍然由学生们承担。经过这种变革，庭审效果明显改善，学生们的发言和举证质证过程也更加有的放矢，据比赛后的调查，参与的学生都反映整体法律思维能力得到了很大的提升。

（三）从关注结果到关注过程

在由表演式模拟法庭向对抗式模拟法庭转变的初期，学生们都很在意诉讼的胜负结果，认为最后合议庭对案件做出的判决结果就是自己参与活动胜败的评价指标。因此，在一些证据对一方当事人有利的案件中，抽签抽到有利的一方当事人的同学就兴高采烈，而相反一方的同学就抱怨不止。而一些学校赛事的设置更加重了学生们这种关注案件结果的心理。比如 2013 年我们参与的北京市一个高校组织的向全市法学院发出邀约的模拟法庭"辩论赛"，每场一个小案件，没有任何证据，只有刑事案件的案情和给控辩双方抽签选择好的答案，案情中的事实都被默认是得到了证明了的。比如我方抽到一个题目："甲乙双方都是农村人，乙向甲借了一辆摩托车使用,甲半夜潜入乙家偷回了自己的摩托车。几日后,寻车不见的乙来到甲家说自己丢了甲的车,愿意出钱按照当时的购车价格补偿,甲默默地接受了乙补偿的 4000 元。"这场模拟法庭的组织者给控辩双方规定了答案——控方以盗窃罪起诉,辩方以诈骗罪辩护,谁说服法官谁赢得比赛。我校选手抽取了辩方。因此重点是要证明其偷回自己的车是为了非法占有那 4000 元补偿款。在没有其他证据辅助的情况下,要证明主观意图显然要比证明盗窃事实要困难一些。这个案例其实是基于某年司法考试的一个题目变化而来的,而此题的标准答案是盗窃。在这种被动局面下,我建议同学们从农村的乡土社会入手,证明在熟人社会中,偷回车之后很难再光天化日之下使用,而旧车变卖之后的价格定然低于当初购买的新车价格,单纯卖掉旧车没有意义。因此如果不是为了骗取补偿款 4000 元的话,其偷车行为很难得到正当解释。能在极端不利的情况下主动发起攻击进行主观诈骗的证明对于参赛同学来说是个挑战,不过由于法官最终认可了传统思路中的盗窃罪认定,我们输掉了比赛。

其实这种只注重案件输赢的模拟法庭设计形式已经被越来越多的院校所抛弃,因为这种方式对于良好的法律思维和法律人格的形成是有害无益的,在一定程度上会扭曲法律人的正义观。现在大多数院校组织的模拟法庭比赛,比如中国政法大学一年一度的"北京市大学生模拟法庭竞赛"活动,都更加重视在整个竞赛过程中选手综合法律素质的体现:比如着装、仪态是否得体,语言是否规范;语气是否强弱适中;法律文书的准备和写作是否反应出了较高的法律技巧和对实体法的把握能力以及洞察能力;控辩的思路是否清晰;临场反应能力是否迅速;讯问被告人和对证人的发问及相应人员的回答是否到位;等等。这种重视过程和整体素质的评价方式的转变使得学生必须对整个案件从准备过程起就全方位地予以重视,注意自己的每一个细节是否规范化和专业化,是否体现了一个职业法律人的基本素质和思维方式。在这种评价方式下,学生得到的提升和所能被激发的热情的持久性是显而易见的。

三、模拟法庭实践教学对法律思维形成的作用

无论是早期英国式地通过模拟法庭挑选未来法律人的方式,还是19世纪70年代美国哈佛大学兴起并很快在全美得以普及的模拟法庭课程,其目标都在于法律人思维能力的培养和提升,包括以高度理性富于逻辑地分析和把握整个案件的各种法律关系,迅速找出争论点和各方攻击的要点,条理性地写作各种法律文书,对法庭辩论技巧烂熟于心,并能灵活运用。当然,最重要的是能够以职业人的思维方式条件反射性地调查、收集和整理证据,从零散的材料入手,构建出职业人心中的案件事实,在找出法律要点的基础上,寻找适用的法律规范。可以说,模拟法庭自诞生之日起就旨在训练法科学生的实践能力,这种实践能力最终反映在法律人自发性的法律思维方式上。这一点对于中国模拟法庭实践教学也不例外。笔者认为,模拟法庭对学生法律思维模式的培养至少体现在如下几个方面。

(一) 对证据意识的培养

职业法律人的思维方式主要体现在其证据意识上。根据普通人的生活经验和常识,有一些"事实"可能会被认为是不证自明的,而且普通人往往会凭借自己的感情甚或好恶对一件事情的"事实"武断地做出自己的主观判断。这一点即使对于已经学过了书本上法律知识的法学院学生也不例外,如果不经过实践,在初步接触一些案件材料的时候,学生们也容易主观臆断——做出自己的"事实"判断。而在模拟法庭实践中不断地和对方当事人进行对抗的过程中,学生们会逐渐明白,说服裁判者接受自己心中认定的"事实"其实没有那么容易。在整个诉讼过程中,证据以及建立在证据基础上的证明过程是灵魂,可以说所有的诉讼都是围绕证据而展开的证明过程。如果不能形成逻辑严密的证据链,一个案件事实即使有再大的存在的可能性,也只能被法律上认定为不存在。

而在这种与对手抗衡的证明过程中,学生们还会发现两点:一是有些

材料是可以当作证据使用的；而有一些材料，尽管自己花了很大的力气去收集，并且寄托了很大的期望，却会被法庭宣布为不可采纳，仅仅是一种材料，永远都无法成为证据，由此他们会真正理解证据排除规则的真谛：限制取证方式。也即一些材料可能是真的，但是由于取证方式侵犯了或者存在着侵犯他人权利的可能性，出于司法上平衡国家权力和个人权利，或者个人权利之间的司法正义的考量，不能被用来证明案件。这对于学生们今后从业过程中尊重他人权利，甄别证据的能力的形成至关重要。

在这个过程中，除了取证方式之外，学生们还需要关注证据与案件的关系。比如，在模拟法庭实践中，笔者发现，辩方常常会提出利害关系这种证据来证明案件，在有些模拟法庭中，辩方由于其他证据的匮乏，甚至将利害关系当作了一种法宝，无论对方提出什么证据，法官在询问辩方有无意见的时候，辩方都会说："对该证据的真实性无异议，但认为与当事人有利害关系"。问题在于学生们实际上是没有弄清楚一点：与案件或者当事人有关系，不等于有利害关系；而有利害关系也不表明该证据没有证明能力。

同时，学生们通过证据的运用会深刻领会的另一点就是：被法庭认可的事实是通过证据建立起来的事实，这种事实可能与真正的自然事实不同，甚至相去甚远。也即，生活中的客观事实可能会与法庭上认定的法律事实不能重合或者不能完全重合，但是诉讼过程就是对有证据证明的法律事实的认定，而没有经过证明的可能的"客观事实"在证据面前必须让位。比如在讲授辛普森案件时，学生们在感情上怎么也不能接受最终对其无罪的法庭宣告，即使是在理论上已经知道了是为什么，通过对这个案件的模拟审判，学生们通过几个小时的证据出示和辩论，终于明白了什么是"存疑有利于被告人"，什么是"排除合理怀疑"的刑事证明标准。而通过另外一个简单的民事案件借款纠纷的模拟法庭处理过程，学生们也明白了在民事诉讼中，说服法官可能没有刑事案件中那么精确和困难，只要达到"高度盖然"性标准就可以了，因此，没有证据，那个可能特别像受害者的人也只能在诉讼中败北。

（二）对法律人正义观的培养

法律人和普通人不同的证据推理方式可能造成一种局面：法律人的正义观是普通人所不能理解和接受的。普通老百姓热爱的都是"善恶终有报"式的朴素的自然正义，这也就是为什么包公铡美案这样的古代司法案件至今深入人心、大受追捧的原因。但按照法律人的思维，这种案件本身在正义的实现方面是很有问题的，因为包拯违反了现代程序正义一个明显的标准：一个人不能同时既是侦探又是法官。假设按照现代诉讼程序来审判当年的陈世美，未必，或者说在很大程度上他是不会被铡的。而且那么血腥的行刑方式也是有违现代司法文明的诉求的。但如果没有严格的实践课程训练，法科学生即使在了解了法律规定之后也很难摆脱朴素的正义观的控制，他们会在看到一个恶性案件之后和大多数普通民众一样对被媒体认定的某个"坏人"高声喊打，对某些案件中的当事人一定要置之死地而后快。对于为"坏人"极力辩护的律师心存恶感。恨不得在某些案件中亲自担当福尔摩斯的角色。而在模拟法庭实践过程中，他们会发现很多的不能为，甚至很多的"司法不作为"，并逐渐认为是合理的。而这种认识需要学生们通过对不同诉讼角色的担当而逐步形成。

比如，通过模拟法庭，学生们会深刻认识到，在发现真实的实体正义的实现之外，还有一个独立的程序正义，而程序正义的价值就在于保护人的基本人权，让诉讼各方都不至于为了发现真实而不择手段，有些时候，为了程序正义的实现，实体正义必须让位，因为每个人都有成为不正义程序的受害者。这一点在课程讲授的时候学生们都理解了，但是不以为然。于是笔者让他们在模拟法庭活动中换位扮演角色。在一个刑事案件中，担任公诉方的同学们意气盎然，国家代言人的角色让他们觉得说话都铿锵有力，特有底气；面对辩方的辩护，一开始他们还表现得彬彬有礼，但到了后来，当他们觉得自己已经展示了强大的证据优势，而辩方仍然在喋喋不休地说着那些公诉方认为没有意义的话时，他们就明显失去了耐心，出现很多冷笑、皱眉等动作，并且对被法官驳回的没有采纳的证据感到不满。而在下一个回合，笔者让先前扮演公诉方的同学在同一个案件中扮演辩方，情形就很不一样了，他们感到了国家强大的压迫感，只恨自己相比起国家取证能力太弱，对自己手里仅仅有这么几个寥寥无几的证据深感愤恨（在现实的刑事案件中，被告方的证据一般都处于劣势），而且总觉得法官对自己的辩论态度漠然，不加重视。而轮到他们扮演法官角色的时候，他们才进一步发现，在争执的双方之间辨明是非不是像想象那么容易，法官也不是像想象中那么轻松和作为不多，而是需要对程序法和相关实体法都有整体的良好把握，法官说出的每一句话看似简单，其实都是一种专业本能。

这种分角色的扮演过程还没有涉及审前的比如非法取证环节的设置就已经让学生们都陷入了深思，原来每个人的位置决定了他眼中的正义，而这种正义其实可能恰恰是非正义的，而绝对的既发现了真相，又实现了完全的程序正义的案件其实并不总是一直存在的。在追逐正义的过程中，国家的克制像金子一样珍贵，因为作为个体而言，今日处于优势地位的控诉者明天有可能就站在了被告席上。在这种情况下，你追求的将不再是在程序中得到优待，而只是同等情况下的平等对待。

（三）对法律人理性思维方式的培养

在信息大爆炸的时代，每个人都可能成为信息的奴隶。而面对诸多的社会热点问题，我们很可能会盲从。而能够在无数躁动的观点和狂热的表达中抽身而出，冷静地以旁观者的身份进行职业分析，是一个成熟的法律人应当具备的品质。在学习各种实体法律关系的过程中，学生们可能熟记了无数法律规定，但在遇到实际事例（尤其是没有成为案件的事例）时，未经实践的他们很难将这些规范性规定适用到事例中进行理性分析。比如，在一次对于母亲不作为杀害自己婴儿的案件模拟中，其实控辩双方都对那个故意不给孩子吃东西，自己跑出去玩儿的母亲深恶痛绝，不过经过多次的程序训练，他们已经学会克制自己的情绪，站在不同的立场上分析这个案子，给出自己的法律意见。比如担任辩方律师的同学就尝试着从主观故意缺乏方面进行辩护，并试图找出案件中的审前程序漏洞。而不是违背自己的职业道德，对自己的当事人也拍案而起。而在这个案件模拟之后，笔者对同学们提出了一个问题：中央电视台每年的感动中国十大人物中有一些是为了学生不顾自己的孩子，最终在某一事件中导致自己孩子死亡或者重伤的。每年的观众看到这些事例都感动得唏嘘不已。但这种事情和前面的母亲的不作为犯罪有区别吗？假设这是一个案件，分两组分别站在控辩双方角度分析。最后在模拟过程中，学生们得出了这个感动中国母亲的行为实际上是不作为故意杀人罪的结论。在哄堂大笑之后学生们感触很深：这个社会最不缺乏的就是鼓噪和狂热，能够安静地理性地对一件事情进行专业分析不易，而这种分析可能还不能为民众所接受。但这正是一个国家走向法治社会所必需的。模拟法庭的实践告诉学生们的就是一个合格的法律人需要在纷乱中不盲从，寻找拨开迷雾的理性。

（四）对职业表达能力的训练

训练有素的法律思维模式最终要职业地表达和展现出来才有意义。这种展现既体现在语言上，也体现在文字上，还同时体现在仪态上。

法庭语言是一种专业语言，不仅需要准确、流畅的表达，而且需要有一定的要求，正如某学者所言，"如法官的庭审语言必须保持中立，不能带有任何倾向性；公诉人、律师对当事人、证人的庭审询问也有特别的要求，如不能采用诱导性的提问方式，等等"。比如，在刑事案件的模拟法庭中，当庭讯问对公诉人的角色而言是一个亮点，即举证和质证过程对公诉人而言很关键，此时，常识问题不用过于关注，而要对行为危害性等问题抓住发问。而对于辩方而言，对证据的质疑应当对定罪量刑有意义，及对此罪与彼罪的认定，对罪轻、罪重或者无罪的认定有意义，否则，再多的质疑也无用，而且过多的质疑还会起到反作用，令裁判者反感。而对证人而言，证人证言的提供要很专业，不要支支吾吾，要对一些概念弄清楚，在模拟法庭中，证人的作用很大程度上就是说出当事人双方不便说出的话；专家证人对于案件所涉及的技术标准和科学依据要查找、准备，否则证人就是无用的。而这绝对是需要长时间的演练方能形成的。

而一个人在具体案件中法律思维的书面表达主要是体现在各种文书的写作上，看起来每一种文书都有范式，好像填空一样完成就可以了，其实并非易事。对于不同证据如何在文字上有条理地组合证明一个想证明的内容，如何逻辑自洽，详略得当，重点突出，弱化不利方面。比如公诉人的核心意见要在起诉书中说明，而不是等到最后发表公诉词时才说。这也是一个长期实践和操练的结果。

最后，职业法律人的仪态表现很容易被忽视，其实至关重要。在近几年的模拟法庭实践教学中，我发现学生们常常容易犯的仪态仪表方面的毛病主要有以下几个方面：1. 发型。一般而言，学生们在着装方面问题不大，都是职业装，但是发型就很有问题，很多女孩子披散着头发，程序中不断地捋一下头发，还有些男同学打了太多的发胶，有一次甚至有一个同学满头漂染的黄发就进屋了，这些发型配合他们义正词严的口气让职业法官们忍俊不禁。2. 语气。在这个方面同学们的毛病恰恰是两个极端。有些同学语气特别温柔，有一次有个女同学在庭审过程中转头对其当事人用播音员的腔调特别柔和地说："被告，你不要害怕，没关系，你就认真回答我的几个小小的问题就行。"感觉特别怪异。还有些同学可能英美庭审看多了，觉得美国律师突然升高语调时，高音量的效果很好。于是整个庭审过程中都在"咆哮"，震得法庭嗡嗡作响，而且还不停地非常粗暴地打断证人，不断地说："你只要回答是或者不是。"效果确实"惊人"。3. 体态。端庄大方的仪表和体态很给人留下良好的影响，从而在一定程度上影响裁判人员的内心。相反，一直低头不与审判人员和对方当事人或代理人进行眼神交流，斜着身子靠着椅子坐等体态是不受欢迎的。在这些方面，模拟法庭虽然不是外事礼仪和仪表课程，但是却一样承担着培养法律人良好外在职业表现的任务。

模拟法庭课堂和活动的展开在中国承载了很多的期望，也确实在学生法律思维形成和强化方面起到了不可忽视的作用。在中国法学学科学生从毕业到就业之间尚无更好的硬性实践方式作为职业过渡和考核指标的局面下，对模拟法庭教学的探讨和不断改良将一直持续下去。

参考文献

（1）周建勋：《论美国的判例教学法及其启示》，载《首都师范大学学报》，2001 年第 6 期。

（2）宋立新：《论中国法科生教育中的模拟法庭与法律思维》，载《学理论》，2010 年第 15 期。

（3）增令良：《统一司法考试与我国法学教育发展的定位》，载《法学评论》，2002 年第 1 期。

（4）陈学权：《模拟法庭实验教学方法新探》，载《中国大学教育》，2012 年第 8 期。

外语院校复合型法律人才的培养及其完善

王惠静

(北京第二外国语学院马克思主义学院,北京 100024)

摘 要:为适应社会对法律人才的实际需求,许多外语类院校明确地将复合型法律人才的培养作为人才培养目标,并探索了多种人才培养模式,包括双学位培养模式、法律硕士培养模式、法律+外语特色培养模式以及联合培养模式等。为了更加完善外语院校复合型人才的培养,应从科学定位培养目标、合理设置课程体系、加强师资队伍建设、建设网络教学环境、创新实践教学途径以及拓宽职业教育途径等多个方面进行。

关键词:复合型法律人才;外语院校;培养模式完善途径

一、引言

当今社会,法律事务越来越复杂,法律与其他领域的交集越来越多,具备单一法律专业知识的人才已不足以满足社会发展的新形势,多元化法律人才的培养已成为法学教育的新课题,法律+复合型人才培养模式也越来越受到法学院的重视。随着经济全球化进程的加快,涉外诉讼以及非诉业务增加,急需一批精法律、懂外语、通贸易的复合型法律人才。这些都为外语类法学院复合型人才的培养带来新的契机。

与法学学科发展历史悠久的政法院校、综合性大学相比,外语类院校的法学院在法律人才培养上存在一些先天的劣势,如师资力量、教学管理经验、教学硬件设施、图书资料、人文底蕴、法律教育传统等方面存在明显的不足。但在复合型人才的培养上却具有许多优势。首先,外语类院校具有天然的多语种优势。大多数外语院校形成了通用语和非通用语多语种教学的模式，为法律＋外语的人才培养模式奠定了语言类基础。其次，其他专业资源为复合型人才培养带来特色化的可能。在高等教育改革的形势下，外语类院校早已一改过去单一的发展纯外语专业的思路，而是转变为以外语为基础，以其他特色专业为特点的发展格局。如北京第二外国语学院已建立起以外语为基础，以旅游、酒店、会展、经贸、法学、文学等学科为特色的综合发展的人文学科体系。这些特色专业的发展为法律＋的人才培养注入了新的血液。因此，外语类院校应扬长避短，探索具有自身特色的复合型法律人才培养模式，这也是提高该类院校法律人才培养质量的使命和出路。

二、外语类院校复合型法律人才培养的主要模式

复合型法律人才是指在具备法律知识的同时，又具备其他相关领域专业知识的法律人才，即要求学生系统掌握法学专业知识，具有较为扎实的法学理论功底和良好的法律职业素养以及实践法律的基本技能，同时掌握经济、管理等其他专业基础知识，能够熟练运用外语的复合型人才。复合型法律人才培养在我国还处于探索阶段，多数法学院（系）对常规本科人才培养模式处于改革创新中。2010年，湖南大学法学院基于对我国5个层次的50所高校法学院的网页资料研究表明，我国高校法学人才培养目标定位，80%为专业人才培养模式，18%为复合人才培养模式，2%是通识人才培养模式。为适应社会对法律人才的实际需求，许多外语类院校明确地将复合型法律人才的培养作为人才培养目标，并借鉴国内外培养经验，对如何培养复合型法律人才进行了有益的尝试和探索，形成了以下几种培养模式：

（一）双学位培养模式

双学位模式是传统的培养复合型人才的模式，为许多法学院所采用。

一般分为两种形式：一种是法学院的学生在攻读法学专业的同时，在校内允许其申请辅修其他专业的课程，在规定的时限内修满要求的学分即可获得法学学士学位和另外一个专业学士学位；另一种是其他专业学生在攻读本专业的同时，辅修法学作为第二学位，学习法学专业的主干课程和选修课，修满规定学分即可取得法学专业学位。北京第二外国语学院就采用这种模式，鼓励其他专业的学生辅修法学课程，毕业时同时获得两个学位。

（二）法律硕士模式

1996年，北京大学、中国人民大学、中国政法大学等八所高校试招法律硕士专业学位研究生，开始了法律职业人才的培养。如今，法律硕士既面向非法学本科生招生，也向法学本科招生，前者的目标为培养复合型法律人才，后者为培养贯通型法律人才。北京外国语大学法学院在2008开始招生法律硕士，上海外国语学院法学院于2015年也开始培养法律硕士。法律硕士的培养目标是培养一大批既掌握本专业知识，又具备法律专业知识、能力和素质的高层次、基础宽的应用型、复合型人才。

（三）法律+外语特色培养模式

许多外语院校依托本校的外语教育资源，采取法律+外语的模式来培养复合型人才。随着国际经济交往和学术交流的日益加强，外语作为桥梁和工具的作用日益凸显。法学教育与其他学科一样，已经逐渐从本土化走向国际化。法律+外语的模式旨在培养国际型通用法律人才，即学生不仅要具备普通法学专业学生应当具备的专业知识，而且必须具有比一般法学专业培养的学生更好的外语基础和应用能力，更加适合国际性的法律事务和社会交往，当然外语不仅包括英语，还应当包括日语、法语、德语、西班牙语等多种语种。对于法学学科建设起步较晚的外语院校而言，这种方式是外语院校的优势也是特色，是办好法学教育的生命力所在。多数外语院校将培养目标定位于培养既具有法学专业知识又具有较强的外语听说读写语言表达和交际能力的复合型、国际型通用人才，如北京外国语大学、北京第二外国语学院、四川外国语大学、广东外语外贸大学等就将这种模式作为法律人才培养的主要方式。

（四）联合培养模式

联合培养模式是指法学院与国内外法学院或社会机构共同参与人才培养的模式，分为国内外联合培养以及国内两所院校联合培养两种方式。

国内外联合培养模式一般指国内外合作大学通过协议对人才的培养要求、学分的互认以及学历学位证书等事宜进行约定，从而达到共同培养的目的。一般表现为2+2、3+1等形式，如学生前两年或前三年在国内合作大学学习，成绩合格且通过水平考试者，学校选送至国外的合作院校培养两年或一年，双方互认学分，成绩合格者取得国内或国外大学的法学毕业文凭和法学学位。如北外、北二外等均有这种培养模式。

从2015年始，北京市教委开始外培计划招生。"外培计划"招生是由北京市属高校与海外、境外知名高校共同培养优秀学生的一项举措，北京第二外国语学院、北京工业大学等六所高校参与了"外培计划"，学生海外学费由政府全额资助，协同培养的海外高校和专业都是一流大学和知名专业。为保证培养质量，学生到海外院校全部是插班学习。主要面向北京籍学生，按1+3或1+2+1模式培养。1+3模式是学生第1年在本校学习，第2—4年在境外高校培养，双方互认学分，合格者可以获得中外双方两个学历学位证书。1+2+1模式是第1年在本校学习基础知识、强化外语能力，中间两年到境外大学就读访学，最后1年回到本校完成学业，最后取得本校学历学位证书。

国内两所院校联合培养模式。目前，作为对口支援项目的合作较多，也是教育部鼓励的合作形式。教育部出台《教育部关于进一步推进对口支援西部地区高等学校工作的意见》（教高〔2010〕1号），鼓励对口支援西部地区高校，高校间的本科生联合培养逐渐增强。如贵州大学与浙江大学、同济大学与井冈山大学联合培养，法学专业在联合培养专业范围；按照协议规定，一般只授予一个学校的毕业证和学位证，并注明联合培养高校，通常采用1+3或2+2的模式。北京第二外国语学院法学院从2015年开始参与了"双培计划",与中国政法大学进行联合培养。"双培计划"按照"3+1"培养机制进行,前三年在政法大学培养,第四年回本校学习,专业方向为知识产权方向。"双培计划"学生中达到毕业条件的将获得二外法学毕业证书,符合学位授予条件的学生将被授予二外法学专业学位证书。

上述培养模式无疑有助于外语类院校复合型法律人才的培养。双学位模式扩展了学生的专业知识面,使学生在大学四年的时间就可以拿到两个学位,缩短了人才培养时间,拓宽了就业渠道。法律硕士培养模式中法学+其他专业的复合型人才培养,属于高层次、复合型法律实务人才。法律+外语特色专业培养模式在培养多元化的复合型法律人才的同时,也确定法学院在外语院校中的合理位置,形成自己的特色,有利于本校各学科形成合理布局。联合培养的模式使学生跨地域跨学校学习,实现国内校际之间、国内外校际之间资源共享、优势互补,提高复合型人才的培养质量和效益。

三、外语院校复合型法学人才培养模式的完善

(一) 科学定位培养目标

培养目标是专业人才培养的基本原则和核心内容。法学教育的培养目标应是综合的、多面向的。由于复合型人才是专业教育、职业教育和素质教育三要素的有机结合,外语院校复合型法律人才培养目标应考虑以下三个因素:

1. 突出外语优势

与其他大学的人才培养目标相比,外语院校明显具有多语种的外语优势。多语种的语言环境使得外语院校的学生长期浸淫在多种语言的影响下,学外语,学好外语,学好多种外语,将其时时处处体现在学校的教学互动和学生的自主学习中。这些天然的外语氛围是其他院校所无法比拟

的。因此，复合型法律人才的培养目标应体现多语种＋法律的方向，例如培养方向为处理涉外法律业务、参与涉外法律谈判、应对国际法律纠纷等，应强调突出外语的优势和特色，鼓励学生在学好专业课的同时，掌握好外语、甚至几门外语，形成法律＋一门外语、法律＋多门外语以及法律＋小语种的培养模式，使学生在人才市场上具有更强的竞争力。

2. 人才培养结合社会、国家、国际上对法律人才不同层次的需求

在传统的法学教育培养中，综合性大学凭借着深厚的法学教育土壤早已在人才培养中占有一席之地。在激烈的人才竞争中，外语院校必须另辟蹊径谋求生存和发展。因此，它们不仅要与综合性大学法学院一样开设教育部规定的16门核心课程，同时还要根据法学各学科的新发展以及社会急需的法律人才来调整、设置自己的学科体系，体现办学特色。近些年，随着社会对知识产权人才需求的不断增加，知识产权学科急速发展，不少院校根据自己的特点开办了知识产权专业，形成了法律＋知识产权的模式。同时，在国家"一带一路"倡议下，无论是官方还是民间对一带一路国家的贸易和投资必然加强。但我国对不少国家法律制度的了解还处于空白。这需要一大批通晓各类语种的法律人才来从事法律文献的翻译、贸易纠纷的处理、知识产权的国际保护等工作。因此，外语院校的培养目标应以国家战略为指引，以社会需求为导向，结合自己的优势培养人才。

3. 依托本校优势资源，拓宽办学渠道

外语院校的法学专业多为近年来新增专业，大多无法与校内其他优势学科抗衡，有些甚至被边缘化。法学院依托本校的优势学科，借助它们的办学资源，寻求更多的结合点，是拓宽办学渠道的捷径，也是迈向优势学科的捷径。例如北京第二外国语学院依托旅游管理专业发展了旅游法学，经过十几年的发展，该校的旅游法学如今在国内旅游法学中占有重要地位。

（二）设置合理的课程体系

合理地、科学地设置课程体系，优化课程结构和教学内容是培养复合型人才的重要保证，也是人才特色的体现。要达到这一目的，应当处理好以下几个方面的关系：

1. 专业课和外语课的关系

外语院校一般对学生的外语程度均有严格的要求。笔者所供职的北京第二外国语学院要求非外语类专业学生必须通过英语专业四级才能拿到毕业证。因此，在非语言类专业的课程安排中，大学一二年级往往被安排了大量的外语课，专业课几乎成了点缀；而到了大三大四才大量地安排专业课，但大量的、集中的专业课未必能达到良好的效果。到了大四学生又面临实习、找工作、考研、考公务员等问题，再无法安心学习专业知识。同时，在强大的外语语言氛围中，学生大多非常重视外语的学习。而且，CET4、CET6、专四等英语类考级也带来无形的压力，更不用说有更多精力学习多门外语了。这就造成学生往往协调不好外语学习和专业学习的关系，形成重外语轻专业的局面。为解决这个问题，可以适当压缩外语课时，增加法律英语或双语课程，将外语融入到专业课的学习中，使外语和专业在学习时间上不冲突，在学习内容上彼此促进，形成良性循环。

2. 选修课和必修课的关系

外语院校在坚持开设教育部规定的16门核心课程以外，还应根据培养目标和培养方案优化课程结构，发挥学校的优势，体现人才培养的特色。一方面应适当压缩必修课，增加专业必修课和跨学科专业的选修课，尤其是增加第二外语作为选修课。允许学生结合自己的学业规划和职业规划选修一些课程，鼓励学生选修第二外语尤其是小语种，拓宽学生的知识体系，为国际化的复合型法律人才奠定基础。另一方面应根据国际化特色，增加国际通商、国际贸易、外国合同法、世界贸易法、国际投资法、欧盟法、涉外法律实务等课程，突出课程的适时性、前沿性以及国际性，使学生建构起相应的知识结构，为毕业后的就业或继续深造打下基础。

3. 理论课和实践课的关系

法律是门实践性学科，概念和理论的掌握说到底是为法律实践服务。法学教育如果只讲书本内容，不进行法律实务训练，就不可避免沦为纸上谈兵。因此，要鼓励开设实用性、操作性较强的法律运用课程，例如法律文书课、司法实践课等，训练学生的法律思维，培养学生解决问题的能力，提高学生的实践技能。

（三）加强师资队伍建设

外语院校复合型法律人才的培养对教师的要求体现在三个方面：一是建立特色化教师队伍。课程内容的国际化特点要求教师能够开设国际贸易、涉外法律实务、国际通商等课程。这就要求在师资力量的引进上，除了构建传统法学课程的师资力量，还应注意建立具有涉外法律理论与实务背景的教师队伍，使师资队伍更加专业化和特色化。这可以通过引进我国具有涉外法律背景的教师和适合的外籍教师两个渠道来实现。二是提高教师的外语水平。如前所述，为解决外语课和专业课的矛盾，可采用开设双语课程和法律英语课程的方式适当压缩外语课的课时，这就对法学教师的外语水平提出更高的要求。如何在一堂课中既传授法学知识和技能，又使学生学习和巩固了外语，是法学教师面对的新挑战。一方面在引进师资时应注意国际化方向，另一方面应采取多种措施培训现有的师资队伍，为教师提供更多的提高外语水平的机会。三是加强实践性师资队伍的建设。一方面应鼓励教师参与必要的法律实务兼职工作，另一方面应聘请优秀的法官、律师、检察官等实务部门人员作为兼职教师，形成兼职教师工作常规化、制度化，丰富法学实践教育内容。

（四）创设网络教学资源环境

随着信息技术的发展，国内、国外优质网络教学资源越来越多，高校大多非常重视网络资源库的建设。学校应当重视网络资源对于学生的学习功能。除了挑选中文、外文优质的网络资源之外，还应当构建起适合法科学生学习的网络数据平台。外语院校法学网络资源的建设一方面应考虑中文法学数据库资源，包括法学专业类数据库、法学案例数据库等，还应当着重考虑外文法学资料数据库资源的选择和使用。同时，教师应能够熟练使用各类数据库，建立专门的学习平台，将适合的中外文判例放在平台，指导学生研讨，进一步加深对专业知识的理解。同时，还可以将国内外知名法学院的优秀网络课程放到平台，供学生方便、快捷地自学。将互联网的强大功能广泛运用于复合型人才培养中。

（五）创新实践教学方法

法学专业是一个实用性学科，法学教育应当重视教学实践活动，把教学实践活动作为实现理论联系实际、增强学生的社会责任感的重要环节。为实现复合型法律人才的培养目标，体现人才培养特色，外语院校应整合学校资源，尽量为学生提供多渠道的实践活动，如举办涉外法律实践讲座，推荐到涉外法律实践部门实习，提供涉外法律文献的翻译机会，参与国际法律会议的志愿者活动等。同时，法律实践教育应与学生的学习规划与未来的职业规划相结合，使实践教育活动与职业教育有机结合在一起，不仅在一定程度上有利于解决就业问题，而且缩短了就业后适应工作岗位的时间。再如，北京第二外国语学院在召开国际性或涉外性法律研讨会时，由学生负责外籍法学专家的接待、翻译、向导等工作，这不仅可以很好地为会议服务，还可以与法学专家深度交流、请教，取得很好的效果。

（六）拓宽职业教育途径

教育是个精细工程，人才培养必须在细节上下功夫，复合型法律人才培养应体现在与教育过程相关的各个环节上。例如在毕业论文环节中，外语院校可以指导学生把毕业论文的写作学习过程与未来的职业规划结合起来。如在论题的选定上，可以考虑三个方面：一是针对跨学科领域就业的学生，可以引导学生在选题上选择与学校优势学科相关的论题，这样选题既有特色又不必人云亦云，体现创新性；二是针对出国深造的学生，可引导他们选择与外国法相关的论题；三是打算从事涉外事务的学生可选择与涉外法律业务相关的选题，如商标权的国际知识产权保护、反倾销的法律保护路径研究等。这种多层次的选题指导方式使学生有所思有所写，在一定程度上解决本科生在论文写作中普遍缺乏思考的难题，对于提高学生的论文质量，促进他们对未来职业的认识均有所裨益。

外语院校在复合型法律人才培养道路上仍然任重道远，改革与探索科学的、适合自己发展的人才培养模式是长期的课题。这需要打破学科、行业、国别的界限，确定科学的培养目标，设置特色培养方向，开设特色课程，完善师资队伍建设，利用多层面的培养平台，精心设计培养方案，不断创新人才培养模式，培养出更多国家、社会需要的复合型法律人才。

参考文献

（1）屈茂辉：《中国法学本科人才的培养目标——基于法学院系网站资料的分析》，载《湖南师范大学教育科学学报》，2010年第6期。

（2）唐波、黄超英：《复合型法律人才的培养模式研究》，载《中国法学教育年刊（2012—2013）》，法律出版社2014年版。

（3）费艳颖、凌莉：《我国理工院校复合型法律人才培养模式及其优化路径》，载《中国法学教育研究会2014年年会暨"法治中国建设与法学教育改革"论坛论文集》。

（4）《复合型法律人才应该如何培养——以南开大学法学院的实践为中心考查》，载《中国法学教育年刊（2012—2013）》，法律出版社2014年版。

… 外语院校人才培养模式创新研究

外国政治制度课程全英文教学探索

苏淑民

（北京第二外国语学院政党外交学院，北京 100024）

摘　要：外国政治制度课程开展全英文教学是培养高素质、复合型、国际化人才的需要。课程建设在具体实施过程中注意进行教材编写和教辅材料的选用，合理安排课程内容，抓好课程教学各个环节，建立资源库和网络学习平台，取得了一定成效，但课程建设还存在许多困难和问题需要不断克服和解决。

关键词：外国；政治制度；英文；教学

为了适应我国对外开放的形势，培养具有国家认同和国际视野的国际化、高层次、复合型、应用型人才，北京第二外国语学院广泛深入开展教育教学改革，大力支持全英文课程建设。外国政治制度课程是首批入选课程之一，并获批2016—2017年校级全英文课程建设立项。经过一年多的尝试和探索，目前该课程建设已取得一些进展，笔者作为主讲教师也对全英文课程教学的必要性、教学模式的选择、教材的编写和应用、教学环节的设计等方面有了一些思考和认识。

一、外国政治制度课程开展全英文教学的必要性和可行性

外国政治制度课程开展全英文教学，既是专业培养目标的需要，又是提高课程教学质量的需要。

随着我国改革开放进程不断发展，国内各行各业与国际接轨的步伐逐步加快，教育与科技这两方面与世界接轨也愈来愈密切，我国迫切需要既精通专业知识又精通外语的高素质、强能力的人才，因而高校培养既懂外语又懂专业知识的人才已成为当务之急。全英文教学是实现这一目标的有效手段。为此，教育部于2001年印发了《关于加强高等学校本科教学工作提高教学质量的若干意见》，明确提出按照"教育要面向现代化、面向世界、面向未来"的要求，为适应经济全球化和科技革命的挑战，本科教育要创造条件使用英语等外语进行公共课和专业课教学。

作为一所外语院校，北京第二外国语学院近年来一直坚持"国际导向"，采取多种措施推进国际化发展战略，包括尽可能地加入具有国际前沿研究成果的教学内容；大力引进国外优质教材和先进的教学理念、教学方法；鼓励开设有助于促进对国际与区域文化理解的国际化课程；积极推进课程双语教学等，努力探索一条独具特色的国际化发展道路，着力培养国际化应用型人才。国际政治、国际事务与国际关系专业属于涉外专业，旨在培养能够清楚认识世界、看清国际形势、与国外世界沟通、交流的人才。因此，既重视专业知识的培养，又注重英语能力的提高就成为专业培养的目标。外国政治制度课程全英文教学的开展就是在这种背景下实施的。

《外国政治制度》是国际政治、国际事务与国际关系专业的专业基础课和必修课，重点讲授西方国家政治制度产生的共同文化背景以及当代的共同特征，详细阐述西方各国议会制度、选举制度、政党制度、行政制度、司法制度和国家结构形式等内容，目的是使学生既了解西方国家政治制度产生的历史渊源、当代西方国家政治制度的现状，又能够比较中西方政治制度的不同之处，区分中国政治制度与西方政治制度的根本区别，帮助学生更准确地把握西方国家内政外交及其走向，分析内外政策的形成根源及其制定过程，因而具有较强的实践性和应用性。

要准确理解和掌握西方政治制度的内容和实质，仅靠中文教材与中文讲授，难免会使学生对专业知识认识粗浅，理解出现偏颇；而运用外语进行讲授，让学生学习和阅读关于西方政治制度的原汁原味教材和资料，就会使学生既能够完整准确地掌握专业知识内容，同时又能够提高外语水平，从而收到事半功倍的效果，因而开展全英文教学十分必要。

对外国政治制度课程开展全英文教学具有可行性。自 2002 年在我校作为国际政治专业的专业基础课和必修课开设以来，该课程已有十几年的教学和课程建设历史，积累了丰富的教学经验，教学手段和教学方法也得到了很大的改进和提升。自 2012 年以来，该课程尝试双语教学，用中文对西方政治制度进行概括性讲授，使学生基本掌握课程所学专业知识，再运用英语讲授英国政治制度，将英国政治制度作为案例进行教学，从而巩固学生所学知识并提高学生们的英语水平，取得了良好效果，同时积累了大量双语教学资料，为全英文教学奠定了一定基础。

笔者作为该课程主讲教师曾在 2011—2012 年间前往英国朴茨茅茨大学进行交流访问，在访学期间，选修了人文学院迈克尔·达吉特（Micheal Dugget）教授主讲的《英国政府与政治》课程。达吉特教授具有二十多年在英国政府教育部门任职的经历，曾任英国政府教育部国务部长，深谙英国政府与政治运行之道。达吉特教授授课时使用的教学资料具有权威性，反映了英国政治最新发展状况，可以直接在本课程开展全英文教学时予以使用。在英国访学期间，笔者还深入实地考察了英国政治的运行状况，多次旁听市政会议，参加社区政治活动，拜访国会议员，走访地方党部，与市政议员交流，积累了有关英国政治的大量第一手资料，这些素材为外国政治制度课程的讲授提供了丰富生动的实例。

二、外国政治制度课程全英文建设的探索与实践

（一）教材编写与教辅材料的选用

教材是教学过程的核心，因而确定合适的教材是搞好课程建设的关键。因该课程主要为国际政治、国际关系大一、大二本科生讲授，学生们专业基础知识较薄弱，为使学生更好地掌握专业知识，因而要求学生使用外交学院唐晓等编著的《当代西方政治制度导论》（中国人民大学出版社 2011 年版）作为中文教材进行课后学习，目的是使学生了解课程内容的基本知识。这部教材篇章结构安排较为合理，在对西方国家政治制度进行概

述之后，从政治制度建立和政治过程的逻辑出发，分别介绍和分析当代西方国家的选举制度、政党制度、议会制度、行政制度、司法制度、社会监督制度，目前被多所院校指定为考研参考书。该教材还有一个突出特点是在有关中文专业术语后附上了相应的英文表达形式，便于读者在阅读时对专业基本概念和基本知识的英文词汇的掌握。

从教学内容来看，《外国政治制度》课程主要是对西方发达国家英国、法国、德国、意大利、日本、美国、加拿大等国家政治制度的介绍。理论上说，用各个国家的母语来介绍各国的政治制度，效果会最好。但就目前的实际情况来看，因教师和学生们所掌握的外语基本上是英语，上述目标不可能完全实现。用英语讲授其他非英语国家的制度，也就是将其他非英国制度用英文表述，会出现内容重复，也会引起歧义。在实际教学中，笔者的做法是运用英语讲授英国政治制度，将英国政治制度作为案例进行教学。做出这样安排的理由有二：一是英国政治制度具有原创性特点，是近代资本主义政治制度的开拓者。当代西方国家的议会制度、政党制度、内阁制度、选举制度等都发源于英国。英国是议会之母，也是世界政治制度的博物馆。张君劢先生曾说："学政治，在英国。"可以毫不夸张地说，不了解英国人的政治观念和制度，恐怕很难洞悉人类政治文明的幽微机理，因而了解英国政治制度，就能理解当代西方政治产生的渊源和本质。二是英国政治制度的原文资料，是学习专业英语的最佳文献，能够使学生学到"原汁原味"的英语表达方式和学科专业知识。

在这种情况下，如果直接引进使用英文教材，对中国学生来说信息量大，专业名词繁多，很可能会造成学生学习效率低，产生畏难情绪。鉴于此，从2017年开始，主讲教师在多年资料积累的基础上，着手编写了难度适中、内容全面的教材 *Contemporary British Politics*（《当代英国政治》），内容共分成七个部分，分别是：英国政治背景（The Context of British Politics）、政治参与（Participating in Politics）、政党制度（The Party System）、议会（Parliament）、中央政府（Central Government）、多层治理（Multi-Level Governance：Government and Politics Above and Below Whitehall and Westminster）、法院制度（The Court System），涵盖了课程的主要内容。材料的选择主要来自于权威性的英国原版著作，以及笔者在英国朴茨茅茨大学做访问学者时选修的《英国政府与政治》课程的英文资料。这些资料主要包括：The British Constitution（《英国宪法》）、Cabinet（《内阁》）、Her Majesty's Government（《英王陛下的政府》）、The Prime Minister（《首相》）、The British General Election of 2010（《2010 年英国大选》）、The British Parliament（《英国议会》）、the House of Lords（《贵族院》）、the House of Commons（《平民院》）、Her/His Majesty's Opposition（《英王陛下的反对派》）、the dominance of party politics（《政党政治主导》）、local Government（《地方政府》）等。上述教学资料篇幅适度，难度适中，简明易读，适合现阶段学生的英语水平，同时内容反映了英国政治制度的最新发展状况、信息量大，因而能够保证教学需要。该教材既保证了学科知识体系的系统性和先进性，又保证了英文语言的准确性和科学性。

此外，主讲教师还将英文原版教材 Mastering British Politics（《英国政治通论》）作为主要教辅参考资料推荐学生阅读。该著作对英国政府与政治进行了详尽介绍与评述，自 1985 年由麦克米伦书局首印之后，很快在英国国内获得好评，并被许多高校用作教科书，五次修订再版。英国朴茨茅茨大学人文学院教授迈克尔·达吉特（Micheal Dugget）讲授《英国政府与政治》课程时将其指定为课程教材。但对国内学生来说，该原著的英文难度和专业难度都较大，字数较多，笔者只能选取部分章节整理成教材，提供给英文水平较高，能够阅读英国政治制度原版资料的学生阅读。笔者已将该著作译成中文，并由中国社会科学出版社出版。对那些阅读英文原著有困难，但对英国政治制度感兴趣的学生，也可选择阅读中文译著，作为英文教材阅读的参考。

（二）教学内容组织和设计

本课程共设 51 个授课学时。虽然课时数相对较多，但要想达到既让学生完整掌握专业知识又大幅提高专业英语水平的目的，还是需要合理安排教学内容，做到既突出重点，又系统全面。本课程讲授进行了模块化安排，将课程内容分为绪论、议会制度、选举制度、政党制度、政府制度、司法制度、国家结构形式等几个专题。每个专题讲授时，先明确课程的重点，用中文大略讲述课程的基本内容和前沿动态，然后用英文讲授课程的基本内容。在英文材料的选取上，注意难度的分层递进，精读与泛读结合，注意保持学生们英文学习的积极性和主动性。

（三）抓好教学各个环节

在课前准备阶段，主要是布置好学生的预习。全英文教学要学习英文原版资料，课程的内容和信息量较大，学生必须要投入较多的时间和精力进行课前预习。笔者的做法是，首先提前一周布置预习内容，将课堂上讲授的英文资料提供给学生，同时将同学们可能会有一定理解难度的专业词汇与短语提供给学生；其次，合理设置预习提问，让学生带着问题去对英文资料进行预习与准备，以有效提升学生英文研读效果；借助网络进行预习工作的布置和相关资料发放工作，学生在预习阶段遇到的一些问题，也可以利用网络与教师进行联系与交流，教师对学生提出的问题进行解答和互动。

在课堂教学阶段，使用多媒体手段，通过图文并茂的方式展示知识，使学生对知识更易吸收和理解；播放有关英国政治生活的视频资料，如议会辩论、首相问答等，营造英语学习情境。为有效调动起学生英语学习的积极性，在英语教学中，要与学生进行互动，教师要巧妙合理地设置问题，引导学生进行思考，鼓励他们用英文回答和展开必要讨论。为了有效调动学生英语学习能动性，对于某些问题，还要求学生制作英文PPT，并留出十分钟左右时间让学生进行小组专题PPT的展示讲解，及时进行点评。

在课后复习阶段，将学生分成不同的小组，各组进行英文资料翻译练习，将课堂学习过的英文资料翻译为汉语，目的是加深学生们对英语原文资料和专业知识的理解巩固，锻炼翻译能力和中文表达能力；各小组还对所学英文资料的专业词汇进行编辑，最后汇总，建立外国政治制度词汇库；利用电子邮件积极与学生进行沟通和交流，在沟通过程中，积极向学生征求教学意见，及时发现教学中的问题，以便及时整改，不断提升。

（四）建立资源库和网络学习平台

为了满足学生对相关知识的了解，在每一章节学习后，为学生提供相关的英文网站和参考资料进行浏览和学习，如英国政府、英国议会网站及参考资料；搜集全英文多媒体资料，如英国议会开幕式、英国议会辩论、首相问答、女王接见首相等视频资料供学生浏览；以教学大纲、教案、习题、实验指导、参考文献、网络课件、授课录像等为基础建设网络教学资源库，搭建学生自主学习平台。

三、外国政治制度课程全英文教学存在的问题

经过一年来的探索与实践，外国政治制度课程全英文教学取得了一定成效，学生的专业英语听、说、读、写、译能力都得到了较大的提升，积累了大量专业词汇，能够读懂政治制度领域的原版英文教材，听懂用英语讲授的专业课，并能用英语完成课后作业和测试，但该课的全英文教学时间毕竟较短，目前还处于实验探索阶段，有很多问题需要克服解决，从目前来看，较突出的问题主要有如下两个：

（一）语言关的挑战

语言是全英文教学中面临的关键问题，教师使用英语授课的能力和学生的英语素质是开展全英文教学的先决条件。这里的语言问题涉及教师和学生两方面：

就教师而言，不仅需要具有广博的专业知识和教学经验，而且需要具有良好的外语水平，尤其是较高的口语水平。虽然该课程授课教师或具有海外留学、访学经历，或者接受过英语培训，但与欧美教师相比差距明显，如不能根据课堂的实际情况用英语灵活自如地表述课程内容，特别是当学生对某个问题提出疑问时，常常不能临场变通，以更有效的表述自由

发挥，对问题作出合适的并有说服力的解释。中国教师采用的不是母语的英文授课，教师们的语言表达和思维方式都会和外教存在一定的差异，也会或多或少地存在"中国式英语"的现象。

就学生而言，尽管现在学生英语水平普遍较以往有很大提高，特别是国际政治、国际关系的学生英语水平普遍较高，大部分达到了四、六级水平，但一个普遍存在的问题是，学生在进入到大学之前基本没有政治学专业方面的基础和学习经历，更没有针对政治学相关的专业英语词汇进行过系统学习。学生们对外国政治制度专业词汇、难点理解不足，如何读懂理解英文专业资料、听清楚和听明白教师的讲解，对学生而言都会存在不小的问题。此外，学生们的英文水平参差不齐，理解方式和能力必然都会存在一定差异。语言问题是实施全英文教学最大的挑战。

（二）既有考核方式有待改进

目前，我国高校的中文授课课程的学业评价方式主要是以期末考试成绩为主，兼顾平时作业和出勤率。全英文课程的考核按要求应该采用全英文形式，试卷用英文书写，学生用英文作答。但目前学生普遍感到即使能够读懂英文资料，但用英文书面解答问题还存在很大困难。鉴于此，在考试中，教师只能使部分试题运用英文资料，学生用中文进行答题，这种考核方式使得全英文的教学效果大打折扣。

总之，外国政治制度课程全英文教学探索与实践仅仅进行一年多，取得了一些成绩，积累了一些经验，但还存在着较大的提升空间，有很多问题需要研究解决，教学内容、教学方法和教学模式等一系列问题还有待于进一步完善，网络教学资源还需要进一步丰富，特别是任课教师离全英文教学对教师能在课堂上熟练地在双语之间进行自由切换的要求还有很大差距。要搞好全英文教学，还需付出更大努力。

参考文献

（1）帅传敏：《对高等院校全英语教学模式的思考》，载《湖北教育学院学报》,2005 年第 2 期。

（2）张千帆:《高校全英语教学模式探析》,载《高等教育研究》,2003 年第 4 期。

（3）叶蓓:《高校实行全英语教学之我见》,载《外语论坛》,2009 年第 23 期。

（4）陈昌贵、翁丽霞:《高等教育国际化与创新人才培养》,载《高等教育研究》,2008 年第 6 期。

提高经管类大学生高等数学教学质量的研究与实践

郝顺利

(北京第二外国语学院基础科学部,北京 100024)

摘 要:高等数学是一门科学和技术,是一种语言和文化,是一个基础和工具,也是一种思维和素养。结合笔者从事经管类大学生高等数学教学的真实体验,本文首先在调查研究的基础上全面分析经管类大学生高等数学教学质量较低的原因,然后有针对性地提出提高高等数学教学质量的方法和途径。

关键词:经管类大学生;高等数学;教学质量;数学审美能力

一、引言

高等数学具有很强的系统性、高度的抽象性和严密的逻辑性,是所有经管类大学生进入大学校园后最先学习的一门非常重要的公共基础课和专业必修课,也是学生普遍感觉比较困难的一门课。通过高等数学的学习,不仅可以使经管类大学生学到基本的高等数学知识,而且可以为其他经管类专业课的学习打下必要的数学基础,更重要的是,可以培养学生的逻辑推理能力、抽象思维能力、创新能力、运用高数知识分析和解决实际问题的意识和能力等。教育部高等学校数学与统计学教学指导委员会主任委员李大潜院士指出,数学是一门科学和技术,是一种语言和文化,是一个基础和工具。① 其实，数学也是一种思维和素养。曾供职于美国国家数学委员会的 David Geary 说过："一个人在成年阶段是否享用到数学技能带来的好处的最佳指标是看这个人是否学过微积分。十年之后，他们可能不再记得或使用微积分，但这门课加强了他们的数学技能。"高等数学教学质量的高低，将直接影响经管类大学生的全面发展，进而会影响中国的科技文化发展水平和社会现代化进程。因此，如何提高经管类大学生高等数学的教学质量，是每个高数教师都必须重视和思考的问题。一些经管类大学生在高中阶段就是因为害怕数学难而选择文科的，进入大学后这种畏惧心理一直延续到对高等数学的学习中，学生们戏称"大学有棵树（数），叫做高数（树），上面挂了好多人"，有部网络小说写道，"高数很高，高到天上去了，就成了天书"；一些经管类大学生认为数学不如其他专业课重要，即使基础较好也不愿多学高等数学，只是为了应付考试和拿到学分才学一点。另外，目前经管类专业是文理兼收的，由于高中阶段文理科数学的教学大纲不同、学习内容和要求不同，大学生的知识背景、数学基础、数学水平、学习效果、学习兴趣等差异很大。因此，对经管类大学生高等数学教学质量较低的原因进行归纳和分析，了解他（她）们学习高等数学中存在的实际困难，并找到切实能够提高高等数学教学质量的方法和途径，具有重要性和必要性。在国内关于提高高等数学教学质量的文献中，大多是不分学生的专业来研究，而且主要研究提高高等数学教学质量的措施，没有仔细而全面地分析造成高等数学教学质量较低的真正原因，如杨鑫波、程国、余兴民、常正波、赵文才、宋毅、李勤丰、张国印、李志艳、周清、徐新荣等持此论；而在认真分析经管类大学生高等数学教学质量较低的真正原因基础上再进行针对性研究的文献较少。一直以来，我国一些高等数学教师并没有有效地提高经管类大学生高等数学的教学质量，在高等数学课堂上，经常是老师讲得津津有味，学生听得昏昏欲睡。因此中国对如何提高经管类大学生高等数学教学质量的研究和实践都还远远不够。结合笔者从事经管类大学生高等数学教学五年、每学期带 300 名左右大学生

---

① 李大潜：《将数学建模思想融入数学类主干课程》，载《中国大学教学》，2016 年第 1 期。

的真实体验，本文首先在调查研究的基础上全面分析经管类大学生高等数学教学质量较低的原因，然后总结并有针对性地提出提高高等数学教学质量的方法和途径。

二、经管类大学生高等数学教学质量较低的原因

经过调查研究发现，经管类大学生高等数学教学质量较低的原因很多，归纳起来，主要有以下五方面：

（一）经管类大学生对高等数学的学习积极性、主动性不太高。很多经管类大学生在大学的学习积极性、主动性比在高中时低。一些经管类大学生由于对高等数学中最基本最重要的极限等定义搞不懂，就直接放弃了对高等数学的学习；一些经管类大学生经一段时间的努力后，还是没有掌握一些知识点，觉得学不会，就变成以考试过关和拿到学分为目的了。经管类大学生普遍缺乏数学审美能力，也不具备基本的数学直觉。数学美是一种与真、善紧密联系的，人的自由创造的本质力量通过数学思维以宜人的形式在数学理论中的呈现。[1] 在学习高等数学中能感觉到数学美是提高学习积极性、主动性的内在动力。数学直觉是指运用经验观察、知识组块和形象直观对当前问题进行敏锐的分析，并能迅速发现解决问题的方向或途径的思维形式。[2] 具备数学直觉有利于提高学生的学习积极性和主动性、激发学生的兴趣和创造力、开发学生的大脑、优化学生的思维品质、提高学生的整体素质。

（二）经管类大学生缺乏系统的数学思维和科学的学习方法，欠缺自学能力。由于高等数学是在大一时开设的，很多经管类学生或多或少地受到中学三年来养成的学习习惯的影响，难以适应大学授课的速度和进度，

---

[1] 郝顺利：《大学数学教学中数学审美能力的培养》，载《北京第二外国语学院学报（增刊）》，2016 年第 1 期。

[2] 郝顺利：《大学数学教学中数学审美能力的培养》，载《北京第二外国语学院学报（增刊）》，2015 年第 2 期。

对高等数学的学习仍然以死记硬背为主，以致理解能力较弱。中学里的初等数学知识相对较容易而且有充足的练习和复习巩固的时间；高等数学课容量较大，跨度、深度和难度较大，连贯性较强，而教学时间较少，基本上每次课老师都要讲授新的内容，没有太多时间复习，课后的复习和总结需要学生自己完成，部分学生因为参加其他活动等各种原因没有来上课，如果在课余也没有把落下的课及时补起来，不会的内容就会越积越多，很难跟上进度。由于高考的压力，高中生每天的时间被老师和家长规划得很满，花在学习数学上的时间相对较多；到了大学以后，少了老师和家长的督促，加上现在电脑尤其是智能手机的普及、社团活动的频繁，用在学习数学上的时间较少。因此，相对于初等数学，高等数学需要更强的自主性和独立性，需要更强的自学能力。

（三）教学过程过于强调理论性，没有突出应用性。由于高等数学专职教师大都毕业于国内外较好的高校，基础扎实并受过良好的科研训练，对所讲授知识的严谨性、科学性要求很高，有可能会像给数学专业学生授课那样强调理论性，重视定理的证明、公式的推导和例题的演算，而轻视对数学知识的应用，对学生运用数学知识解决实际问题能力的培养不够。由于高等数学总课时被压缩，每小节的课也减少为45分钟，而内容却较多（大多数高校的经管类专业要学微积分、线性代数以及概率论和数理统计），教师容易删除一些教学内容，包括在经管类专业课中的应用部分。

（四）各种教学手段的运用不太理想。相对而言，青年教师计算机水平高，但教学经验不足，老教师教学经验丰富，但对计算机不够熟练。多媒体的运用虽然有一些优点，例如使教学内容更加生动，但也有一定的不足，如事先制作课件的过程会比较繁琐，工作量很大，对于有大量公式和数学符号的高等数学，尤其如此；由于幻灯片的放映速度比传统板书书写速度要快得多，并且大多数学生在中小学阶段接触多媒体并不多，思维速度远跟不上放映速度，影响了学生学习的积极性和效果。

（五）高等数学实行大班教学对学生不利。本质上讲，中国高等教育正在从精英教育向大众化教育转变，生源质量有所下降，学生数学基础参差不齐且有总体下滑的趋势。同一专业实行文理科招生制及生源地的不同，也造成学生入学时的数学水平差距较大。高等数学大班教学的学生人数一般有120人左右，有时甚至达到160人，学生的基础和能力具有差异性和层次性,增加了教师组织教学的难度。教师往往不太重视这些差异及学生反馈,不能有针对性地调整教学进度和教学方法。

三、提高经管类大学生高等数学教学质量的方法和途径

针对以上几个方面的原因,提高经管类大学生高等数学教学质量有以下五个具体的方法和途径:

(一)激发经管类大学生学习高等数学的积极性和主动性。教师要想方设法在课堂教学中营造轻松、愉悦的课堂气氛。在刚开课时鼓励学生,无论基础好坏,只要肯下功夫,坚持课前预习并划下不理解的内容,课上认真听讲并做好笔记,课后注意消化、练习和复习,就一定能学好。要充分肯定学生的优点,引导并鼓励学生利用自己的优势,发挥自己的潜能,适时适度地鼓励学生,对学生所做的一切努力和取得的任何进步表示由衷的赞赏,对学习上遇到困难的学生更要不断鼓励,逐渐增强学生学习的自信心,消除学生对高等数学的畏难情绪,让学生学习的积极性和主动性得到更大程度的发挥。通过培养经管类大学生的数学审美能力和数学直觉,可以激发经管类大学生学习的积极性和主动性。通过引导大学生提高美学修养和艺术修养,有意识地把与教学内容有联系的美的因素引入课堂教学,培养对事业、学生和数学充满真挚热爱的情感,引导大学生积极投身于数学的创造实践来培养经管类大学生的数学审美能力。[1] 通过引导大学生形成自己的数学知识体系并灵活运用数学思想方法,培养大学生敏锐的观察力和丰富的想象力,鼓励大学生进行数学猜想,激发大学生对数学美的追求,提升大学生注重数形结合能力和数学语言的直观性,帮助大学生用逻辑推理弥补数学直觉的不足,留给大学生运用数学直觉的时间和空间

---

[1] 郝顺利:《大学数学教学中数学审美能力的培养》,载《北京第二外国语学院学报(增刊)》,2015年第2期。

来培养这些学生的数学直觉。① 通过把数学生活化和把生活数学化也可以激发经管类大学生学习的积极性和主动性。数学生活化指教师使用日常生活中、生产实践中的语言和例子来说明要讲解的数学知识。陶行知说过,"没有生活做中心的教育是死的教育"。② 生活数学化指教师从一个具体的生活中的问题入手,通过自然的方式得出一个抽象数学概念的教育过程。荷兰数学教育家 H. Freudenthal（弗雷登塔尔）认为,传统的数学教育只是被灌输正规的数学系统和现成的数学成果,最终使学生的创造性和主动性受到抑制。数学教育需要生活数学化。③

（二）培养经管类大学生系统的数学思维、科学的学习方法和较强的自学能力。教师应结合当代大学生的学习心理、兴趣和高等数学课程的特点,利用上课、辅导、答疑等机会,在不知不觉中加深学生对基本知识和思想方法的理解,在潜移默化中对学生进行数学思维和学习方法的指导;指导学生有效地进行课前预习、课上听讲、课后复习和练习,使学生改变对数学的学习主要靠死记硬背和题海战术的错误认识;指导学生带着问题阅读教材和参考书籍,特别是阅读一些相关的数学史。这样不仅培养了学生的自学能力,而且有利于学生的可持续发展。

（三）调整教学内容,重视经济应用。在吃透教材的基础上准确把握教学内容的深度、广度和难度,在讲清基础知识、基本技能和基本思想方法的基础上删繁就简,不过分强调数学概念、公式、定理的严谨性,通过一些方法尽可能地降低理论的抽象性。例如,对较难的定理可以给出其条件和结论,忽略或简化其推导过程,多给出具体的实际例子,特别是与经济管理问题紧密联系的例子。形成结合数学、经济学和管理学特色的教学体系,实现学科的交叉和融合,力求将数学思想和经济学思想贯穿教学的始终,提高学生对数学的实际应用能力特别是将数学应用于后续经管类专

---

① 郝顺利：《大学数学教学中数学审美能力的培养》,载《北京第二外国语学院学报（增刊）》,2015 年第 2 期。
② 陶行知：《陶行知全集（第二卷）》,四川教育出版社 2005 年版,第 650 页。
③ 张西良、李伯全、潘海彬：《创新学分制与大学生创新型人才培养体系》,载《高等教育管理》,2013 年第 1 期。

业课的能力。

（四）改变教学模式，优化教学手段。采用板书和多媒体教学相结合并优势互补的教学手段，板书注重分析问题、解决问题的思路、过程和细节，但对抽象或复杂的图形不能直观地演示，学生不容易理解，课堂教学易显得枯燥乏味。而多媒体教学虽然优势很多（例如增加了教学信息量，提高了学习效率，激发了学生的形象思维等），但由于放映速度比书写速度要快，学生的思维速度跟不上放映速度。因此，要在两种教学方式之间取长补短，充分发挥板书和多媒体教学的优势，运用电脑绘图和视频等工具更好地阐述教学的重点和难点，培养学生的形象思维，优化教学过程，提高教学质量。改变传统单一的考核模式，增加实践教学环节。例如可指导学生利用数学软件制作数学立体图形，指导学生撰写小论文等，为了敦促学生实施，可将该成绩计入总评成绩，让学生高等数学的学习不再仅仅是为了应付考试和拿到学分。笔者根据经管类学科和学生的特点综合而有侧重地运用多媒体课件、投影和板书等教学手段。微积分课程比较抽象，证明很多，注重过程展示，是经管类大学生的第一门数学课程，学生需要适应大学数学的思想、方法和节奏，需要做好从中学数学到大学数学的过渡和衔接，因此采取以板书为主、其他教学手段为辅的方法；线性代数很抽象，表达式很大，学生在听讲和做题方面都有一定困难，因此采取板书、多媒体课件、投影等相结合，对具体内容又各有侧重的方法；概率论与数理统计是前两门课的后续课程，需要熟悉前两门课的相关内容，例题一般较长，但比较具体，因此采取多媒体课件、投影等为主，板书为辅的方法。

（五）采取有效措施来应对高等数学实行大班教学的困境。在师生比例、学校设施允许的情况下，尽可能控制班级容量，以便与学生更好地互动，激发学生的兴趣和好奇心。从教学态度、教学内容、教学方法、学生学习方法的引导和思维能力的培养等方面来应对高等数学实行大班教学带来的弊端，以实现更好的教学效果。笔者根据所带经管类大学生文理背景不同、基础各异的特点采用分层教学法、分组讨论法；针对高等数学抽象难以理解的特点采用原始问题教学法、讲授和讨论相结合法；针对文科学生对数学不感兴趣，畏惧数学的特点采用突出知识发现过程、突出应用的教学法。

四、结语

总之,在仔细而全面地分析经管类大学生高等数学教学质量较低的原因的基础上,通过激发经管类大学生学习高等数学的积极性和主动性,培养经管类大学生系统的数学思维、科学的学习方法和较强的自学能力,调整教学内容并重视经济应用,改变教学模式并优化教学手段,采取有效措施应对高等数学的大班教学,完全可以提高高等数学的教学质量。

参考文献

(1)李大潜:《将数学建模思想融入数学类主干课程》,载《中国大学教学》,2016年第1期。

(2)杨鑫波:《提高应用型本科"高等数学"教学质量的策略分析》,载《重庆第二师范学院学报》,2015年第3期。

(3)程国、余兴民:《应用型本科院校高等数学教学质量影响因素与对策研究》,载《现代计算机(专业版)》,2015年第15期。

(4)常正波、赵文才、宋毅:《提高高等数学教学质量的方法探讨》,载《科技视界》,2015年第34期。

(5)李勤丰、张国印:《应用型本科高等数学课堂教学改革实践》,载《轻工科技》,2014年第11期。

(6)李志艳:《提高本科高等数学教学质量的几点建议》,载《科技资讯》,2011年第30期。

(7)周清:《优化教学方法提高高等数学教学质量》,载《科技资讯》,2010年第11期。

(8)徐新荣:《关于提高高等数学教学质量的方法与实践》,载《黑龙江科技信息》,2010年第21期。

(9)郝顺利:《大学数学教学中数学审美能力的培养》,载《北京第二外国语学院学报(增刊)》,2016年第1期。

（10）郝顺利：《大学数学教学中数学直觉的培养》，载《北京第二外国语学院学报（增刊）》，2015年第2期。

（11）陶行知：《陶行知全集（第二卷）》，四川教育出版社2005年版。

（12）张西良、李伯全、潘海彬：《创新学分制与大学生创新型人才培养体系》，载《高等教育管理》，2013年第1期。

重视实验教学
提升文科学生实践能力培养水平

唐君键

(北京第二外国语学院基础科学部,北京 100024)

摘　要:教学系统由教师、学生、知识、媒体四部分构成,而知识又包括显性知识和隐性知识两个部分。通常人们将显性知识简称为知识,而将隐性知识中的能力单独拿出来考虑。实验教学是针对能力部分提出的教学形态。过去谈实验教学大多只限于理工科,现代社会的发展,对文科学生的实际工作能力也提出了很高的要求。本文论述了实验教学的概念、功能、评价等问题,阐述了通过实验教学提升文科学生实践能力培养的重要性。

关键词:实验教学;能力培养

一、实验教学概念

随着高等教育改革发展,实验教学的作用与地位越来越受到人们的重视,但是有关实验教学的一些概念还需要进一步界定和理清。

(一) 实验教学内涵

《教育大辞典》中对"实验教学"一词的解释是:"实验教学。实践性教学的一种组织形式。学生利用仪器设备,在人为控制条件下,引起实验对象的变化,通过观察、测定和分析,获得知识与发展能力。在基础课和专业课中广泛应用。其目的不仅验证书本知识，更着重于培养学生正确使用仪器设备，进行测试、调整、分析、综合和设计实验方案，编写实验报告等能力。实验前，教师需编写实验指导书，并在课前发给学生预习。实验中教师要巡视，加强个别指导。结束后，认真评阅实验报告，作为成绩考核的主要依据。"

从上述解释中可以看出：（1）实验教学是以学生为主的一种实践性的教学活动；（2）实验教学中应有仪器设备构成的实验环境；（3）学生在此活动中要进行观察、测量和分析等工作，同时还要进行实验内容预习、仪器的测试和调整、实验方案的设计、实验报告的撰写等工作；（4）实验教学的目的是为了使学生获取知识和发展能力；（5）教师在整个活动中要指导学生预习实验内容、操作仪器设备、控制实验过程，还要评阅学生的实验报告并给出相应的成绩。

故传统的实验教学只是针对理科课程的，应该具有 3 个主要元素：（1）教师和学生共同参与；（2）由实验仪器设备构成实验教学环境；（3）教学内容是独立于课堂教学内容的，而教学形式是学生自行操作训练。实验教学必须是在由实验仪器设备构成的实验教学环境下进行的，这些实验仪器设备是实验教学必不可少的教具和学具，不具备实验仪器设备的教学活动不属于我们所说的实验教学范畴。实验教学内容完全独立于课堂教学内容，这点是说它绝对不是课堂教学讲授内容的重复，不是另一种表现形式的教师课堂讲授的内容。而它的教学形式则是以学生参与的动手实际操作为特点，动手动脑是学生在这种教学环境下的主要学习形式。

但是随着教育事业的发展，实验教学所涵盖的范围已经远大于过去人们对它的认识了，它不仅适用理科课程，同时还包含技术类课程（信息技术与通用技术），甚至在人文学科和艺术、体育类课程中都有相应的实验室与实验教学。如在外语类学科的教学中，已经大量使用各种专用语音实验室、翻译实验室；在旅游类学科的教学中，出现了导游实验室；在法律类学科的教学中，出现了模拟法庭类的实验室。这些实验室装备了专用的仪器设备，师生在这些实验室构成的实验教学环境下，进行特定实验内容的教学，并强调学生操作设备和亲自参与实验。因此，我们要改变过去在人文学科教学中忽视实验教学的观念，合理加强实验教学在人文学科教学中的比重，促进学生实践技能的提高。

（二）实验教学与教学实验

与实验教学容易混淆的另一个词是教学实验，教学实验是以教学行为与过程为研究对象的一种科学研究活动，属于实验教育学的范畴。教育学属于社会科学，是模仿自然科学研究问题的方法对教育中的各种现象进行研究，所以也使用了实验的方法。

教学实验多采用实证的研究方法对教学问题进行研究，人们将实验心理学的研究成果和研究方法运用于教育教学，研究学生的身心发展及教育问题。研究方法常采用对照组研究、控制变量，通过前测、中测、后测采集数据，经假设检验做数据的统计分析，最后得出研究结论。通过采用实验、统计和比较的方法，教育学的研究更加丰富和严密。

（三）实验教学的形式

一般具有五种形式：模拟实验、分组实验、演示实验、随堂实验、课外实验。其中模拟实验着重强调学生对实际事物的模拟练习，从而锻炼学生的实践能力和应用水平。演示实验主要是在授课课堂上由教师操作演示给学生看的实验，用来启发和引导学生对实验展示的现象进行观察和思考，从而达到预定的教学目标。随堂实验是在教室授课的同时，利用几分钟至一节课的时间，采取教师讲授指导、学生操作实验的一种教学形式。课外实验是学生有组织或自行进行的各种体验式的实验活动，包括各种社会实践活动。分组实验则是在学校内，特别是在教室、实验室环境下，在教师的组织下将学生分为若干人组成的实验小组进行的实验。在分组实验中，学生自由地或由教师指派形成协作小组，每组人员从二人到多人不等。实验时每人都具有自己的任务，分别负责实验中的一部分工作，例如：操作仪器、调整设备、记录数据，等等。分组原则有同质分组和异质分组两种，同质分组是将学习程度、能力水平、兴趣性格等特质相同的学生分配在同一个小组中，异质分组则是将特质不同的学生分配在同一个小组中。分组实验多采取异质分组方式，使学生在实验时能够在特质上形成互补，达到最好的协作效果。

二、实验教学功能

（一）以掌握知识为目的

实验教学的定位应由实验教学的功能来决定。传统上一般认为实验教学的功能主要表现在以下三个方面。

1. 巩固知识说。通过学生实验进一步掌握课堂教学中教师讲授的理论知识。对于知识的获取程度，通常认为"听一遍不如做一遍"，学生对相关实验的操作，使其能够更加牢固地掌握课堂知识。实验教学并不独立于课堂教学，许多情况是在一个知识点的教学后伴随有一个相关内容的实验，教师会用一定的课堂时间组织学生做这个实验。无论是达到教材安排的目的，还是实现教师教学设计的策略，都是为了使学生能够巩固刚刚学习过的课堂教学知识点。

2. 验证理论说。用具体实验验证相关理论公式表达的正确性。这是理科教学中经常使用的方法，也称为演绎法，即先将知识的研究结论展示给学生，然后让学生通过实验去验证这个结论的正确性。演绎验证理论知识对文科教学同样是有效的，只是文科的某些理论难以用实验去验证，这在实验设计上提出了很高的挑战。

3. 探究原理说。认为理论来源于实践，通过实验发现或归纳出理论。探究性实验教学是指采用科学探究的方法进行的实验教学活动。其特征是学习者在教师的指导下，通过相互协作，自行建立研究目标、自行设计实验过程、自行掌握和发现相应的原理与结论。其目的是使学生建立科学研究思想、掌握科学研究方法、提高科学研究能力。所以，相对于上述的验证性实验教学，依赖探究性实验的教学方法应该属于归纳法（从特殊到一般的方法）。探究性教学的概念早在上个世纪50年代就由美国教育家杜威提出，以后颁布的《美国国家科学教育标准》中对探究性学习进行了系统的界定和解释。

从上述分析可见，这三种实验教学功能基本上都是以学生掌握知识为目的的，可称其为知识本位的实验教学。

（二）以培养能力为目的

随着教育的发展，人们在实验教学传统功能的基础上提出了更高要求，即实验教学必须考虑学生能力培养的问题。我国发展规划对教育提出了"育人为本"和"德育为先、能力为重"的要求。"育人为本"要求我们的教育必须以培养人才为主要目的，"德育为先"要求培养的人才必须能够全心全意为祖国和人民服务，而"能力为重"其实是对学生除了应试能力以外的其他各方面能力的培养提出了更高要求。但是，在校教育在培养学生的应试能力方面具有丰富的经验，其他方面能力的培养则存在大量问题，如：多元能力都包括哪些能力？为什么需要这些方面的能力？怎样培养这些能力？……

从我国的学生现状和人才需求来看，最需要培养的能力应该是创新能力。但是我们必须清晰地认识到，创新能力是一种复合型能力，它是由许多简单型能力综合而成的。因而对学生创新能力的培养往往不是通过某一项活动就可以达成的。所以，对创新能力进行分解，并针对分解后的各个简单型能力设计相应的教学活动，这样才是一种科学的态度、科学的方法。

学生的知识获得与能力培养基本都是在学校教学活动中实现的。学校的教育教学活动主要有以下几种方式：（1）教师讲授为主要形式的课堂教学，这是以学生获取知识为主要目的的教学方式。（2）学生亲自参与活动为主的教学，这是以培养学生能力为主要目的的教学方式。如各种类型的实验课。（3）有组织的课余活动。如：实习、参观、社会实践等。于是，实验教学的概念要比以前宽泛得多，而实验教学的功能则从传统的知识本位定位开始转向能力本位定位，即以培养学生多元能力为主要教学目标。

（三）实验教学中涉及的能力

能力又分为复合型能力与简单型能力，为使通过实验教学提高学生的能力具有可操作性，与实验教学相关的能力必须是简单型能力。将复合型能力分解为简单型能力是十分重要的工作，而能力分解涉及能力分类问题。对于能力分类，不同的研究对象与目的，存在诸多完全不同的描述方法。一般在教育心理学范围内，将人的能力分为两个能力大类，即能力倾向和技能，并且认为能力倾向是人先天具有的，而技能则是后天培养的。在韩永昌主编的《心理学》一书中，作者将能力按照3种方式进行分类：（1）一般能力与特殊能力；（2）再造能力与创造能力；（3）认识能力、操作能力与社交能力。美国教育心理学家霍华德·加德纳提出了著名的多元智能理论，包括八个方面：语言智能、数学逻辑智能、空间智能、身体动觉智能、音乐智能、人际智能、自我认知智能、自然认知智能。所有这些分类都是希望将复杂的能力简单化，使其更容易描述，更容易测量，更容易控制。

学生创新能力的培养是教育教学改革的终极目标，但如前所述，创新能力属于复合型能力，只有将创新能力分解为简单型能力逐项培养，这个终极目标才可能达成。在实验教学中能够涉及的与创新能力相关的简单型能力可以分为11种，分别为：观察能力、分析能力、综合能力、逻辑思维能力、设计能力、知识迁移能力、方法创造能力、思想实验能力、动手能力、独立完成任务的能力、协作完成任务的能力。这11种能力还可以分为3个大类，分别为：认知能力类、创造能力类、操作与社交能力类。我们需要对每一种能力的意义、特点、关系等问题作出详细的分析，才能合理开展实验教学活动。

这里需要强调的是并非通过一门实验课程就能够解决所有的能力问题。而往往是一门课程相关的实验课仅仅针对一种能力，如：一些语言听力课关注学生的认知能力，一些化学实验课关注学生的分析能力，大部分生物课实验都关注学生的观察能力，信息技术课程实验关注学生的设计能力培养，而几乎所有课程的实验课都强调学生在动手能力方面的培养。另外，各种能力的提高又是与实践经验高度相关，所以设想通过一两个实验就能解决学生能力问题是非常不实际的。设计并组织好每一个实验课程，充分利用实验课程的教学环境，是学生各种能力得到提高的有力保障。

（四）要重视研究实验教学

对于教师来说，重新定位于能力培养的实验教学是一个新课题。人们已经十分熟悉了如何去做知识本位课堂教学的教学设计，但是对能力本位的实验教学的教学设计还非常生疏。另外，影响学生各种能力的主要因素都有哪些？为了提高学生某种能力我们需要控制哪些教学变量？对于学生能力是否提高我们应该如何评价？……一系列问题都是需要认真对待和仔细研究的。没有这些研究成果作保障，通过实验教学解决学生能力问题就只是空谈而已。

三、实验教学评价

实验教学问题是教育学问题，而教育学属于社会科学，对教育教学活动优劣的判断需要科学判断，科学判断应该是"价值无涉"的，它的意思是科学判断应该与人的价值取向无关。

（一）科学判断与评价

人们对事物的评价，由判断依据的主体区分可分为主观评价与客观评价，而由判断依据的强度区分可分为定性评价与定量评价，于是就存在4种不同的评价方式：主观定性评价、主观定量评价、客观定性评价和客观定量评价。其中，主观定性评价与主观定量评价属于价值判断，客观定性评价属于认知判断，客观定量评价则属于科学判断，科学判断的评价方式应该是"价值无涉"的。科学研究一般应避免使用属于价值判断的主观评价方式，因为这种评价方式受到评价者知识背景、阅历大小、经验多少、文化习俗、价值取向等主观条件的限制，甚至评价者评价时的社会关系、身体状况与心理情绪等都会成为重要的影响因素。

（二）对实验教学的评价

实验教学问题属于教育学范畴，是社会科学，所以应该使用科学判断来进行客观定量的评价。主要存在着两方面内容：第一是对实验教学实施情况的评价，评价的对象为授课教师；第二是对通过实验教学后学生能力提高程度的评价，评价的对象是学生。但是，学生能力提高是一个长期的效果，而对教师的评价是对一节实验课或一门实验课的评价，是对一个短期的情况进行判断，所以对实验教学实施情况的评价还是非常必要的，它也是使最终的实验教学目标得以达成的有力保障。

对实验教学实施的评价需要有一系列的变量，并具有一个规定的指标；对学生能力提高的评价，同样有一系列的变量和规定的指标。这些变量中要有输入变量和输出变量，实验教学研究就是要寻找、发现这些变量，并以此制定评价模型或指标体系，通过测量，得出指标值，看是否达到规定的指标，从而判断出实验教学的教学效果。

（三）评价指标的建立

建立一个评价指标体系也是对实验教学效果进行科学评价的方法，并且最终可以得到一个量化的指标，能够客观地反映实验教学的情况。建立过程可参考下列流程。

a. 选择测量变量常使用 Delphi 法：聘请一批业内专家和有经验的教师，总人数应在 15 人左右。请每一位专家和教师背对背独立地写出自己认为测量中应该选中的变量名。公布所有的变量系列方案，让专家和教师分别对自己提出的方案进行讲解和理由阐述。注意此时应采取头脑风暴的原则，即只说明自己的道理，不评论、不否定别人的观点。听完别人的讲解阐述后，对自己提出的变量系列方案进行修改，经过几轮反复，使专家和教师的意见逐渐趋同。一个被认为是有效的测量变量系列就确定下来了。

b. 确定变量维度。对上述确定下来的变量系列进行分类，以确定变量的维度，分类时应掌握正交性与完备性的原则。一般可以将变量分为 3 个维度：教师教学行为维度、学生学习行为维度和实验器材情况维度。再将确定的变量分别分配到各个相应的维度中去。

c. 变量维度加权。科学严谨的加权方法应该使用层次分析法，也可以简化而延续应用上述的 Delphi 法，让专家和教师根据各个变量和维度在实验教学中的重要程度，为它们加权赋值。加权时一般采用百分制，各个变量的加权值之和以及各个维度的加权值之和应该是 100 分。

d. 建立指标体系。一个建立好的实验教学评价指标体系参考案例如表 3-1 所示。表中给出的项目与数值仅是一些参考值，在这里只是提供了一种评价指标体系格式，真正的指标体系需要经过认真的研究后才能正式建立。

表 3-1　实验教学评价指标体系

一级指标	权值	二级指标	权值	描述	成绩	备注
教师教学行为	50	实验教学设计合理性	5	教学设计是否完整，目标制定是否考虑		
		课堂时间分配合理性	8	讲授与学生操作时间分配是否科学		
		实验讲授情况	2	讲授内容是否全面、到位		
		实验教学策略实施情况	10	采用了几种教学策略		
		学生分组合理性	12	是否根据具体情况进行学生分组		
		学生实验指导情况	5	指导学生组数		
		对学生相关能力关注度	8	是否设计了具体能力目标		

续表

一级指标	权值	二级指标	权值	描述	成绩	备注
学生学习行为	40	实验预习情况	4	学生预习实验是否进行逻辑思维		
		学生协作情况	10	小组协作分配与实施情况		
		学生动手操作率	12	操作学生占全体学生比例		
		学生实验完成率	8	完成实验组数占全部组数比例		
		实验报告完成情况	6	全部完成实验报告，并有创新建议		
实验器材情况	10	实验器材匹配情况	4	实验器材与实验内容的一致性、扩展性		
		实验设备完好率	2	完好设备占全部设备比例		
		试验设备使用率	3	使用设备占全部设备比例		
		实验环境条件达标率	1	实验室面积、照明、通风等条件达标否		

参考文献

（1）National Research Council, *The National Science Education Standards*, Washington DC: National Academy Press, 1996.

（2）新华社：《中华人民共和国国民经济和社会发展第十二个五年规划纲要》，http://www.gov.cn/2011lh/content_ 1825838.htm。

（3）韩永昌：《心理学》，华东师范大学出版社1993年版。

（4）［德］马克斯·韦伯著：《社会科学方法论》，韩水法等译，中央编译出版社 1999 年版。

（5）艾伦：《用层次分析法研究中小学实验室的评估指标体系》，载《中国教育技术装备》，2008 年第 8 期。

第二届世界大学生运动会美式橄榄球比赛数据分析
——以中国、日本、美国队作为研究对象

王 骁

（北京第二外国语学院体育部，北京 100024）

摘 要：2016 年 5 月在墨西哥蒙特雷市举办的第二届世界大学生运动会美式橄榄球比赛中，中国队分别与美国、日本、墨西哥、危地马拉进行了 4 场比赛。这是北京第二外国语学院的学生第二次入选国家队，参加世界大学生比赛，虽然这次比赛比第一届有了历史性的突破，获胜一场，但是依然暴露了中国队很多的问题。为了找出差距，解决问题，本文将中国和日本队这两支亚洲球队与美国队的比赛进行数据统计分析，本研究为中国大学生在美式橄榄球训练中的技术侧重点提供合理化建议和理论依据，为该项目在我国的发展提供参考。

关键词：大学生；美式橄榄球

一、前言

美式橄榄球项目在我国起步较晚，大部分人对这项运动的了解程度不高，上世纪 90 年代开始，美式橄榄球进入中国，当时只有极少人参与和关注，在近 10 年的时间里，随着我国经济的发展、国际间的交流，逐渐涌现出一批喜欢并且参与美式橄榄球运动的年轻人。无论是社会团体的俱乐部，还是高校大学生代表队都在增加和飞速发展。

随着美式橄榄球运动在全球的发展，在 2014 年世界大学生运动会中，

第一次将该项目列入大运会锦标赛。当年北二外有 15 名学生入选中国大学生代表队,第一次走出国门,参加了第一届世界级的比赛,但是由于实力悬殊,排名最后。

2016 年中国队再次组团参加第二届大运会美式橄榄球比赛,获胜 1 场,虽然取得了很大的突破,但是在比赛中依然暴露了大量的问题,因此我们要不断地进行研究,提高综合实力,总结出适合中国队的打法和战术。

二、研究对象和方法

(一) 研究对象

中国队、日本队、美国队。

美国队是美式橄榄球的发源地,又是美洲强队,日本开展橄榄球项目起步很早,橄榄球历史也有 80 年之久,是目前亚洲最强队。因此选择这 3 个国家进行对比具有较强的参考意义。

(二) 研究方法

文献资料法:观看比赛录像,对比相关数据资料。

数理统计法:对数据进行分析统计,总结出中国队存在的问题。

三、研究结果与分析

(一) 三支球队比赛总得分情况分析

表 3-1、表 3-2、表 3-3 是这三场比赛之间的胜负情况、每节得分、

总得分情况。

表3-1 中国对日本的比赛得分统计

球队	第1节	第2节	第3节	第4节	总得分
中国	0	0	0	0	0
日本	35	16	13	8	72

表3-2 中国对美国的比赛得分统计

球队	第1节	第2节	第3节	第4节	总得分
中国	0	0	0	0	0
美国	21	13	14	7	55

表3-3 日本对美国的比赛得分统计

球队	第1节	第2节	第3节	第4节	总得分
日本	0	7	0	7	14
美国	7	6	0	9	22

从表3-1、表3-2、表3-3中可以看出：

1. 美国队胜2场，日本队胜1场，中国队胜0场。结果反映出当前的球队水平。

2. 中国与日本的比分更悬殊，日本队主要得分在第1节。

3. 日本、美国的水平相对接近，因此比分差距不大。

（二）三支球队比赛中的基本数据分析

表3-4、表3-5、表3-6是三支球队的传球、跑球、失误情况的基本数据。

表3-4　中国对日本的基本数据统计

球队	跑球	传球	总数	第1档冲球获首攻	第1档传球获首攻	被抄截	丢球
中国	-31码	16码	-15码	0次	1次	1次	2次
日本	146码	113码	259码	4次	2次	0次	0次

表3-5　中国对美国的基本数据统计

球队	跑球	传球	总数	第1档冲球获首攻	第1档传球获首攻	被抄截	丢球
中国	-28码	3码	-25码	0次	0次	0次	2次
美国	141码	80码	221码	2次	2次	0次	0次

表3-6　日本对美国的基本数据统计

球队	跑球	传球	总数	第1档冲球获首攻	第1档传球获首攻	被抄截	丢球
日本	167码	59码	226码	10次	3次	0次	1次
美国	166码	109码	275码	8次	3次	1次	1次

从表3-4、表3-5、表3-6可以看出：

1. 中国队对战美国队和日本队的比赛时的进攻没有构成任何威胁，无论传球进攻还是跑球进攻所获得的码数悬殊，与日本队比赛相差的码数有275码，与美国相差246码。

2. 日本队与美国队的数据相差并不大，两队进攻所获得的总码数差只有49码。

3. 中国队在第1档获得首攻为0次，日本队有6次，美国队有4次，日本与美国队比赛时，日本队有13次，美国队有11次。数据再一次说明中国队进攻较弱，失误率较高。

4. 中国队的两场比赛都各出现了 2 次丢球，对手没有丢球，说明中国队的技术不够扎实，还需要加强基本功训练。

（三）三支球队的开球回攻和弃踢回攻数据分析

表 3-7、表 3-8、表 3-9 是三支球队特勤组球员的数据统计，包含开球回攻、弃踢。

表 3-7　中国队与日本队的开球回攻和弃踢回攻数据统计

球队	开球回攻的次数	开球回攻获得的码数	平均值	弃踢的次数	弃踢回攻获得的码数	平均值
中国	8 次	71 码	8.8 码	7 次	0 码	0 码
日本	1 次	14 码	14 码	0 次	124 码	17.7 码

表 3-8　中国队与美国队的开球回攻和弃踢回攻数据

球队	开球回攻的次数	开球回攻获得的码数	平均值	弃踢的次数	弃踢回攻获得的码数	平均值
中国	6 次	18 码	3 码	5 次	0 码	0 码
美国	1 次	82 码	82 码	0 次	63 码	12.6 码

表 3-9　日本队与美国队的开球回攻和弃踢回攻数据

球队	开球回攻的次数	开球回攻获得的码数	平均值	弃踢的次数	弃踢回攻获得的码数	平均值
日本	4 次	77 码	19.2 码	4 次	77 码	19.2 码
美国	2 次	60 码	30 码	4 次	95 码	24 码

从表 3-7、表 3-8、表 3-9 可以看出：

1. 美式橄榄球比赛时，得分方是下一次进攻的开球方，未得分方是开球回攻方，因此开球回攻的次数越多，代表对方的得分越多。数据显示中国与日本、美国的比赛中，开球回攻次数较多，与比分相符。

2. 从开球回攻的码数平均数据可以看出三队之间的巨大差距,中国队与日本队的开球回攻平均值相差 6.8 码,与美国相差了 79 码。说明中国队在开球回攻过程中为回攻手掩护存在巨大战术漏洞,回攻手无法推进。

3. 当第 4 档没有把握向前推进获得首攻的时候,进攻方会选择弃踢,因此弃踢越少,球队的进攻能力越强。从数据中可以看出,中日、中美的比赛对手没有弃踢。而日美的比赛双方在特勤组的实力比较接近。

(四) 三支球队的四分卫传球数据

表 3-10 中国队与日本队四分卫传球数据

球队	传球总数	传球成功	获得码数	四分卫达阵次数	被抄截	被擒杀
中国	14 次	3 次	16 码	0 次	1 次	0 次
日本	9 次	8 次	113 码	4 次	0 次	0 次

表 3-11 中国队与美国队四分卫传球数据

球队	传球总数	传球成功	获得码数	四分卫达阵次数	被抄截	被擒杀
中国	10 次	1 次	3 码	0 次	0 次	1 次
美国	4 次	4 次	80 码	1 次	0 次	0 次

表 3-12 日本队与美国队四分卫传球对数据

球队	传球总数	传球成功	获得码数	四分卫达阵次数	被抄截	被擒杀
日本	21 次	8 次	59 码	0 次	0 次	1 次
美国	19 次	10 次	109 码	1 次	0 次	0 次

从表 3-10、表 3-11、表 3-12 可以看出:

1. 中国与日本、美国的比赛中传球次数是最多的,但是成功率和获得的码数是最少的。传球成功率只有 16.6%。每次传球推进的距离只有

0.75 码。

2. 中国队进攻战术单一，过多的选择传球是由于对方的防守线和本方的进攻线无论从身高体重还是技术实力悬殊。

3. 四分卫是球队的灵魂人物，是指挥官，是非常重要的位置。美国和日本的四分卫替补较多，中国只有 2 名，主力四分卫受伤后没有人能替换。因此中国队要加强四分卫的选拔和训练。

（五）三支球队的外接手接球数据分析

外接手接球的成功率和推进在进攻比赛中非常重要，直接关系到获得首攻或者达阵得分。

表 3-13　中国队与日本队接球数据

球队	接球	获得码数	达阵	丢球
中国	3 次	16 码	0 次	0 次
日本	8 次	123 码	2 次	0 次

表 3-14　中国队与美国队接球数据

球队	接球	获得码数	达阵	丢球
中国	1 次	3 码	0 次	0 次
美国	5 次	84 码	3 次	0 次

表 3-15　日本队与美国队接球数据

球队	接球	获得码数	达阵	丢球
日本	6 次	43 码	1 次	0 次
美国	12 次	124 码	1 次	0 次

从表 3-13、表 3-14、表 3-15 可以看出：

1. 中国队由于受到对手的限制，成功接球次数很低，推进距离很短，说明四分卫与外接手之间配合不熟练，外接手失误率较高，基础不扎实。

2. 日本队与美国队的比赛中，美国队更擅长传接球战术，外接手接到球后可以突破日本队的防守并推进很长的距离。日本队的外接手平均推进码数是7.1码。美国队的外接手平均推进码数是10.3码。相当于美国队靠传球每次进攻都可以获得首攻，所以美国在对战日本时多次使用传球战术。

（六）三支球队的跑球数据分析

跑球时需要进攻组的集体配合为跑卫开路和跑卫较强的个人突破能力。

表3-16　中国队与日本队跑球数据

球队	跑球	获得码数	达阵	丢球
中国	3次	4码	0次	0次
日本	12次	146码	5次	0次

表3-17　中国队与美国队跑球数据

球队	跑球	获得码数	达阵	丢球
中国	0次	0次	0次	0次
美国	12次	137码	5次	0次

表3-18　日本队与美国队跑球数据

球队	跑球	获得码数	达阵	丢球
日本	35次	196码	2次	0次
美国	27次	166码	1次	1次

从表3-16、表3-17、表3-18可以看出：

1. 中国队的进攻线实力较弱，与跑卫之间配合不熟练，战术无法执行。与日本队比赛时只用了3次，平均每次跑球推进的距离只有1.3码，与美国队比赛时没有使用跑卫跑球战术。

2. 日本队与美国队比赛时，面对美国队的严密防守，日本队选择了更保险、失误率较高的跑球战术，共跑球 35 次，推进 196 码。平均每次跑球推进 5.6 码。美国队更擅长传球，因此跑球战术比日本队少 8 次，共推进 166 码，平均每次跑球推进 6.1 码。

3. 相对外接手的人数和技术，中国队的跑卫人数明显不足，需要大力加强培养。

（七）三支球队的防守数据分析

擒抱、擒杀四分卫、抄截传球，抢夺球权是一个球队防守组能力的具体表现，如果比赛时一支球队的进攻组表现不佳的时候，防守组会给本队的进攻组创造更多的机会。

表 3-19　中国队与日本队防守数据

球队	擒抱	擒杀	抄截	抢夺球权
中国	13 次	0 次	0 次	0 次
日本	17 次	0 次	1 次	2 次

表 3-20　中国队与美国队防守数据

球队	擒抱	擒杀	抄截	抢夺球权
中国	10 次	0 次	0 次	0 次
美国	12 次	0 次	0 次	2 次

表 3-21　日本队与美国队防守数据

球队	擒抱	擒杀	抄截	抢夺球权
日本	38 次	0 次	1 次	1 次
美国	45 次	2 次	0 次	0 次

从表 3-19、表 3-20、表 3-21 可以看出：

1. 中国队与日本队、美国队的比赛中，双方防守队员擒抱的次数差距并不大，但是中国队的失误率较高，得球的机会较少，所以日本、美国的擒抱次数也不多，因此这个数据并不代表中国队的防守水平与日本、美国接近。

2. 美国队擒杀日本队 2 次，说明美国队的防守线和线卫配合熟练，速度较快，日本队的进攻线球员体型和战术配合都需要加强。

3. 日本队分别抄截和抢夺球权各 1 次，说明日本队的防守球员训练系统，速度突出。

四、结论与建议

（一）结论

1. 美式橄榄球在中国起步较晚，确实与世界水平存在很大差距。日本队由于起步较早，有政府和学校的大力支持，所以是目前的亚洲最强队。

2. 中国大学生队的进攻组、防守组、特勤组的基础薄弱，配合不默契，训练不够系统。

3. 四分卫、跑卫、锋线等位置的人数不够，比赛时替换较困难。

（二）建议

1. 目前中国在此项目发展慢的主要原因之一是我国的教练员和裁判员、管理者的匮乏，所以要尽快培养中国的教练员和裁判员体系，多学习国外的先进技术和经验，多进行国际交流、比赛。

2. 加强中国队员的身体素质和意志品质的训练，缩小在力量、速度、敏捷、对抗等方面与其他国家球员的差距。

3. 多学习日本、韩国等亚洲强队，探索中国人的运动特点。

4. 近些年，美式橄榄球已经进入我国部分学校和社会俱乐部，产生了不小的影响力，继续向小学、中学、大学引入相关课程或训练，美式橄榄球要从青少年阶段开始培养。

参考文献

（1）2016年世界大学生运动会美式橄榄球比赛组委会官方网站的录像视频和数据资料，http：//ifaf.org/。

（2）莫争春：《美式橄榄球入门宝典》，人民体育出版社2008年版。

（3）陈蔚云：《美国大学体育赛事赏析》，人民体育出版社2009年版。

（4）王骁：《腰旗橄榄球》，北京师范大学出版社2017年版。

通识教育教学质量评价体系及指标构建

刘亚兰[1]　薛　超[1]　王洪见[2]
（1. 北京第二外国语学院，北京 100024；
2. 北京财贸职业学院，北京 101101）

摘　要： 通识教育的真正目的在于形成融会贯通的知识，打通专业教育与非专业教育之间的桥梁。对于通识教育教学质量的评价，大部分高校仍无法与传统课程区分。通过对我国高校通识教育的一般构成进行分析，从通识课程设计评价、通识课程实施评价、通识课程结果评价三方面构建通识教育教学质量评价体系。

关键词： 通识教育；教学质量评价；通识教育评价指标

自 20 世纪 90 年代以来，通识教育在我国各大高校越来越受到重视。作为和专业教育相互补充、相互融合的教育形式，我国的通识教育在近些年得到了一定的发展。刘延东副总理在推进职业教育现代化座谈会上提出，新一轮科技革命和产业革命蔚然成势，专业对口概念逐步淡化，通用能力和综合能力备受关注。然而，由于一系列现实原因，我国高校对通识教育教学质量的评价并不完全有效。

一、构建通识教育教学质量评价体系的重要意义

从古至今，中外对于"通识教育"的追求从未中断，对于通识教育的定义亦可谓仁者见仁智者见智。总结起来，广义上的通识教育既包括专业教育，亦包括非专业教育；狭义上的通识教育则只包括非专业教育。

由于一系列现实原因，我国大部分学校的通识教育停留在狭义通识教育的范畴，甚至出现了将"通识教育"等价于"通识选修课"的问题。在通识教育教学质量评价上，由于缺乏科学统筹与规划，许多学校往往未建立专门的通识教育教学质量评价体系，在评价时照搬非通识课程的评价方法，致使通识课程的特色得不到彰显，教学中即使出现问题也无法得到及时纠正。

通识教育的真正目的在于形成融会贯通的知识，打通专业教育与非专业教育之间的桥梁，使学生真正获得学习知识、提高技能的能力。通识教育体系在本科教育中扮演着十分重要的角色，建立通识教育教学质量评价体系、进行有效的教学质量评价是检验通识教育实施效果的重要途径。它能更精确直观地展现教师队伍现状和教学工作实效，可以根据培养高质量人才的要求，进行有计划的师资队伍建设和教学工作改革。

二、我国高校通识教育的一般构成

我国各高校对通识教育的探索已有时日，在全国不同高校中存在着不同形式和不同程度的通识教育。综合起来，我国通识教育一般由如下几部分构成：

（一）通识教育培养目标

清晰、明确的培养目标是理清通识教育发展方向的关键所在。我国各大高校因对自身的定位不同，在通识教育培养目标的界定上也存在着不小的差异。

北京大学的通识教育目标是使学生在最基本的知识领域掌握认识和改造世界的各种思路和方法，培养学生的品格以及他们批判性地思考，创造性地解决问题、合作、沟通、自我学习等能力；清华大学通识教育的最低目标是培养宽口径专业人才，最高目标是培养学生的文化自觉；中山大学"博雅"通识教育培养目标是培养能够从事高深学术研究的人文艺术和社会科学人才，注重学生养成爱思考的学习习惯，目标是要造就新一代的大学问家和大思想家；复旦大学通识教育注重培养学生对人类文明丰富性和多样性理解的能力、对现代性社会基础性框架认识的能力、对中国文化与智慧有深刻体认、对科学方法论和批判性思维把握的能力。

（二）通识课程体系

通观全国高校通识课程的开设情况，通识课程开设的领域大致可以分为四部分：人文、社科、理科和工科，由于学校性质的不同，高校间的通识课程体系存在着一定的差别。

复旦大学的通识课程体系包含七个部分：文史经典与文化传承、哲学智慧与批判性思维、文明对话与世界视野、社会研究与当代中国、科学探索与技术创新、生态环境与生命关怀、艺术创作与审美体验。

上海交通大学的通识课程体系包含四个部分：人文学科课程（涵盖文学、历史学、哲学和艺术学等学科领域）、社会学科课程（涵盖政治、经济、法学、管理学等学科领域）、自然科学与工程技术课程（涵盖物理、化学、生物等自然科学学科和众多的工程技术领域）、数学或逻辑学课程。

中山大学从2009学年开始推行新设计的"通识教育共同核心课程"方案，将共同核心课程分为四大类：中国文明，全球视野，科技、经济、社会，人文基础与经典阅读。

浙江大学自2008年起创建本科生院。新生均按照大类招生，入学时不分专业，按照专业相关性学习大类平台课程。理科大类平台课程包括生化模块课程、数理模块课程；工科大类平台课程包括数学模块课程、电类模块课程、力学模块课程、生化模块课程；文科大类平台包括经管模块课程、人文模块课程、法学模块课程和数学模块课程。

清华大学于2014年成立新雅学院，旨在探索通识课程与养成教育协同的综合改革，更加注重人文社科领域相关素养的培养。以"文明与价值"为主线，以文学、历史、哲学、艺术和科学为基础，推及政治、经济、社会和传播。

综合来看，我国大学通识教育课程主要包括基础技能类、文学艺术类、哲学与社会科学类、历史文化类、自然科学类以及道德伦理与价值导向类六个领域。

三、通识教育教学质量评价体系指标构建

通识教育课程作为通识教育体系的构成要素，在很大程度上承载着人文与科学相融合的精神。对通识教育教学质量的评价，实质是对人文与科学相融合的精神的价值判断，而评价的最终目的是更好地促进人的全面发展。

通识教育课程与传统课程的评价框架是基本一致的，包括课程设计评价、课程实施评价、课程结果评价，但由于课程性质的不同，在评价时具体的细则有较大的不同。

（一）通识课程设计评价

由于通识课程的特殊性，包含基础技能类、文学艺术类、哲学与社会科学类、历史文化类、自然科学类以及道德伦理与价值导向类六个领域，各个学科领域的组成情况和比例关系的考量就显得尤为重要。同时，通识教育课程需要体现人文与科学精神及其体现方式，在考察课程设计时也是一个重要的衡量指标。综合起来，对于通识课程设计的评价，可以从表3-1中得到体现。

表3-1 通识课程设计评价指标

	课程领域	课程目标
优秀	（1）通识课程领域的划分十分注意人才的和谐发展 （2）6个通识领域的课程分布合理、恰当 （3）6个通识领域的学分要求恰当，符合学校通识教育的目标和特色	（1）通识课程目标与学校总的培养目标一致 （2）通识课程目标完全体现通识教育哲学、价值追求 （3）目标符合学校的类型和定位 （4）目标具有系统性、层次性、科学性、具体性、发展性和动态性等特点 （5）目标之间不矛盾、不冲突，彼此相容 （6）目标的表述清晰准确 （7）充分考虑了教育活动对实现目标的现实可行性 （8）目标将学校的通识课程体系、社会需要和学生发展三者结合起来 （9）目标体现了人文科学精神 （10）目标体现了对每一位学生"通识"增长的关注
良好	（1）通识课程领域的划分注意人才的和谐发展 （2）6个通识领域的课程分布较为合理、恰当 （3）6个通识领域的学分要求较为恰当，较为符合学校通识教育的目标和特色	（1）通识课程目标与学校总的培养目标较为一致 （2）通识课程目标体现了通识教育哲学、价值追求 （3）目标较符合学校的类型和定位 （4）目标具有系统性、层次性、科学性、具体性、发展性和动态性等特点 （5）目标之间不矛盾、不冲突，彼此相容 （6）目标的表述较为清晰准确 （7）考虑了教育活动对实现目标的现实可行性 （8）目标将学校的通识课程体系、社会需要和学生发展三者结合起来 （9）目标体现了人文科学精神 （10）目标体现了对每一位学生"通识"增长的关注

续表

	课程领域	课程目标
合格	(1) 通识课程领域的划分基本注意人才的和谐发展 (2) 6个通识领域的课程分布基本合理、恰当 (3) 6个通识领域的学分要求基本恰当，基本符合学校通识教育的目标和特色	(1) 通识课程目标与学校总的培养目标基本一致 (2) 通识课程目标基本体现通识教育哲学、价值追求 (3) 目标基本符合学校的类型和定位 (4) 目标基本具有系统性、层次性、科学性、具体性、发展性和动态性等特点 (5) 目标之间不矛盾、不冲突，彼此相容 (6) 目标的表述基本清晰准确 (7) 基本考虑了教育活动对实现目标的现实可行性 (8) 目标基本将学校的通识课程体系、社会需要和学生发展三者结合起来 (9) 目标基本体现了人文科学精神 (10) 目标基本体现了对每一位学生"通识"增长的关注
不合格	(1) 通识课程领域的划分不注意人才的和谐发展 (2) 6个通识领域的课程分布不合理、不恰当 (3) 6个通识领域的学分要求不恰当，不符合学校通识教育的目标和特色	(1) 通识课程目标与学校总的培养目标不一致 (2) 通识课程目标不体现通识教育哲学、价值追求 (3) 目标不符合学校的类型和定位 (4) 目标不具有系统性、层次性、科学性、具体性、发展性和动态性等特点 (5) 目标之间矛盾、冲突，彼此不相容 (6) 目标的表述不清晰准确 (7) 没有考虑教育活动对实现目标的现实可行性 (8) 目标没有将学校的通识课程体系、社会需要和学生发展三者结合起来 (9) 目标未体现人文科学精神 (10) 目标未体现对每一位学生"通识"增长的关注

（二）通识课程实施评价

广义上通识课程包含三个方面：一是通过课堂教学来达成通识教育目标的正式通识课程，二是通过广泛开展各类校园文化活动及社会实践活动来达成通识教育目标的非正式通识课程,三是通过建设优美校园环境、营造多元校园文化及传承校园传统、保持良好校风校训等来完成一定通识教育目的的潜在通识课程。

与传统课程一样,通识课程的每一个方面,都应该最大限度地"为了参与其中的学生利益,为了学生将进入的那个更大社会的最终利益,带来它们在真实世界的应用"。因此,课程实施过程是否能保证这一目标的实现就显得至关重要。

表3-2 通识课程实施评价指标

	课程的组织	通识能力的过程培养
优秀	(1)开发了适合课程特点的通识教材,推荐的阅读书目质量高 (2)教师重视通识课程的教学,备课充分,上课积极热情,精神饱满 (3)教学内容紧扣教学目标,内容的广度和深度适合学生的实际水平 (4)围绕教学目标,灵活地采用讲授、讨论、案例分析等多样的教学方法,积极有效地采用教学辅助手段 (5)通识课程班级上课人数合理,师生互动充分 (6)学校有正式通识课程、非正式通识课程、潜在通识课程三种完备的通识课程形式	(1)学生全程参与教学过程,在课上和课后能及时消化所学内容,能够自觉将通识教育与专业教育的所学内容衔接 (2)在教学过程中,注重循序渐进训练学生的模仿力、适应力、创造力、反思力 (3)在教学过程中,注重培养学生的通识学习习惯,训练学生以开放、包容、融合的视阈多角度、多方位看待世界

续表

	课程的组织	通识能力的过程培养
良好	（1）开发了通识教材，推荐的阅读书目质量较高 （2）教师较重视通识课程的教学，备课较充分，上课积极热情，精神饱满 （3）教学内容较紧扣教学目标，内容的广度和深度较适合学生的实际水平 （4）围绕教学目标，较为灵活地采用讲授、讨论、案例分析等多样的教学方法，积极有效地采用教学辅助手段 （5）通识课程班级上课人数较为合理，师生互动较为充分 （6）学校有正式通识课程、非正式通识课程、潜在通识课程中的任意两种通识课程形式	（1）学生能参与教学过程，在课上和课后能及时消化所学内容，在教师的指导和帮助下，能够将通识教育与专业教育的所学内容衔接 （2）在教学过程中，有训练学生的模仿力、适应力、创造力、反思力的教学行为 （3）在教学过程中，能够培养学生的通识学习习惯，训练学生以开放、包容、融合的视阈多角度、多方位看待世界
合格	（1）开发了通识教材，推荐的阅读书目质量一般 （2）教师能参与到通识课程的教学中，备课基本符合通识课程标准 （3）教学内容基本紧扣教学目标，内容的广度和深度基本适合学生的实际水平 （4）能够围绕教学目标，采用一至两种教学方法，采用基本的教学辅助手段 （5）通识课程班级上课人数基本达标，师生有互动 （6）学校有正式通识课程	（1）学生可以参与教学过程，在课上和课后基本可以消化所学内容，但将通识教育与专业教育的所学内容衔接的能力没有完全形成 （2）在教学过程中，有训练学生的模仿力、适应力、创造力、反思力的行为，但执行力度一般 （3）在教学过程中，基本注重培养学生的通识学习习惯，训练学生以开放、包容、融合的视阈多角度、多方位看待世界

续表

	课程的组织	通识能力的过程培养
不合格	（1）未开发适合课程特点的通识教材，无推荐的阅读书目 （2）教师不重视通识课程的教学，备课不充分 （3）教学内容不紧扣教学目标，内容的广度和深度不适合学生的实际水平 （4）不能围绕教学目标，灵活地采用讲授、讨论、案例分析等多样的教学方法，积极有效地采用教学辅助手段 （5）通识课程班级上课人数不合理，师生基本无互动 （6）学校的通识课程形式十分不完备	（1）学生无法全程参与教学过程，在课上和课后不能及时消化所学内容，不能够自觉将通识教育与专业教育的所学内容衔接自如 （2）在教学过程中，不注重训练学生的模仿力、适应力、创造力、反思力 （3）在教学过程中，不注重培养学生的通识学习习惯，没有训练学生以开放、包容、融合的视阈多角度、多方位看待世界的教学倾向

（三）通识课程结果评价

与传统课程一样，通识课程在实施到一定阶段后，衡量其是否达到了预期效果，或者是否出现了一些在传统课程中尚未出现的新问题，以及在今后的通识教育过程中如何解决这些新问题，并将之转化为下一次相关评价的依据等，都需要通过对通识教育课程的结果进行评价来实现。

对于通识课程的结果进行评价，需要协调全校的不同部门和机构（包括但不限于教务处、院系、学术委员会）和相关人员（包括但不限于老师、学生、教学督导、教学管理人员、同行、家长等）来收集、整理通识课程的相关信息，综合各方数据来对通识课程结果进行分析和评价。

以通识教育的培养目标来说，在很大程度上思辨、批判能力、创新能力，公民意识和社会责任感，素质全面发展和个性自由成长等恰恰是国内高水平大学通识课程所期望培养的能力与品质。

表3-3 通识课程结果评价指标

	课程考核方式	学生兴趣、素养形成
优秀	（1）从学生的学习态度、学习习惯、情感态度、价值观、独立思考与批判能力、创新意识等评价学生 （2）注重表现性评价，使用建构反映题、学习报告、作文、演说、操作、实验、资料收集、作品展示等对学生进行考核	（1）课程教学预期效果的达成度高，课堂气氛活跃，学生学习兴趣高涨 （2）知识目标达成度高，掌握了人文学科、社会学科、科学技术领域的基本知识和思维方法 （3）能力目标达成度高，培养了融会贯通能力、有效沟通能力、价值辨别能力、批判思维能力 （4）素质目标达成度高，培养了社会责任感、健全了人格
良好	（1）能从4个以上方面综合评价学生，但体系尚不完备 （2）体现了表现性评价，使用建构反映题、学习报告、作文、演说、操作、实验、资料收集、作品展示等对学生进行考核	（1）课程教学预期效果的达成度较高，课堂气氛较活跃，学生学习兴趣较高涨 （2）知识目标达成度较高，能掌握人文学科、社会学科、科学技术领域的基本知识和思维方法 （3）能力目标达成度较高，培养了融会贯通能力、有效沟通能力、价值辨别能力、批判思维能力 （4）素质目标达成度较高，培养了社会责任感、健全了人格
合格	（1）能从3个不同方面的指标综合评价学生，但体系尚不完备 （2）在考核过程中有表现性评价，但主体还是形成性评价	（1）课程教学预期效果的达成度一般，课堂气氛与学生学习兴趣一般 （2）知识目标达成度、能力目标达成度、素质目标达成度一般，学生素养的培养有所涉及
不合格	实行单一评价	（1）课程教学预期效果的达成度低，学生无学习兴趣 （2）知识目标达成度、能力目标达成度、素质目标达成度低，学生素养无法得到有效提升

通识教育教学质量评价涵盖了从设计到实施到结果考核的一系列动态过程，从来不是一蹴而就的，通识教育教学质量评价体系的构建也会随着实践的不断深入而日趋丰富和完善，真正实现以评促教，实现通识教育更好更全面的繁荣与发展。

参考文献

（1）张世贤：《学生评价价值判断基本范式选择研究》，载《河北师范大学学报》，2008年第10期。

（2）Dr. George J. Posner：《课程分析》（第三版），仇光鹏、韩苗苗、张现容译，华东师范大学出版社2007年版。

（3）麦可斯研究，2016年第5期。

（4）童杰、张晓鹏：《国内高水平大学通识教育实践现状扫描》，载《新课程研究》，2012年第6期。

（5）吴文君：《高校学生评价的问题与对策研究——以台州学院为例》，浙江师范大学硕士学位论文，2010年。

第三部分

"双一流"建设背景下
学科建设的理论基础研究

裴怀涛

（国家行政学院2016级博士；
北京第二外国语学院教务处，北京100024）

摘　要：一流大学和一流学科是当今的教育政策热点，也是实现高等教育内涵式发展的关键所在。学科作为一种知识学术分类和制度性安排，是一流大学的生成基础，更是龙头建设工程，备受关注。基于此，本文从学科发展理论及学科建设、学科文化理论及其对学科建设的影响、学科建设的相关社会学理论和学科建设的创新人才培养理论及对学科建设的影响等四方面探究学科理论基础，为一流大学建设一流学科提供必备的理论和实践指导。

关键词：双一流；学科建设；理论基础

任何实践的活动都有相应的理论作为基础，来引导实践活动的正确发展，同时，实践也是检验理论是否正确的唯一标准，"双一流"建设工作也不例外。学科作为一种知识学术分类和制度性安排，是一流大学的生成基础，更是龙头建设工程，备受关注。基于此，本文试图建立学科建设的相关理论，为一流学科建设和发展做好理论铺垫。

一、学科发展理论及与学科建设

(一) 学科发展的含义

马克思主义唯物辩证法的发展观告诉我们,发展的实质是新事物的产生,旧事物的灭亡。发展的形式有直线式发展、螺旋式发展等。发展的前途是光明的,道路是曲折的,即前进性和曲折性的辩证统一。同时我们应坚持与时俱进的思想观念,促进学科建设的发展。

所谓学科发展,就是指"科学共同体"成员在共同的社会历史条件下,依据科学发展的内在逻辑,顺应国家和社会的需要,使一种研究传统过渡到另一种研究传统的过程,学科的革命性发展从本质上来说就是库恩所说的研究范式的转换。由此可见,学科发展不仅涉及学科知识体系的重建,而且还有学科文化、学科制度、学术共同体内的价值观念、思维模式等的变化。

(二) 学科发展理论——库恩的"科学革命理论"

库恩在1962年出版的《科学革命的结构》一书中,反对把科学看成一点一滴的进步,力主动态地、历史地看待科学进步,把科学的发展视为常规时期和革命时期交替出现的过程。[①] 库恩科学观的核心是"范式"概念,它是了解库恩思想的一把重要钥匙。"范式"是指科学家共同体的共同信念、共同传统,以及它所规定的基本理论、基本方法和解决问题的基本规范的总和。有了共同的范式,科学共同体就可以在范式的基础上,统一思想、统一行为、团结协作,科学才能迅速发展。库恩把量变和质变统

---

① [美] 托马斯·库恩:《科学革命的结构》,金吾伦译,北京大学出版社2016年版,第4页。

一的思想引进了科学发展史里,制定出一个崭新的、备受瞩目的科学发展动态模式,库恩认为自进入科学时期始,它的发展一般要经历以下几个阶段和几个时期的循环往复,即前科学——常规科学——反常——危机——科学革命——新的常规科学。新的常规科学又在新的范式指导下渐进式发展,科学就是这样循环往复、永无止境地发展下去。

(三) 学科发展理论与学科建设

通过科学史的发展研究,我们发现学科的发展是基于科学的发展而前进的,科学发展是学科发展的"源"。但从科学发展的进程来看,科学并不是一直一帆风顺,由于各国的政治、经济发展状况,以及当时的科学文化发展现状,科学时而突飞猛进,高速发展;时而曲折坎坷,备受压抑,甚至出现倒退或停滞现象。但从科学发展的全过程来看,科学是一直处于发展的态势。所以,在科学的发展过程中,影响因素是多方面的,我们应从多方面的因素着手促进科学的发展,进而加紧学科的发展。

学科的交叉和综合是现代学科发展的主要趋势。随着科学的发展,以前的那种依靠个人兴趣或者私人资助的"小科学"已经不能适应社会和现实的需要,当前国家、社会问题的复杂性和艰巨性,促使"大科学"的产生,多种门类学科的人员汇集一起,集思广益,多种学科交叉促使社会或国家的问题解决,同时也促进了新的学科的产生和传统学科的革新。学科交叉能力是衡量学科内在发展潜力的重要尺度,它主要反映在两个方面:一是向其他学科的辐射与延伸,二是能够有效地接受外部的辐射,进行自我改造和完善。学科的交叉是学科相对较高的综合形式。目前以及未来学科发展的趋势倾向于学科综合化基础上的学科交叉和学科分化,学科分化和学科交叉前提下的学科综合。

学科基于知识角度的分化和综合,导致学科的中介形式——学科组织也产生相应的改变和改革。以前的那种固定的校、院、系、所已经不能很好地适应学科的发展趋势,我们必须与时俱进,根据学科的内在发展需要,以及国家和社会对科学技术的需要,积极改变学科的组织形式,打破校、院、系、所的固定模式,建立一些开放性的学科基地或学科发展建设中心,坚持自由性、开放性、有序性的原则下,有力地促使学科组织的发展,适应学科的内在需求。

此外,由于资源的有限性,在高校的学科发展中,往往呈现出不平衡的态势。这种不平衡的态势发展,就告诉我们在高校的学科建设和发展中,应该坚持"重点突出,有所为有所不为"的原则,积极发展优势和特色,形成一定的"学科高原";同时还应该积极挖掘这些优势学科的辐射和带动能力,在巩固和稳定自己的优势和特色的基础上,促使相关支撑学科的快速发展;此外我们还应该积极地、敏锐地抓住国家或社会急需的新兴学科或科学技术,促使新兴学科的发展,促使自己抢占发展新兴学科的先机。

二、学科文化理论及其对学科建设的影响

"文化"一词含义颇多,不同的研究视角演变出不同的文化内涵。斯诺在他的《论两种文化》一书中,特别注意了"文化"的两种不同的含义:"词典中对'文化'一词的定义是'智力的发展,心灵的发展';人类学家则用'文化'这一术语表示生活在共同的环境中,有共同的行为习惯、共同的理想和共同的生活方式联系在一起的人类群体。"而伯顿·克拉克则认为"文化"还应该与它的同源词"培育、培养"的意义相近。[①]这样,文化具有了"受过良好的培育"的意义。同时,还提出基于"文化"的基本意义还向另一个方向扩展,使人们重视培养社会的人的过程和形式。通过对上述主要观点的阐述,我们可以了解在社会学中一个概念的含义会因推敲的不同而产生很大的不同,但是本质的内涵是一致的。那么在学科文化的理论中,我们应注意"文化"的一般范畴的同时,还应找到在学科建设这一特定领域内的"学科文化"所特有的概念、价值和活动的模式,形成学科文化理论,指导并促进我们的学科建设。

---

① [美]伯顿·克拉克:《高等教育新论:多学科的研究》,王承绪等译,浙江教育出版社2001年版,第41页。

根据人类学对"文化"的概念的界定,所谓学科文化,就是指学科共同体在探索和发展本学科的知识体系过程中,形成的学科语言、学科价值观、思维方式等。学科文化最基本的特性是它的学术性。

学科文化对学科自身的知识体系有很大的促进作用,有利于学科的完善和成熟度的增强。学科文化对人的教育功能是潜移默化的,并产生巨大"功力",它容易使学科"学科新人"找到归属感,有利于学科内在的"核心"内化为新人的研究规范和研究领域,较快地进入自己的研究领域,进一步开拓学科的范围,此外学科文化还有分界功能和生产功能。

总之,学科文化在学科建设中占有极其重要的一笔,我们一定要努力完善学科文化建设理论,抓住学科建设的灵魂,从"灵魂"深处促使学科的快速发展。

三、学科建设的相关社会学理论

(一)"科学中心的转移"的理论

1. "科学中心的转移"的理论的缘起及转移条件

关于"科学中心转移"的理性思考有很多不同的见解,其中有的论述了科学中心和文化中的关系,有的论述了科学中心和高等教育中心的关系。但首次定性地描述了"科学社会的主流"在世界范围内随时间变化的现象是1954年英国物理学家贝尔纳在其名著《历史上的科学》一书。后来经过诸多研究者的进一步推进,日本的学者汤浅光朝在前人的基础上,于1962年提出了"科学中心转移"这一概念。他认为科学发展的历史过程中,各个国家科学的发展是不平衡的。并提出在一定历史时期,有一些国家科学发展的速度快些,水平高一些,如果某个国家的科学成果数占同期世界总数的25%以上,就可以成为"世界科学中心"。他依据这个标准,把近代世界科学中心依次划分为以下五个时期:文艺复兴带来思想解放的意大利(1540—1610);科学学会繁荣、科研交流合作自由的英国

(1660—1730);启蒙运动高扬理性、造就科学"黄金时代"的法国(1770—1830);教学科研相结合、独领科技百年称雄的德国(1810—1920);博采众长多元并举、"大科学"时代独领风骚的美国(1920至今)。

通过对这些材料的总结,我们发现科学的快速发展和科学中心的形成是基于以下几个条件:一是思想的解放,对人的重视,坚持以人为本。二是专业科学研究机构的形成和繁荣,并且加强彼此的联系。三是政府的大力支持。四是哲学思想的发展。五是发展大学优势,革新高校科研机构,发挥教学和科研的双重任务。六是多元、开放的思想的形成和坚持,积极适应"大科学"时代发展的需求。

2. "科学中心的转移"的理论在学科建设中的应用

鉴于此,在学科建设过程中,我们首先应该坚持学术自由、学术自治的方针,给予学科研究人员充分的发展空间,他们能够在宽松的学术氛围下,使自己的思想得到升华,使自己的研究扎根深处,旁及边缘,有力地推动学科的纵向和横向发展。

其次,我们应该注意学科组织的变化和发展。随着高校在国家和社会中的"核心地位"的凸显,高校的第三职能愈来愈受到人们的普遍关注,而学科的建设就是高校与社会联系的中介,作为学科发展的实体组织——学科组织,一定要跟得上时代的步伐和要求,及时地甚至超前地变革自己的组织形式,突破组织本身具有的懒惰性和滞后性,加速调整自己,顺应学科发展的潮流。

再次,国家政府应对高校的基础学科进行大力支持和投入,不能仅仅针对实用性较强的学科,应该看到基础学科的基础作用,它是实用学科发展的前提,应该依据科学合理的比例进行投入,促进学科结构趋于合理健全、学科整体水平的提高。

最后,应重视学科自身的开放性,不可一味地限制自己的研究"边疆",应增强学科交叉的能力,使学科的综合化和专门化得到完美的结合。

(二)"马太效应"理论

1."马太效应"理论的缘起及内涵

"马太效应"最早来源于《圣经》"马太福音"第 25 章的这样一段话:"因为凡有的,还要加给他,叫他多余;没有的,连他所有的,也要夺过来。"美国的科学家、哲学家罗伯特·默顿于 1973 年,首先借用了《圣经》的这个典故,概括了一种社会心理效应——"对已有相当声誉的科学家作出的贡献给予的声誉越来越多,而对那些不出名的科学家则不肯承认他们的成绩"。即我们可以通俗地理解为,让富者愈富,穷者愈穷。这就是我们在管理学中称之为的"马太效应"。

2."马太效应"理论在学科建设中的应用

"马太效应"既存在于科学共同体内,同时也存在于我们高校的学科建设的过程中,我们应利用其正面效应,避其负面效应。

在高校的学科规划和学科建设过程中,常常伴有"马太效应"的出现。由于国家和高校的资源的有限性,必然会导致资源的不均衡投入。各个高校在自己的学科规划和学科建设过程中,首先会基于学校的定位确定本校学科的发展方向以及将要分层次地投入到自己的重点学科、主干学科、支撑学科和一些新兴学科。那么这样就会产生一些社会极其需要、国家极其重视的学科和高校。基础比较雄厚的学科就会受到重视,高校就会在经费投入、学科设备、学科队伍的引进和培养上加大投资力度,使重点学科愈来愈成为学校特色的"根基",愈来愈成为国内乃至国际上的一流学科。而相对较弱,甚至有些对社会、国家没有明显或及时效果的学科则会被打入"冷宫",无人问津,愈来愈走向没落,甚至出现倒退的现象。这样的现象的产生,在一定的程度上会使高校在短期内产生巨大的效果,取得令人注目的地位,但从长远角度来说,它会使高校的整体水平有所下降,因为它没有很好地把握局部和整体的关系,使整体与部分达到合理有效的统一。

学科建设是高校发展的核心和关键，学科队伍是高校学科建设的核心和关键，学科队伍的建设和运行情况如何直接决定着学校的发展水平。而学科队伍是一个合理的、有层次性、也可以说是"金字塔式"的队伍，这里面不仅有充当"帅才"的学科带头人，还应有充当"将才"的学科骨干，还应有充当"勇士"的学科新人等。由于各自的能力、素质的不同，我们高校在学科队伍建设时，会在科研经费、工资待遇、课题申报等方面出现"马太效应"。这样一方面会使学科带头人、学科骨干以及学科新人能够各司其职，加强合作，并且形成有序的竞争机制，促使学科队伍走向健康有序的发展道路，进而促进学科的较快发展，使高校学科走在业界的前列。另一方面，学科带头人可能会愈来愈成为所有有利条件、所有荣誉的便利"获得者"，学科骨干稍微次之，学科新人及其他学科辅助人员则一直处于劣势地位，这不仅会导致"内讧"后果的产生，还会导致学科带头人盲目自满，形成权威，阻碍新的学科带头人的产生和学术骨干的进步，也是学科新人无法站在学术的前沿，较快地促进自己的成长。更为严重的是，如果我们不能合理高效地抑制此种"马太效应"，会使一些具有较高程度上的创新成果被淹没，严重阻碍学科的发展。

总之，高校在进行学科建设的过程中，一定要合理有效地应用"马太效应"，充分发挥它的积极作用，调动学科带头人、学科骨干以及学科新人发展学科的动力，促使学科的跨越式发展。同时，还要及时有效地抑制"马太效应"的负面效应，在"坚持效率优先"的前提下，还应从整体的角度出发，合理地"兼顾公平"。

四、学科建设的创新人才培养理论及对学科建设的影响

知识经济的到来和发展，促进了人才竞争的全球化。正如江泽民同志所说："科技的发展、知识的创新，越来越决定着一个国家、一个民族的发展过程。"他强调："创新是一个民族的灵魂，是一个国家兴旺发达的不竭动力，没有创新能力的民族难以屹立于世界民族之林。"同时，还提出："创新的关键在人才，人才的成长靠教育。"没有创新的教育，难以有创新

的人才；创新的教育最终是靠学科的设置和建设来完成，创新人才的培养最终也是落在了学科建设的基础之上。

高校学科的建设和发展不仅体现在科学研究的发展上，科学研究虽然是学科发展的"源"，为学科的发展提供内在的知识，促使学科的内涵式发展。但由于高校的根本任务是培养人、教育人。所以，在高校的学科建设中，我们一定要体现育人的特性，尤其是创新人才的培养和发展更应该引起高校学科建设者的注意。创新人才的培养已经引起了国家领导人和高校的重视，他们对与高校培养什么样的人，一直进行着思考和实践，在目前的知识经济背景下，国家和高校及时地提出了"创新人才"培养理论。提出"创新性人才"是指具有高知识水平的人，即掌握必要的基础知识，处于知识的前沿；具有知识创新的能力，包括学习能力、研究能力、思维能力，表达能力以及组织管理能力；具有宽厚的人文底蕴和人文素养，包括独立的人格和主体性，以及在此基础上的历史使命感和社会责任感。

基于上述的"创新人才培养"理论，我们高校在学科建设中，首先要搞好科学研究和教学活动的关系。在高校的学科建设中，一定要把教学活动放在首要位置，它是一个学校的首要职能，也是高校的存在之基，我们不能盲目重视科研的作用，而忽视了对人才的培养，应使科研和教学有力地结合，相互促进，相互发展。其次，要有"大学科"建设的思想。这是适应现代国家和科学技术对人才的需要而提出的思想。由于国家和科学技术提出的问题越来越具有高度的复杂性和艰巨性，以及科学技术的发展和变更周期越来越短，越来越快，这就需要我们培养的人才不再是局限于一个狭隘的专业视角，终生从事一个专业领域的工作，而是在人才流动的频率加快的现实背景下，自身的"发展性素质"得到驱动，从而适应现实的需要。这就需要高校改变以前的学科建设思想，"对口"服务思想和"专业"教育思想。应该采取"厚基础、宽口径"的教育思想，培养跨学科的、拥有很大学科交叉背景的创新性人才。

参考文献

（1）梁传杰：《高校"双一流"建设：理念与行动》，载《国家教育行政学院学报》,2017 年第 3 期。

(2) 胡乐乐:《论"双一流"背景下研究型大学的跨学科改革》,载《江苏高教》,2017 年第 4 期。

(3) 马陆亭:《一流学科的逻辑思考》,载《高等工程教育研究》,2017 年第 1 期。

(4) 梁传杰:《高校双一流建设:理念与行动》,载《国家教育行政学院学报》,2017 年第 3 期。

以欧框标准互联互通搭建中国中东欧 16 + 1 多元文化高等教育融通之桥

贺爱江

（北京第二外国语学院欧洲学院，北京 100024）

摘　要：为服务国家"一带一路"倡议对精通中东欧国家语言、文化、社会生活各方面人才的需求，中欧语学院陆续开设了波兰语等十二个语种的贯通培养专业和八个语种的本科专业，力争实现中东欧 16 国语种专业全覆盖。为精准实现"具有'中国心'的国际化、复合型的非通用语种高端技能型人才"的培养目标，中欧语学院在教学、评估过程中，以欧框标准为基准，同时融入中国传统文化元素，将人才培养目标细化到人才培养方案的每个阶段。

关键词：非通用语；人才培养；欧框标准；融合贯通

为服务国家"一带一路"倡议对精通中东欧国家语言、文化、社会生活各方面人才的需求，北京第二外国语学院于 2015 年 6 月复建中欧语学院，首批开设了波兰、捷克、拉脱维亚和匈牙利四个语种的贯通培养专业；2016 年新增罗马尼亚、塞尔维亚、立陶宛、爱沙尼亚四个语种的贯通培养专业，并于同年开始招收波兰、匈牙利、捷克和拉脱维亚四个语种专业的本科学生；2017 年 9 月开始招收阿尔巴尼亚、保加利亚、斯洛文尼亚、捷克（斯洛伐克）等四个语种贯通培养专业学生，实现中东欧国家 12 个主要非通用语语种人才培养全覆盖。

北京第二外国语学院是国内首个执行贯通非通用语人才实验项目的大学。贯通非通用语人才培养，就是将 3 年的高中和 4 年的大学教育融合贯通,将国内高等教育和国际高等教育融合贯通,形成7年一贯制的高中—本科、国内—国外一体化非通用语复合型人才培养。曹卫东校长强调指出:首先,贯通人才培养突出一个重点——以学生为重点,加强对贯培学生全过程的培养。其次,要突出两种贯培——小贯培和大贯培,除了"高中三年+大学四年"培养的本科"小贯培"之外,还要借助二外国际化的平台,以国内外名校联合培养的模式,把贯培学生一直贯通培养到硕士、博士毕业,真正培养成高层次、研究型、开放型、决策型的人才。最后,二外采用三种"复合"模式来培养复合型人才,即中国文化和外国文化的复合、"外语+专业"的复合以及空间上的复合,使学生真正做到国际化的学习。每一个贯培生在七年的贯通培养过程中,至少能有一次国际化空间转移学习的机会,真正实现一个"中国人看世界"和"站在世界角度看中国"双向视野。①

为更好地实现贯培非通用语专业人才培养目标,所有人才培养方案和课程教学都由二外与国外知名大学联合完成。这是在北京市政府、北京市教委指导下进行的高等教育改革实验项目,期待同普通的大学生相比,贯培少年大学生能较早地接触本专业语言和文化学习,并通过更长时间的学习周期,获得更佳的学习效果,未来能更好地服务于中国与中东欧国家各领域关系发展。

中欧语学院2015年招收的四个贯培专业(波兰、捷克、拉脱维亚和匈牙利四个语种)80名学生,2016年招收的六个贯培专业(罗马尼亚语、塞尔维亚语、立陶宛语、爱沙尼亚语、波兰语和匈牙利语)87名学生,四个本科专业(波兰、捷克、拉脱维亚和匈牙利四个语种)73名学生,为了在教学初期就实现国内外联合培养,各专业课教学目标、教学计划全部按照欧洲国家广泛运用的欧框标准(CEFR)要求制订,并使用国外引进的原版最新教材,每周12—14课时的非通用语专业课教学工作都由对象国知名大学专家学者和中教联合完成。此外,学生们还继续学习中国语言文化、数学与逻辑、英语、历史、地理、政治与法律、艺术等基础课程和本科通识教育课程。在正常的课堂教学之余,开展隐形课堂、第二课堂教育

---

① 曹卫东:《关于高端技能人才培养》系列讲话,2015.9.1—2017.3.1。

以欧框标准互联互通搭建中国中东欧 16+1 多元文化高等教育融通之桥

教学活动,比如邀请对象国总理、外长、教育部长、驻华大使、文化中心主任等莅临二外给学生们举办讲座,介绍中国与中东欧国家合作前景;组织师生赴对象国驻华使馆参加传统节庆和各种文化宣传活动,感受对象国语言与文化、政治外交的独特魅力,等等。

贯培项目非通用语人才的培养目标:帮助学生获得比较广泛的政治、文化、科学知识等通识教育基础知识,遇到问题能从比较开阔的、跨学科视角思考问题,解决问题;能熟练地使用非通用语、英语与对象国相关人士交流合作,具有获取知识能力、独创能力、跨文化交流能力和创新能力;秉持国家认同感和文化认同感,能在外交、文化、经贸、教育、科研等对外交流部门从事非通用语、英语双语交流工作;成为既具有"中国心",又具有国际视野的国际化、复合型的非通用语种高端技术、技能型人才。

贯培项目非通用语人才培养模式:根据培养计划,非通用语人才贯通培养实验项目的 7 年培养方案按照"2+1+1+3"模式组织实施,即前两年在二外学习,第三年赴对象国学习语言,第四年回到二外完成中国教育部规定的高等教育公共必修课教学计划,后三年再度赴对象国知名大学学习相关专业课程。

国际化教学评估标准——《欧洲语言共同参考框架:学习、教学、评估》:为实现贯通非通用语人才培养目标,融通高中—本科、国内—国外的联合培养方案,北京第二外国语学院的非通用语教学、评估参照《欧洲语言共同参考框架:学习、教学、评估》执行。《欧洲语言共同参考框架:学习、教学、评估》是欧洲理事会文化合作教育委员会制定的关于语言学习、教学及评估的整体指导方针与行动纲领,是为保护欧洲境内丰富多元的语言及文化遗产、有效克服沟通障碍、提升国际沟通和理解力而研发,由欧洲 41 国语言专家历时 10 年研制完成,并于 2001 年发布英文版:*Common European Framework of Reference forLanguage:Learning,Teaching,Assessment*(Cambridge University Press,2001)。这是一个开放的、多元文化互通互融的参考框架标准,是对欧洲语言文化教学理论与实践的系统总结,并且在实践过程中不断更新并完善。新型的语言政策和标准体现了欧洲现代语言文化教学及学习的新理念,以"共同参考框架"指导语言文化教学,便于非通用语教学、评估的国际互通互联,方便学生海外留学和跨境、跨校学习。

《欧洲语言共同参考框架:学习、教学、评估》对涉及教学、学生学习成果评估所要求的不同类型知识和能力进行了详尽的分级描述。①

表 1-1

Year	CEFR Level	Level Description
1	A1	掌握最基本的单词,能运用简单的句型介绍个人基本情况;会使用简单的疑问词、连词、单句表述和交流简单的思想信息
2	A2	能了解大部分与自身相关领域的句子以及常用词(例如:非常基本的个人以及家庭成员的信息、购物、所在地地理环境、学习工作情况等)。针对单纯例行性任务能够做好沟通工作,能够要求简单直接地对所熟悉的例行事务交换信息。能简单叙述个人背景、周围环境情况,沟通并办理简单事务
3	B1	对于一般发生在家庭、职场、学校、休闲等场合所熟悉的事务,在得到标准且清晰的信息后,能了解并表述其重点,并做出相应应对。针对熟悉及私人感兴趣的主题能够简单介绍、书写。能阐述所经历的事件、对未来的希望以及志向,并简述对事件的看法和对未来计划以及理由
4	B2	能理解具体或抽象主题的复杂文字,并表述其重点。对主题涉及个人专业知识领域时,能即时做交流互动,语言基本流畅;能针对多种主题撰写出完整详细的文章,并对相应议题做出优缺点分析
5	B2+	同上
6	C1	能够了解多知识领域且高难度的长篇文字,认识到其中隐含的深意。能流利随意地自我表达而不会明显露出寻找措辞的样子。针对社交、学术及专业目的能弹性地、有效地运用语言工具。能清楚地着手对复杂的议题进行撰写,文章完整且呈现出体裁及关联性
7	C2	能够像运用母语一样使用非通用语解决生活、工作中遇到的各种复杂问题

---

① Council of Europe, *Common European Framework of Reference for languages Learning Teaching Assessment*, Cambridge University Press, 2001.

以欧框标准互联互通搭建中国中东欧16+1多元文化高等教育融通之桥

以欧框标准做指导，我们把非通用语人才培养目标细化分解为7年的教学目标、教学内容和教学评估标准。

语言教学目标：通过国内三年、国外四年的培养，所有贯培学生的非通用语语言文化运用能力达到C2级别，即相当于母语的运用水平；英语达到B2水平，即能够自由交流并表达自己观点的语用水平。学生非通用语和英语水平达到B2—C2级别，就能够以非通用语和英语与对象国相关人士互动，并阐明自己的观点立场，能够直接进入对象国合作大学、与当地学生一起攻读相同专业课程。

在设计非通用语课程计划时，我们把教学内容设定为四年8个学期，即通过国内两年、国外一年和国内一年的三阶段国内外联合培养，多数学生的非通用语能力会达到B2水平，这就给他们提供了直接进入对象国合作大学选择非通用语以外的专业，并与当地学生一起攻读本科学位的机会，实现了我们人才培养目标的"外语+专业"复合和国际化空间转移海内外双学位、双视域的复合。

教学内容：在非通用语教学方面，听说、阅读、语法和文化艺术类国情知识直接引进并使用最新、最实用的对象国名校原版教材，并与合作院校现代语言文化教学院系共建虚拟教研室，邀请对方大学教员来二外担任语言教学专家，或者定期交流互访；通过邮件、视频对话交流教学计划、教学方法与教学进度，呈现学生学习成果。

教学评估：用通用的欧框标准描述教学进展，评估教学过程和结果，监控教学进度，使合作院校间有了通用的学术交流标准化语言，从而易于实现国内外大学教学内容、方法、评估标准的无缝衔接。中欧语学院正在建设以欧框标准为指导的标准化测试评估试题库，力图使学生们在出国前就能够在二外完成欧框标准语言水平测试，测试结果将得到合作大学和语言对象国政府的认可。

北京第二外国语学院贯培非通用语人才培养模式为中国中东欧16+1在高等教育领域的合作互通进行了尝试。以高等教育交流互通促进文化、经济、国民生活的交流互通，搭建中国中东欧互通互融友谊之桥，让中国文化走出去，与中东欧文化交映生辉，各美其美，美美与共。

参考文献

(1) 曹卫东:《关于高端技能人才培养》系列讲话,2015年9月1日—2017年3月1日。

(2) Council of Europe, *Common European Framework of Reference for languages*: *Learning*, *Teaching*, *Assessment*, Cambridge University Press, 2001.

(3) 石定果等:《专家观点:两会代表关于语言文字类的建议》,语言与未来(上海外国语大学语言研究院自媒体公众号),2017年3月14日。

(4) 沈骑:《关注语言需求 做好外语规划》,语言与未来(上海外国语大学语言研究院自媒体公众号),2017年3月6日。

(5)《中国社会科学报》:《一带一路沿线国家语言情况研究》,语言与未来(上海外国语大学语言研究院自媒体公众号),2017年3月2日。

(6) 黄友义:《针对"一带一路"沿线国家培养小语种人才要分两步走》,人民中国(人民中国杂志社自媒体公众号),2017年3月10日。

(7) 仲伟合:《国家外语能力建设视角下的外语教育规划》,载《语言战略研究》,2016年第5期。

推进本科国际化人才培养战略 提升学校国际化水平

华 楠

(北京第二外国语学院教务处,北京 100024)

摘 要:人才培养的国际化,不仅需要国际化的发展理念,还需要树立长远的发展战略,从人才培养、科学研究、社会服务和文化传承创新等多个方面实施国际化教育。为尽快提升学校本科人才培养的国际化水平,北京第二外国语学院全面推进本科人才培养国际化战略。在本科生国际化战略实施中,通过中外交流学习、联合培养、课程体系的架构、海外实习实践基地及海外校区的建立为本科生国际化战略取得成效提供了良好的保障。

关键词:人才培养;国际化;改革

一、本科生人才培养国际化的实施背景

在全球化发展的时代背景下,中国大学的本科人才培养面临着国际化发展的严峻挑战。按照国际高等教育的先进理念和规范指导办学,加强国际间的交流和合作,培养具有国际视野和国际竞争力的人才,是现代大学在全球化背景下的必然选择。人才培养的国际化,不仅需要国际化的发展理念,还需要树立长远的发展战略,从人才培养、科学研究、社会服务和文化传承创新等多个方面实施国际化教育。北京第二外国语学院是一所以外国语言文学为主体学科、以旅游管理为特色学科,文学、管理学、经济学、法学等多学科门类协调发展的知名特色大学,是中国外语、翻译、旅

游、经贸教学与研究的重要基地。近几年来，学校深刻认识到本科人才培养的国际化水平是学校实施国际化战略的关键环节，进一步明确了"国际导向、专业复合"的培养特色，坚持外语复语式、外语+专业、专业+外语的人才培养模式，着力培养国际化、高层次、复合型、应用性的优秀人才。

二、本科生人才培养国际化的探索与改革实践

为尽快提升学校本科人才培养的国际化水平，学校全面推进本科人才培养国际化战略。近年来学校通过制定多项措施，有效推进本科国际化进程。

（一）建立批量、常态、长期的本科生国际交流模式

一方面开拓与国外知名大学学分互认机制，构建联合培养与学生交换项目，探索课程、项目、专业建设的国际合作等多种深度的国际合作与交流模式。从 2015 年开始，学校依托北京高校高水平人才交叉培养"外培计划"项目深入推进同海（境）外名校之间的交流合作，创新人才培养机制；另一方面积极开展以寒暑期交流为主的本科生国际交流模式。

（二）以国际化人才培养模式推进本科人才国际化能力培养

积极探索国际社会人才需求方向，将本科人才培养模式与国际先进水平接轨。我校逐步引进国际化课程体系，增设双语课程、全英文课程、全球网络课程，在原有的课程中充实国际前沿内容，为学生具备国际化视野创造良好条件。引导学生自觉进行研究式、自主式学习，在教学方法和导师指导方面积极探索更为灵活多样和适合学生个性化发展的方式。

（三）以国际化实践推进本科人才实践能力培养

学校着力构建高起点的海外实习实践体系，我校通过与海外高校、国外知名企业的协同合作，扩展本科生的国际视野，提高学生的国际素质和国际竞争力。

（四）创建法国夏斗湖海外校区，开创了中国高校在海外办学的新模式

为进一步深化北京高等教育综合改革，推进北京高等教育国际化进程，探索北京高等教育海外办学新模式，学校积极响应国家号召，利用现有海外教学基地中法国际大学城的资源，合作共赢，实施夏斗湖海外办学项目，使学校国际化程度和层次实现质的飞跃。

三、本科生人才培养国际化的实施成效

在本科生国际化战略实施中，学校相关职能部门协同合作，共同创造开展国际合作的良性环境，通过中外交流学习、联合培养、课程体系的架构、海外实习实践基地及海外校区的建立等，为本科生国际化战略取得成效提供了良好的保障。

（一）积极推进学生和师资的国际化

截至目前，学校已与35个国家和地区的近160所高校和教育机构建立了长期良好的交流合作关系。我校每年选派一定数量的教师出国进修、访学、合作科研，从事对外汉语教学等，扩大教师国外学习交流机会，我校有海外半年以上研修经历的教师达226人，占专任教师的42.6%。同时我们将引进具有海外深造背景的高端人才作为战略任务，学校师资的国际化

水平在逐年提高。

孔子学院新格局逐步形成。学校与墨西哥奇瓦瓦自治大学、摩洛哥穆罕默德五世大学、英国兰开夏中央大学、法国克莱蒙费朗市、葡萄牙科英布拉大学、巴拿马大学合作共建了6所孔子学院,师生学习交流互访日益活跃。目前紧密围绕国家外交战略,积极筹建波兰华沙大学等"一带一路"沿线国家孔子学院,积极参与国家汉语国际推广工作。

我校不断探索与国外著名高校开展国际合作,不断拓展渠道,采取多种措施,积极增加学生赴境外交换学习及国外游学的机会。每年学校会选派近500名学生,赴美国、英国、日本、韩国、澳大利亚、法国、加拿大、德国、俄罗斯、西班牙、瑞士、埃及等国家和中国香港的高校进行交流交换学习,来校的外国留学生达1000多人。学校进一步拓展与国外院校联合培养模式的探索,国际交流项目层次全面提升。新增合作院校中包括美国马里兰大学、芝加哥哥伦比亚学院、巴黎高翻学院、华沙大学、日本大阪大学等世界知名大学。与丹麦哥本哈根大学、莫斯科语言大学、英国密德萨斯大学等扩大交换生规模,实现学生双向交流并互认学分。另一方面,学校还积极推进学生国外短期游学项目。以我校国际商学院为例,暑假期间分派四批师生赴美国、波兰、中国台湾、新加坡,具体落实"国际小学期工程"。学生们不仅在国外大学进行了短期的课程学习,同时结合自身专业特点,从商务角度,分专题对当地的商务环境、旅游资源经营、对象国社会文化现象、教育历史等内容进行考察学习,进行较为深入的调研和文化体验。

(二) 构建国际化的课程体系

在课程设置与教学内容方面,我校不断加强国际化的内涵建设,外语类专业强调"技能领先,注重实训",狠抓"听、说、读、写、译"基本技能训练,非外语专业依托优势外语教学资源和多元文化环境,坚持"应用导向,强化实践"。在教材使用上,鼓励引进国外原版专业教材,对于教学内容国际性较强的部分课程,鼓励教师使用高质量的外文原版教材授课,大量采用国内外经典案例教学和多媒体教学手段,与国际接轨。近年

推进本科国际化人才培养战略　提升学校国际化水平

来,学校着重加大双语课程、全英文课程和全球网络课程的建设力度,进一步凸显我校的国际化办学特色。

1. 双语课程

为提升本科教学的国际化程度,彰显经济管理类专业的国际化特色,通过在国际经济与贸易、金融学、旅游管理、市场营销、财务管理、国际事务与国际关系等专业开展双语教学,使学生在专业课程的学习中既能提高专业外语的应用能力,又能学习与国际接轨的专业内容。截至目前,我校投入专项经费立项建设了10余门双语课程,学校制定了全新的双语教学管理办法,并加强双语教学效果反馈工作的推进,重点研究双语教学质量的提高路径。校内教学质量摸底调查结果显示,双语课程在更大的范围内得到了学生的认可,双语教学效果日益凸显。通过双语教学,学生在国际交往中不但拥有良好的外语沟通能力,而且具备过硬的双语专业知识理解与表达能力,极大提升了学生的国际竞争力。

2. 全英文课程

留学生全英文课程班的建设是我校国际化发展战略的重要举措。根据学校国际化人才培养目标和课程建设实际需要,我校在充分调研的基础上,由教务处牵头,整合全校教学资源,投入专项资金,增设了留学生全英文课程建设项目。我校持续投入专项经费加大全英文课程的建设力度,立项建设近20门留学生全英文课程。通过项目建设,进一步整合全校优质教学资源,不断提高留学生教育质量,推进我校国际化发展战略。留学生全英文课程班的学制为一年,学生需要学习19门、40个学分的课程。按照知识结构和教学要求,学校将全部课程划分为基础课程、专业课程和语言基础教学三个板块,内容涵盖中国历史、文化、文学、艺术、社会、政治、经济、宗教、语言等多个领域的知识体系。此外,在英语学院、日语学院、朝语系、汉语学院等院系的通力配合下,学校还组织开设了中外翻译课程,近50名留学生与中国学生一起上翻译课,体验到同质化教学。

3. 全球网络课程

网络信息技术的发展，为教师展示和传播教学内容再辟新途径，为学生找寻和获取学习资源创新天地。全球网络课程为教育国际化提供了更为便捷的技术手段，提出了更为多样的教学要求。中美文化网络合作课堂是我校与美国阿巴拉契亚州立大学深入合作、充分利用现代通讯科技与教育技术手段开展的积极而具有开创意义的教学尝试。本课堂通过互联网音视频传输技术，组织中、美两校学生同时在双方教师指导下，用英语进行实时、开放的教学与讨论，中外学生共同在线交流、学习。通过国际交流和合作，培养师生全球意识与国际视野，提升跨文化交际能力。

（三）举办海外名师名家短期授课/讲学项目

在国际化内容提升方面，我们在学习国外先进的教学理念、借鉴其教学模式、引进国外优秀教学资源的同时，时刻把握"以我为主，为我所用"的原则，开设符合学校教学要求的课程或具有学科前沿内容的海外名师系列讲座，提升校内国际化氛围，促进学校教学质量的提高。以2016年为例，我校先后邀请了国际翻译院校联盟主席 Peeters 等 50 余位国外知名教授学者、业界专家到我校进行短期授课和讲学，范围涵盖外国语言、文学、文化、翻译与教学研究、历史等众多学术领域的前沿和热点问题，海外名师讲学项目的有效实施不仅完善了学生的知识结构，开阔了国际视野，而且对提高青年教师的教学水平大有裨益，效果显著，反响良好。

（四）重视实践教学，拓展国际化实习实践渠道

针对学校"国际化、高层次、复合型、应用性"的人才培养目标，和国家对新型人才的需求，学校着力构建高起点的海外实习实践体系，派遣学生到海外短期实习，扩展本科生的国际视野，增强实践技能，有效提升本科生实习实践效果和质量。从 2014 年开始，日语学院与日本 CCTV 大富电视台建立合作关系，每年派遣学生参与日本 CCTV 大富电视台从节目同

推进本科国际化人才培养战略 提升学校国际化水平

声传译到担任广播口译的各个过程,为学生创造口笔译实践机会;德语系与德国魁茨汀中医院建立了海外实习实践基地,第一批实习生已赴德国进行为期6个月的实习;翻译学院借助国际翻译院校联盟(CIUTI)这个平台,与香港CLS翻译公司达成了合作意向(该公司为全球各大知名金融机构提供语言服务),定期选拔优秀本科生前往该公司实习;国际传播学院汉语国际教育专业本科四年级学生分赴新加坡、马来西亚进行为期1个月的对外汉语教学实习活动,学生们锻炼了对外汉语课堂实操能力,进一步提升了对外汉语教育所需要的基本素质和能力。翻译学院翻译人才实验班的学生前往澳门大学参加国际学术研讨会,学生的学术水平和跨文化交流能力得到国际知名学者的高度赞扬。通过前往国外实习实践,学生真正体验到本专业、行业的实际工作流程,在实践中锻炼从业技能,提高职业素养,培养工作能力及责任感,有助于培养出具有开阔的国际视野、深厚的人文底蕴和强烈的社会责任感的有"中国心"的国际化人才。

(五)抢占先机,开启了中国高校海外办学的有益尝试

法国夏斗湖项目是在北京市政府直接支持下以二外为办学主体的海外办学项目,是北京高校在法国的第一个海外校区。经过两年的筹备,该项目于2016年正式实施,首批派出73名学生。一年来在北京市教委、法国驻华使馆、法国奥尔良大学、首创集团等大力支持下,筚路蓝缕,开拓进取,逐步发展完善。学校将依托该项目,固化海外办学模式,着力培养一大批熟知国际规则具备高深专业技术能力的管理、语言和区域国别研究等各个方面的杰出人才,将夏斗湖项目打造为复合型人才培养平台、学历教育基地、中法乃至中欧青年文化交流平台。该项目的成功实施将对北京高等教育产生积极影响,对全国高等教育交流合作起到积极示范作用。

参考文献

(1)李成明、张磊、王晓阳:《对国际化人才培养过程中若干问题的

思考》，载《中国高等教育》，2013年第6期。

（2）仲伟合：《拔尖创新型国际化人才培养模式的探索与实践——以广东外语外贸大学为例》，载《广东外语外贸大学学报》，2013年第1期。

（3）王长顺、李宗领、刘先进：《高等学校国家化与本科教学改革》，载《教育界：高等教育研究》，2012年第8期。

（4）俞立中：《推进大学国际化战略，深化人才培养模式改革》，载《中国高等教育》，2011年第17期。

创新人才培养机制，
培养高素质国际化人才
——北京第二外国语学院国际化人才培养的思考与实践[①]

张华杰

（北京第二外国语学院教务处，北京 100024）

摘　要：围绕国际化人才培养，本文以北京第二外国语学院为例，介绍说明国际化人才培养的主要路径：本科生国际联合培养计划（培养国际化）、本科生国际化社会实践计划（实践国际化）、海外名师讲学计划（师资国际化）、双语和全英课程促进计划（课程国际化）。此外，还介绍了北二外的一些特色国际化人才培养方式，如外培项目、贯培项目、国际化高端复合型人才实验班、异地同步全球课程等措施。

关键词：国际化；人才培养

一、背景：培养高素质国际化人才在全球 范围内已深入人心，形成共识

经济全球化的迅猛发展，使得人力资源和物质资源在世界范围内的跨国、跨地区流动成为新常态。这种资源的流动往往寻求优化配置，由此世

[①] 本文是北京第二外国语学院 2014 校级项目——中外大学人才培养模式比较研究（项目编号 090078）成果之一。

界各国间的交流日益频繁，竞争更加激烈，竞争与合作已成为国际交往的主题。

  国与国间的竞争与合作，本质上是人力的竞争与合作。在这一大形势下，作为国家重要人力资源培育和储备的大学教育，培养能够适应国际交往新需求的新型高端国际化人才已上升到国家战略的层面上。《国家中长期教育改革和发展纲要（2010—2020）》指出"要培养大批具有国际视野、通晓国际规则、能够参与国际事务和国际竞争的国际化人才"①；《中共中央关于深化文化体制改革，推动社会主义文化大发展大繁荣若干重大问题的决定》明确指出，要造就高层次领军人物和高素质文化人才队伍，特别强调要抓紧培养包括"适应文化走出去需要的国际化人才"在内的四种类型的人才②；2012年4月，教育部召开的首次高等学校哲学社会科学"走出去"工作会议上，与会专家也指出目前我国高层次外向型人才不足，特别是具有国际视野，通晓国际规则，又有良好外语基础的复合型人才不足，这严重制约了我国高校哲学社会科学走出去；党的十八届三中全会决议在"推进文化体制机制创新"部分明确指出要"扩大对外文化交流，加强国际传播能力和对外话语体系建设，推动中国文化走向世界"，③ 而中国文化乃至中国经贸、外交等主动性地走出去，需要更高层次的国际化人才，能够用世界语言、世界眼光讲述中国故事，量体裁衣传播中国价值理念，能够精准发力增进中华文化的认同质量，实现增信释疑和凝心聚力，打造政治互信、经济融合和文化包容的利益共同体、命运共同体和责任共同体。培养能够服务国家战略、适应当前经济社会发展新需求的高素质国际化人才已成为共识。

  不唯我国如此，培养国际化人才同样已经成为世界知名院校的办学和人才培养趋向。美国在上世纪90年代初就提出要通过国际交流，提高学生的全球意识和国际化观念，耶鲁大学在其国际化战略框架中明确提出"国

---

① http：//old. moe. gov. cn//publicfiles/business/htmlfiles/moe/moe _ 838/201008/93704. html.

② http：//theory. people. com. cn/GB/16018030. html.

③ http：//news. eastday. com/eastday/13news/node2/n4/n6/u7ai173782_ K4. html.

际化是我们对变革世界中机遇和挑战的回应",① 哈佛大学在 2007 年的通识教育改革计划中确定学生需要涉猎的八大知识领域，其中就有两项是关于学生国际化视野的培养：世界诸社会（Societies of the World）和世界中的美国（The United States in the World），欧盟也实施了大学生流动计划（ERASMUS）、欧盟外语和知识推广计划（LINGUA），日本、韩国以及部分发展中国家也明确提出了教育国际化、培养国际化人才的目标，还启动了名为"亚洲校园"计划的国际化人才培养项目，从计划首批的一些合作项目名称可窥一斑："东北亚政策研究联合会项目""核心人才培养项目：东亚地区共同利益的实现及传统文化的重视""培养东亚地区具有法律政治理念共识，能够推动东亚共同体法制形成与发展的人才项目""东亚地区公共危机管理人才联合培养计划""中日韩三方联合培养东亚地区跨世代人文精英之流动校园工程"等。

二、国内外语类高校国际化人才培养现状

目前尽管对国际化人才的内涵还没有统一的、明确的界定，但汇总近 5 年公开发表的有关国际化人才培养的论文可以发现，国内研究者眼中的国际化人才大体应具备国际化的知识体系、能力体系和素养体系。② 知识体系包括专业知识（如文学、新闻、经济、法律等专业知识）、国际知识（如专业方向或从业相关的国际规则、国际金融贸易知识等）、语言知识（母语知识和外语知识）；能力体系包括跨文化能力（国家民族意识基础上的包容、理解、适应多元文化的能力）、创新能力（在国际交往中运用创造思维发现问题、分析问题和解决问题的能力）、耐挫折与终身学习的能力（适应国际交往复杂形势和压力的耐挫折能力和不断学习、自我规划、

---

① 王雪梅：《全球化、信息化背景下国际化人才的内涵、类型与培养思路》，载《外语电化教学》，2014 年 1 月第 155 期。
② 王雪梅：《全球化、信息化背景下国际化人才的内涵、类型与培养思路》，载《外语电化教学》，2014 年 1 月第 155 期。

管理和进步的能力）；素养体系包括人文素养（对人类生存意义和价值的关怀，即人文精神）、科学素养（对科学知识、科学方法和科学对社会影响的理解与认识）、信息素养（判断、检索、评价和有效利用信息的能力和水平）。观照国内的外语类院校的人才培养目标，其国际化人才培养目标的表述和内涵大体上均在以上国际化人才知识、能力和素养体系范围内，只不过在表述侧重上略有不同。国际化人才培养目标和定位上存在一定的趋同化现象。

而从国际化人才培养路径上看，国内各外语类高校近些年根据各自学校的优势和定位，都在充分挖掘、利用国际、国家和区域资源，围绕师资国际化、课程国际化、学生国际化、实践国际化等，在国际化人才培养的主体（本土教师、外交、管理人员）、客体（校内教职工、本国学生、来华留学生）、培养资源（国际化教学资源和体系、国际化的科研及学术训练平台和国际化的就业机会）和培养环境（国际化学术环境、国际化校园服务管理环境、国际化人文环境）等国际化人才培养的关键环节进行改革、提升，以提高学校国际化人才培养的水平和质量。从目前一些兄弟院校公布的年度教学质量报告和教育主管部门的相关数据来看，近些年国内外语类高校国际化人才培养的相关举措成效显著。

这里介绍北京第二外国语学院在培养国际化人才方面的一些举措，以作交流。

三、北京第二外国语学院国际化人才培养相关举措

北京第二外国语学院于1964年建校，是一所以外国语言文学为主体学科、以旅游管理为特色学科，文学、管理学、经济学、法学等多学科门类协调发展的特色外语类大学。学校目前有本科专业28个，教授包含英语、日语、俄语、德语、法语、意大利语、西班牙语、葡萄牙语、阿拉伯语、韩语（朝鲜语）在内的10个语种，2015年又增加了波兰语、捷克语、匈牙利语、拉脱维亚语四个语种的教学，目前合计教授14个语种，另有旅游管理类专业4个（含旅游管理专业、酒店管理专业、经贸与会展专业、旅游地理与城乡规划专业）、工商管理类专业2个（财务管理专业、市场营

销专业)、法学类专业3个(法学专业、国际政治专业、国际事务与国际关系专业)、经济学类专业3个(金融学专业、国际经济与贸易专业、贸易经济专业)、中国语言文学类专业3个(汉语言文学专业、汉语言专业、国际汉语教育专业)、新闻学专业1个。

学校在2011年修订2008年版人才培养方案时将培养"具有扎实的专业基础、深厚的人文底蕴、突出的实践能力、良好的国际交往能力、高度的社会责任感和创新精神的国际化、高层次、复合型、应用性的优秀人才"作为学校这一阶段的人才培养目标,明确将"国际化"属性写入2012年版人才培养方案,并在课程体系中有所体现。

2015年初,根据国家和首都相关战略要求和会议精神,学校发布了《北京第二外国语学院综合改革方案》,并启动了对2012年版人才培养方案修订的工作,在《综合改革方案》和《2016版人才培养方案修订指导意见》中,我们再次明确,学校将全面服务国家和首都发展战略需要,全面服务国家外事外交和经济社会发展对新型人才的需求,着眼大格局,创新体制机制,抢抓发展机遇,提升办学水平,加快建设国际化、有特色、高满意度的教学研究型大学,加快建设首都特色、中国一流、世界上有重要影响的高水平外国语大学。在此指导思想下,"国际化"作为学校人才培养目标的一条重要主线再次被强调和重申,除坚持立德树人,把社会主义核心价值观融入教育教学全过程外,坚持把中国传统文化融入人才培养全过程,重点培养具有中国传统文化底蕴、具有国家认同和国际视野、具有扎实专业基础和综合知识素养、以扎实的外语功底为特色的高素质国际化、复合型人才,并着重以信息化为载体进行国际化建设,国际化人才培养工作全面进入内涵建设阶段。

(一)国际化人才培养工作常规举措

人才培养走国际化路线,我校主要集中于为学生创造国际化的学习和专业实践机会,通过积极实施本科生国际联合培养计划(培养国际化)、本科生国际化社会实践计划(实践国际化)、海外名师讲学计划(师资国际化)、双语和全英课程促进计划(课程国际化),以求培养可以适应国际化职业的毕业生。

1. 本科生国际联合培养计划

通过自主开发和积极申报市教委的相关专项，学校大力开展国内外联合培养本科生项目和暑期大学生海外交流等项目，积极建设国际化人才境外培养平台。努力拓宽国际合作渠道，除了不断增加友好交流院校（即合作院校）的数量以外，积极开发境外学习项目。同时，学校根据教育部有关政策，积极组织申报"2+2""3+1"等中外合作办学项目。目前我校28个本科专业中，每年有300余名本科生赴35个国家、140余所国际高校留学。

校内采取奖励派出、友好交流院校互免学费、自费出国等多种方式，创造更多的机会，积极鼓励在校生出国学习。设立优秀本科生留学奖学金，对成绩优异、能力突出的本科生出国（出境）留学和参加有关国际交流活动予以资助。

保障措施方面，我校在2011年底前修订学分管理规定，扩大我校认可学分的留学高校范围，对符合国家政策规定的留学，只要在所学专业、学习年限、学习成果等方面符合学校的要求，即使是非我校的合作交流院校，也将畅通渠道，给予相应的学分认可。对学分互换和认定的程序拟定出更切合实际需求、与国际接轨的互换互认办法。下一步，学校还将在教学管理信息平台二期建设中，将学生出国学习及海外实践的经历体现在本科生学习成绩单上。

同时，学校教务处、学生处等部门和相关院系，采取多种措施，保证和提高本科生海外留学期间的教学质量。第一，通过网络化和信息化的手段，加强对出国留学学生在国外学习期间的管理，指定固定的老师与学生保持联系，进行学业等方面的指导，提高出国留学的学习质量。第二，联合学校思政部，将公共必修课（如毛概、思想道德与法律基础等课程）制作成网络课程，方便出国学生网上学习。第三，建立对院系的留学生工作进行奖励的机制，鼓励院系积极主动地开拓学生海外学习渠道。第四，设立教学研究专项课题，跟踪调查有留学经验的学生在学业、就业及人生发展方面的状况，形成专题报告，从而使得学校可以根据情势变化及时调整相关政策与措施，提高学生出国留学的学习效果。

2. 本科生国际化社会实践计划

随着就业市场的国际化，学生走出国门进行择业的比例越来越高，为培养学生国际化的视野和意识，增强其跨文化交际能力，积累海外实习经验，提高我校学生的就业竞争力，国际化实践也是不可缺少的。我校实施的国际化社会实践计划包含两个方面的内容：一是在国内建立一批具有国际化背景的实习基地，加强与国外跨国公司和涉外行业的合作。强调学以致用，培养和提高学生的实践能力和国际竞争力。另一方面，调动院系和广大师生的积极性，努力拓展学生国外（境外）实习渠道，组织基础较好的院系积极探索建立海外社会实践基地，为学生搭建国际化社会实践平台。

学分上，对于在校生的出国学习及在专业领域内的海外进修、实践，学校给予专业实习2学分的认可。学校还结合教学管理信息平台建设，建立学生海外实习及出国学习档案数据库，实时掌握并统计学生海外学习及实践的信息，实现动态数据管理，进而为本科生国际化学习及社会实践提供更富成效的指导。

此外，充分利用北京国际交往中心的资源，为学生提供国际赛事、高端会议的志愿翻译机会，使学生的专业外语运用水平得到切实提高。

3. 海外名师讲学计划

设立专项，提供资金，大力支持院系聘请海外知名学者、专家来我校授课访学，以加强国际学术交流与合作，及时了解国际学术动态，提高我校的国际化办学水平。同时，通过聘请海外学者、专家开设符合学校教学要求的课程或具有学科前沿内容的系列讲座，学习国外先进的教学理念和借鉴其教学模式，引进国外优秀教学资源，促进我校教学质量的提高。

4. 双语和全英课程促进计划

学校设立专门项目，如双语课程建设项目和留学生全英文课程建设项目，支持学校非外语类专业的教师进行双语或全英教学，授课语言、教材使用、作业布置、参考文献等注意外文的引进使用，尤其是对于教学内容的国际性、共通性较强的部分课程，鼓励教师使用高质量的外文原版教材上课（须在开课学期的上一个学期结束之前报所在院系和教务处审批）。后期学校将逐渐推进主干课程的双语或全英教学，着力推进教学内容的国际化。

学校还通过信息化技术手段，积极参与"全球网络课"教学活动，让学生和全球其他学生在网络上共上一门课，同步交流、学习，了解不同文化背景下观点的差异，树立全球意识，培养国际视野，在进行专业学习的同时，提高跨文化交际能力。

此外，在多年的国际化外语人才培养实践中，学校明确了"国际导向，专业复合"的培养特色，坚持外语复语式、外语+专业、专业+外语的国际化、应用型人才培养模式。学校在多年的教改实践中一直坚持国际复合培养。除了传统的复合培养做法，近些年，学校的"国际导向，复合培养"主要集中在辅修专业建设和双学士学位制度试行方面。其中双学士学位制度，在经管类以及国际传播学院、文学院、法政学院等学院范围内，设立标准，有条件地试行英语辅修专业证书和双学士学位证书（原专业学士学位+英语学士学位）的发放。

（二）国际化人才培养工作中的特色举措

除了以上培养国际化人才的常规举措外，学校根据自身情况、特点和区域优势，进行了一些较具特色的国际化人才培养尝试。

1. 外培计划

"外培计划"是北京市教委实施的北京高等学校高水平人才交叉培养计划中的一项。该计划支持部分市属高校学生到海（境）外知名高校开展为期两年的访学活动，由市教委宏观指导和统筹，联系海（境）外名校建立若干个北京高等教育"外培计划海（境）外基地"，以支持市属高校优秀学生访学，探索学生海（境）外培养新机制，培养目前首都经济社会发展急需的高端国际化人才。北京第二外国语学院作为参与计划的高校之一,设立了外语人才培养改革项目,目前已选派来自贸易经济专业、旅游管理专业、酒店管理专业和葡萄牙语专业等四个专业的20名优秀本科生前往美国芝加哥哥伦比亚学院(国际艺术管理专业、演艺文化管理专业、国际视觉艺术管理专业)、美国南卡罗莱纳大学(旅游管理专业、酒店管理专业)、葡萄牙科英布拉大学(葡萄牙语专业)参加该项目,未来还将陆续选派优秀本科生参与这项计划,他们将被送到美国芝加哥学院、巴黎高翻学院等6所世界知名大学进行联合培养,并有机会拿到双学位。

2. 贯培计划:七年一贯制非通用语培养计划

为配合国家外交新战略,落实全国留学工作会议精神,响应教育部《2015—2017年留学工作行动计划》中加强外语非通用语种人才培养的号召,同时为推进《北京第二外国语学院综合改革方案(2015—2017)》的实施,从全面服务国家外事外交和首都经济社会发展对新型人才的需求出发,我校根据市教委非通用语外语外事人才培养意见、市教委关于开展高端技术技能人才贯通培养实验的通知和学校非通用语种发展规划,探索开设非通用语种人才贯通培养实验班,培养高端的非通用语种技能技术人才,进而更好地为首都经济社会发展服务。

目前学校专门成立了非通用语学院,按照国家和首都非通用语人才需求情况,在院内组建4个非通用语种人才贯通培养实验班,每班20人,共计80人,按照语种进行招生,并列入中考招生计划。2015年招生的4个非通用语种为拉脱维亚语、匈牙利语、捷克语和波兰语。

学制按照"2+1+1+3"7年贯通培养模式,前两年学习英语+非通用语+通识教育等课程;第三年在语言对象国学习1年,二外已与语言对象国有关学校签署合作协议,以非编班形式派出学生到语言对象国学校学习对应语种,熟悉体验对象国文化;第四年在北京第二外国语学院非通用语学院进行一年的本科预科学习,完成通识课程和思想政治理论课程学习,培养学生的国家认同和文化认同,并进一步提高学生英语和非通用语语言能力;第五到第七年均在国外学习,学生前往美国、英国、法国、加拿大、德国、澳大利亚等国家高校,进行为期3年的对应语种本科学习,不独立成班。学生完成学业,达到国家政策规定要求,将获得北京第二外国语学院本科毕业证书和学士学位证书。

贯培计划,其特色在于跨职业教育和普通高等教育,从初中生中直接招小语种的人才,用7年的时间实现贯通式人才培养,打通职业教育和高等教育,培养出适应社会发展的高层次的国际化应用型人才。

3. "1+3"国际化高端复合型人才实验班

根据《北京第二外国语学院综合改革方案》,新的阶段我校的人才培养工作侧重国际化和复合化,国际化人才培养的特点即"国际导向,专业复合"。根据前期的国际化人才需求调研,结合我校现有专业分布情况,学校制定了《1+3国际化复合型人才培养模式改革方案》,成立4个校级人才实验班,以培养具有二外特色的标志性人才,同时利用其品牌效应以点带面,推动我校的国际化人才培养工作。

4个实验班分别为中国传统文化实验班、国际知识产权管理人才实验班、金融/经贸英语实验班和高级翻译人才实验班。依托我校优秀本科生转专业制度,所有有意愿的一年级(一下)学生均可申请参加上述4个实验班的考核,通过实验班选拔考核则被选入实验班接受3年的系统学习。

其中中国传统文化实验班,目的在于培养具有深厚的中国传统文化素养,中西融合、古今兼通的知识结构,突出的国际化视野、创新型思维与理解力,同时拥有多语种能力与优势,能够继承和发扬中华民族优秀文化传统,并能够参与国际文化传播、交流等事业的知行合一的复合型、国际化人才。

国际知识产权管理人才实验班,是在2014年下半年,北上广三市在全国率先设立知识产权法院这一背景下组建的,目的在于培养具有良好的外国语言运用能力,具备较好的法学基础理论知识,在知识产权领域学有专长,具有国际化视野,能够适应国际知识产权管理和应用需要的国际化复合型人才。

金融/经贸英语人才实验班以培养具有较强的英语语言能力和金融学/国际经济贸易专业知识及相关技能的国际化、高层次、复合型、应用型人才为目标,培养具有全球视野、协助精神和创新意识,掌握现代金融/国际经济贸易理论及相关国情国策,能够运用金融决策分析工具和方法/国际经济贸易相关知识，并能熟练使用中、英文开展各项工作的现代金融/国际经贸管理与经营人才。

高级翻译人才实验班，目的在于根据国家、社会的发展需要，培养具有扎实的英语和小语种复语语言基础，深厚的中国传统文化知识底蕴，良好的国际视野和交往能力，能够胜任外事、教育、经贸、文化等部门工作的高级翻译人才。

4. 率先成立"一带一路"战略研究院，辐射带动国际化人才培养

我校在国内首创中国"一带一路"战略研究院，下设阿拉伯、"一带一路"等8个区域与国别研究中心。中国"一带一路"战略研究院目前是新丝绸之路大学联盟首批成员。中国"一带一路"战略研究院（China Academy of "One Belt and One Road" Strategy：简称CAOBORS）直接为"新丝绸之路经济带"和"21世纪海上丝绸之路"国家战略服务，充分发挥其外语、旅游、文化、贸易、工商管理、国际关系等学科优势，搭建广阔的国际合作交流平台，以"一带一路"研究简报、"一带一路"蓝皮书、"一带一路"论坛等形式重点服务外交部、商务部、中联部与国家旅游局等部委及"一带一路"沿线国家领事馆，是中国特色的高校智库。

"一带一路"战略研究院的成立和运作过程中，一方面通过专业教师参与研究，提升学校教职工的国际视野和国际化水平，另一方面，也为学校国际化人才培养提供了丰富而又充足的国际化教学、科研资源，也有利于学校国际化学术环境的建设。学生在频繁接触国际化的专家、学者最新观点的同时，也可以参与相关的项目，无形中也开阔了国际视野，逐渐形成全球思维。

5. 异地同步全球课程建设计划，提高课程国际化水平

国际化人才培养，需要统筹利用国内外优质教学资源。基于这种考虑，学校进行了异地同步全球课程的建设工作。其特色在于通过网络技术、全球网络视频会议系统将地理位置相距遥远的不同国家、不同大学之间的班级同步聚集到一起，实施同步授课、同步交流，使相距遥远的各国学生就同一个问题进行探讨和交流，通过协作任务和项目来提高学习者的

语言能力和跨文化交际能力，通过网络形式语言应用与跨文化交际紧密结合，知识学习与语言实践练习结合，既能够提升学生的语言能力和跨文化交际能力，也能够培养学生的跨文化理解力和国际化视野，完全符合国际化人才培养战略。

学校在 2012 年开设了此种课程，通过网络技术将学校应用英语学院的学生与来自美国、泰国、中国台湾、墨西哥四所大学的学生聚集在一起，通过协作任务和项目来提高学习者的跨文化交际能力。

此种课程对于教师进行国际化教学交流也有明显效益，有利于提升教师的国际化水平。学校根据前期的探索和实践，计划在"非通用语+"国际化高端外语人才培养过程中建立异地同步非通用语国际网络课程和非外语类专业异地同步国际网络课程，并统筹北京市财政专项经费和校级教学改革项目经费进行专项资助建设。

6. 构建中国传统文化与通识教育平台，进行慕课学分认定

国际化人才培养，尤其是外语类院校国际化人才培养，特别需要进行中国传统文化教育，以增强学生的国家体认，能够立足中国向世界传播中国文化，讲述中国故事。我校的国际化人才首先是有"中国心"的国际化人才。为此，我校在《2016 版人才培养方案修订指导意见》中特意指出对学校通识教育课程进行深入改革，改革的重点即搭建中国传统文化与通识教育平台，在通识教育课程中增加中国传统文化课程比重。

同时，借助优质网络课程平台的在线课程资源，改造传统公共选修课程。鼓励学生在国内外知名慕课平台上进行课程学习，并对通过学习者进行学分认定，培养学生在线学习习惯，提升在线学习水平和外语应用水平。

培养具有"中国心"的国际化高端技术技能人才
——北京第二外国语学院探索高端技术技能人才贯通培养新道路

孙 婧

(北京第二外国语学院教务处,北京 100024)

摘 要:为适应国家和首都经济社会发展、产业转型升级需要,北京市提出了深化教育领域综合改革,开展高端技术技能人才贯通培养试验的大胆探索。我校锐意创新,结合学校自身优势和发展定位,不断探索具有我校特色的国际化贯通人才培养新道路,即培养具有坚实的通识教育基础、深厚的外语功底、娴熟的外语沟通技巧和良好的国际视野,具有"中国心"、德才兼备的国际化、复合型的高端技能技术人才。

关键词:高端技术技能人才;贯通培养;国际化;培养方案;课程设计;考评体系;师资队伍;科研成果

一、高端技术技能人才贯通培养的必要性
——国家发展战略和首都经济社会发展政策背景

从 20 世纪 80 年代以来,职业教育领域的新职业主义运动对西方国家的职业教育政策与实践产生了深远影响。随着各行各业岗位的技术含量的增加、职业变更的加快,对传统的专注于一个岗位培养专门化特殊技能的职业教育提出了挑战,人们认识到传统职业教育既不利于经济变革的需要,也不利于个人的成长和职业发展。

2010年我国《国家中长期教育改革和发展规划纲要（2010—2020年）》中提出"统筹中等职业教育与高等职业教育发展"的战略思想，要求到2020年形成现代职业教育体系和增强职业教育吸引力，以科学发展观为指导，探索系统培养技能型人才制度，增强职业教育服务经济社会发展、促进学生全面发展的能力。为全面落实《纲要》精神，2011年8月30日由教育部颁发《教育部关于推进中等和高等职业教育协调发展的指导意见》。

随着国家"一带一路"的顶层战略构想的提出，要求在已有基础上推动沿线国家实现发展战略的相互对接、资源互补。如今制约国家发展的瓶颈不再只是资金而是人才。互联网、全球化时代的到来，产生了很多跨领域、综合性的职业或岗位，对人才的知识、能力和素质的复合性要求也越来越高。初级技术人才已明显不符合社会经济发展趋势，不再是我国人才需求的重点，而高端技术技能人才市场则供不应求。

在此形势下，2015年北京市也提出了为深入推进教育领域综合改革，适应国家和首都经济社会发展、产业转型升级需要，开展高端技术技能人才贯通培养试验的大胆探索。北京市的这项贯通培养试验着眼未来、结合专业需要，培养适应国家战略和首都发展需要的高端技术技能人才，以打破职业教育与普通教育的鸿沟，在职普两种教育体系之间建立融通的桥梁。它是以素质教育为起点、以职业能力和职业综合素养的培养与提升为核心，以服务学生终身发展为根本任务的一次教育革新。通过高中、高职专科、本科贯通培养，试图解除应试教育的束缚，整合融通各级各类优质教育资源，为学生成长成才提供更多更好的空间与机会。

二、高端技术技能人才贯通培养的可行性
——北京第二外国语学院推进贯通
人才培养的思考与实践

作为一所有着光荣历史的外语类院校，北京第二外国语学院始终将人才培养工作与首都发展、国家战略实施紧密结合。经过半个世纪的办学实践，形成了"学用结合，注重实践"的办学特色。外语专业强调"技能领

先，注重实训"，狠抓"听、说、读、写、译"基本技能训练；非外语专业依托优势外语教学资源和多元文化环境，坚持"应用导向，强化实践"，走产学研一体化道路。学生国际视野宽阔、创新精神和实践能力突出，综合素质高，就业竞争力强。

学校领导高度重视高端技术技能人才贯通培养计划，专门设立教务处贯培管理科，统筹管理全校贯培相关事宜；成立贯通人才培养学院，与校本部中欧语学院、高级翻译学院分别承担三类贯培项目的人才培养工作，各部门联动，形成合力，共同推进贯通人才培养计划的贯彻实施。在内部积极筹建和规划的同时，加紧与非通用语对应国大使馆建立联系，与对应国大学进行联系，克服国内资源紧缺的困难，全力争取国际资源。从而进一步深化贯通人才培养改革，落实好首都教育综合改革决策部署，更好地培养出符合国家和首都发展战略的新型人才。

学校自 2015 年开始实施贯通人才培养项目，现有在校生 1095 人，生源质量优异，教学成果显著。我校贯通人才培养旨在为学生打通高等教育、中等教育、职业教育的立交桥，用文化素养教育提升学生的发展后劲。贯培生按照相应各专业的培养方案直接进入二外完成中等教育阶段的基础文化课程和通识教育等课程，同时坚持七年始终学习语言课程。本科预科学习阶段，完成通识课程和思想政治理论课程，培养学生的国家认同和文化认同，并进一步提高学生"外语+专业"的能力。优秀学生还有机会参与二外国际交流合作项目，前往国外知名高校，在语言对象国学习相应语种和专业，熟悉体验对象国文化。学生完成学业，达到国家政策规定要求，将获得北京第二外国语学院本科毕业证书和学士学位证书。

学校锐意创新，结合学校自身优势和发展定位，不断深化贯通人才培养改革，主要分为以下三个阶段：

（一）第一阶段：以非通用语为突破口，快速筹建培养单位，进行初步非通用语专业建设和贯通人才培养试点工作

从全面服务国家外事外交和首都经济社会发展对新型人才的需求出

发，我校根据中共中央办公厅、国务院办公厅印发的《关于做好新时期教育对外开放工作的若干意见》，教育部《关于加强外语非通用语种人才培养工作的实施意见》，市教委非通用语外语外事人才培养意见和学校非通用语种发展规划，着力进行非通用语专业建设和非通用语专业人才培养工作，并探索实施非通用语种人才贯通培养项目，培养高端的非通用语种技能技术人才，进而更好地为首都经济社会发展和国家外交战略服务。

2015年，在经过广泛调研、分析国内高校非通用语种专业的开设和人才培养情况，学校专门成立非通用语学院，依托非通用语七年一贯制培养项目，首批组建了拉脱维亚语、匈牙利语、捷克语和波兰语4个非通用语种人才贯通培养实验班，每班20人，共计80人，2015年秋季正式开始招生，为北京市和国家培养急需的高端非通用语种技能技术人才，在北京市掀起了一股"贯培风"，引起了广泛的社会关注和良好的反响。贯通培养方式按照"2+1+1+3"模式，前两年学习英语+非通用语+基础文化课程；第三年在语言对象国学习一年，二外与语言对象国有关学校签署合作协议，以非编班形式派出学生到语言对象国学校学习对应语种，熟悉体验对象国文化；第四年在北京第二外国语学院非通用语学院进行一年的本科预科学习，完成通识课程和思想政治理论课程，培养学生的国家认同和文化认同，并进一步提高学生英语和非通用语语言能力；第五到第七年均在国外学习，学生前往语言对象国知名高校，进行为期3年的对应语种和各专业的本科学习。学生完成学业，达到国家政策规定要求，将获得北京第二外国语学院本科毕业证书和学士学位证书。

（二）第二阶段：扩大贯通培养专业建设和人才培养规模，调整升级非通用语培养单位，建设专门贯通人才培养学院

2016年，为进一步推进贯通人才培养改革深化，学校扩大贯通培养专业建设和人才培养规模。对非通用语专业建设，学校在非通用语改革试点的基础上，决定恢复成立中欧语系并升级建设为中欧语学院。以覆盖中东欧十六国官方语言为目标，在2016年继续申报、开设新的非通用语专业，

申请增设爱沙尼亚语、塞尔维亚语、立陶宛语、罗马尼亚语等 4 个语种专业，与中东欧 16 国官方语言本科专业建设同步。总结 2015 年非通用语专业人才培养经验，为更好开展相关工作，2016 年学校将原非通用语学院并入中欧语学院，在贯培生教学组织管理上实现了第一批匈牙利语、捷克语、波兰语、拉脱维亚语 4 个方向的贯培生的联通培养。同时，2016 年非通用语贯培项目增加为波兰语、匈牙利语、罗马尼亚语、立陶宛语、爱沙尼亚语、塞尔维亚语 6 个非通用语种，每个语种计划招生 20 人，合计培养规模 120 人。逐步实现中东欧 16 国官方语言覆盖的同时，学校还成立了东方语学院，进行其他区域非通用语种专业申报。2016 年申报波斯语、希伯来语、印地语、土耳其语等 4 个语种专业，学校计划将在"十三五"期间重点申报增设非通用语专业，实现学校外语语种数大幅拓展，培养一批符合国家战略需要的非通用语专业人才。争取到 2020 年，学校外语语种达到 30 个，并形成外语专业发展特色。

与此同时，根据学校《北京第二外国语学院综合改革方案（2015—2017）》，配合学校"十三五"发展规划的编制，在非通用语学院的建设经验基础上，进一步探索并深化贯通人才培养改革。2016 年学校组建独立建制的贯通人才培养学院，从弘扬历史传统和现实发展需要出发，着力打造"外语+"的新型培养模式。在办学过程中加强国际交流合作，配备特级教师、大学教师以及外教等强有力的师资队伍，加强文化课与专业课间的相互融通和配合，发挥人文学科的独特育人优势，注重学生文化素质、科学素养、健康素养、综合职业能力和可持续发展能力的培养，形成知识结构合理、语言实践技能突出、跨文化交流能力强、适应能力强的国际化、复合化的贯通人才培养特色，外语和专业并重、语言与文化相随。从而更好发挥高校服务首都经济、政治、文化、社会发展的职能，服务京津冀一体化协同发展国家战略的需求，更好地为北京冬奥会、世界园艺博览会、中华文化海外传播等重大项目和国家战略服务。

（三）第三阶段：凝练贯通人才特色培养，定位培养具有"中国心"、德才兼备的国际化、复合型的高端技能技术人才

学校经过3年的不断思考与创新，探索出一条独具我校特色的高端技术技能人才培养新道路。在培养过程中贯彻立德树人，全面发展；系统培养，层次递进；多元培养，突出差异；注重素养，强化合作。培养具有坚实的通识教育基础、深厚的外语功底、娴熟的外语沟通技巧和良好的国际视野，掌握广泛的政治、文化和科学知识，具备独创能力、跨文化交流能力和创新能力，秉持国家认同和文化认同，能在对外交流、文化、经贸、教育、科研等领域工作的具有"中国心"、德才兼备的国际化、复合型的高端技能技术人才。

三、高端技术技能人才贯通培养的创新性
——北京第二外国语学院探索国际化贯通人才培养新道路

（一）国际化联合培养方案

培养方案着力提升学生面向未来的核心素养，全方位育人，多维度聚焦国际化，入校即接受专业基础教育，体验中外大学文化。七年一体化培养，强调多语种复合、跨专业复合，强化"外语+"人才培养特色，注重学生综合文化素质、综合职业能力和可持续发展能力的培养。我校贯通培养国际化培养模式，一方面采用"中国文化+外国文化"的复合，在课程设计方面不仅始终注重英语与非通用语的学习；另一方面将中国传统文化教育贯穿其中，以培养兼具本土情怀和国际视野的高端技能技术人才。同时，学校为非通用语等项目贯培生提供国际化空间转移学习的机会，学生将有4年在语言对象国或欧美知名大学就读，来实现国际视野的转化。在

国内培养阶段，语言学习环境好，课程衔接紧密；在国外培养阶段，在语言对象国学习时间长，派出学校层次高，从而真正实现一个中国人看世界和站在世界角度看中国的这样一种双向视角，从而打造知识结构合理、语言实践技能突出、跨文化交际能力强和谙熟外交外事原则的高端技能技术人才。

（二）国际化课程设计与学分管理

贯通人才培养方案课程设计要求与对象国课程衔接，采用学分制弹性管理，设计复合型、模块化课程体系，从内容到模式均与对象国课程接轨。文化课程知识体系完整，层次递进；语言课程注重多语种复合，融文化理解于语言习得；通识课程强化综合素质；国际课程培养跨文化交流能力；实践课程注重培养创新能力实训和复合方向拓展。浸入式小班外语授课确保教学质量，立体班级管理模式全覆盖学生学习与生活。外语教学比重大，持续7年不间断，小班制"中教+外教"联合授课，浸入式教学，保证每个人、每堂课都有充分的练习机会。采用"1+1+1"立体式无缝对接的班级管理模式，为每班20名学生配备1名中教、1名外教作为班主任，及1名研究生作为班导师，分别负责学业督导和课外学习生活引领，师生比为2∶1。

（三）国际化学业考评体系

为实现贯通人才培养改革的精神，我校贯培项目创新性采用多维度过程记录，全方位综合测评，加强实践教学，全面提升学生综合素质，增加就业口径。对于语言学习考评，遵循语言学习的规律，加强过程测评，以过程性评价取代终结性评价，参考欧洲语言共同参考框架语言能力测试，加强对语言应用能力的测评。同时，制定了加强贯培生实践教学工作方案，结合学生兴趣形成研究性小组和社团，通过实地调研、问卷分析等形式，引导学生进行劳动创造，拓展课堂知识，强化应用实践，实现全面发展。学校通过课堂教学活动的组织与考评模式转变，力图为学生打通职业教育与学术教育的立交桥，以文化素养教育提高学生的发展后劲，7年的培养阶段，英语贯穿始终，增加了学生的就业口径。

（四）国际化师资队伍建设

贯培项目整合国内外优质教育资源，聚集各行业专家名家，构建高端教师队伍，强化外语特色，加强跨文化交流，拓展教师国际化视野。学校成立了行业专家名家库，强化外语特色，加强跨文化交流，邀请国内外政要、外交专家及业界专家深入贯培课堂任教、举办讲座；并聘请对象国名牌大学的资深语言教学专家，直接使用国外原版教材授课，为学生们提供良好的语言学习环境。同时，我校不断优化师资学历结构，引进名校硕士毕业生，外聘市重点、示范中学优秀教师，鼓励我校资深教授、专业骨干教师直接授课。并通过"国际区域问题研究及外语高层次人才培养"等项目支持培养非通用语种教师及国际区域问题研究人员出国进修，不断提高教师和管理人员学历层次。

（五）教研与科研项目国际化反哺教学

高端技术技能贯通培养项目带动学校专业建设调整升级，扩大开设语种和人才培养规模。成立中国"一带一路"战略研究院、国别研究中心等研究机构，聚焦"一带一路"、东欧16国相关国际课题，教学紧扣研究课题，研究成果反哺教学。目前已获批国家级课题4个，省部级课题8个，形成专著3部，多次举办高端学术论坛，即将启动数字"一带一路"实验室，中青年教师科研热情空前高涨，产出成果显著，相关前沿理念可直接应用于学生日常教学中。

四、高端技术技能人才贯通培养的反思

目前高端技术技能贯通培养项目仍属于新生事物，还面临一些困难与挑战。反思我校高端外语外事人才贯通培养过程，专业教学师资仍有大量需求，尤其非通用语专业教师匮乏且学历层次偏低，国内目前非通用语专业教学资源稀缺，不便教学，亟须官方牵头进行非通用语教学资源库（含教材、音视频视听说资料、报刊、书籍等）建设与共享，为国内非通用语专业教学提供便利。此外，7 年后贯通培养的人才就业出口问题，也需要做好配套的用人机制。

我校将进一步通过国内外优势教育资源的利用，提升高端的贯通人才培养质量，为全面服务国家发展战略和首都经济社会发展输送高端的、兼具本土情怀和国际视野的技能技术人才，建设有特色的、国内外一流的贯通人才培养基地。

参考文献

（1）《国家中长期教育改革和发展规划纲要（2010—2020 年）》，2017 年 7 月 29 日。

（2）教育部：《关于推进中等和高等职业教育协调发展的指导意见》，教职成 2011（9）号。

（3）胡伟：《"一带一路"：打造中国与世界命运共同体》，人民出版社 2016 年版。

（4）李作聚：《北京"2＋3＋2"高端技术技能人才贯通培养下的课程体系建设研究》，载《北京财贸职业学院学报》，2017 年第 5 期。

高校复合型外语人才培养与"国际校区"办学模式探索
——以北京第二外国语学院夏斗湖海外办学项目为例

陈 静

(北京第二外国语学院教务处,北京 100024)

摘 要: 当前我国高等教育正处在全面深化改革的关键时期,随着中国国际地位的快速提升,国际化人才培养的结构、数量和水平都急需提高。推进共建"一带一路",为推动区域教育大开放、大交流、大融合提供了大契机。本文以北京第二外国语学院夏斗湖海外办学项目为例,探索复合型外语人才培养模式改革的新举措,结合夏斗湖"国际校区"办学经验,探讨新形势下海外办学模式与人才培养模式改革的有机结合。

关键词: 复合型外语人才;国际校区;人才培养模式

一、引言

复合型外语人才是指既熟练掌握一门外国语的各种技能,懂得该门外国语基本知识,又具有其他一门学科的基本知识和技能的一专多能的人才。本文以北京第二外国语学院夏斗湖海外办学项目为例,分析高校在创新人才培养模式的过程中通过拟定人才培养方案、组织师资配套、安排实施教学计划和课程开设、选派相关语种专业学生、协调基本教学条件保障等办学事务,开展海外办学和海外人才培养的研究、实践工作,并及时总结经验,凝练成果,形成一套完整的海外办学暨国际化人才培养模式。

二、时代背景与政策依据

在经济全球化迅速发展的今天,政治、经济、文化、科技等领域都需要高层次、多学科、富有创新精神的复合型外语人才。2015年10月,国务院发布的《统筹推进世界一流大学和一流学科建设的整体方案》中指出,要加强与世界一流大学和学术机构的实质性合作;2016年4月中办、国办印发的《关于做好新时期教育对外开放工作的若干意见》中指出,要坚持围绕中心、服务大局,以我为主、兼容并行,提升水平、内涵发展,平等合作、保障安全的工作原则;2016年7月教育部发布的《推进共建"一带一路"教育行动》中提出,"一带一路"为推进区域教育大开放、大交流、大融合提供了大契机。

长期以来,在高等教育中外合作办学领域,"走出去"与"引进来"极不平衡,导致我国教育国际化进程缓慢,滞后于经济全球化的发展。与中国国际地位的快速提升相比,当前我国国际化人才培养的结构、数量和水平还远远不足。但从整体来看,我国拥有丰富的教育资源且特色鲜明,与国外高校互补性强,预留了巨大的合作空间。为推进中国教育国际化,培养国际化人才,《国家中长期教育改革和发展规划纲要(2010—2020)》中提出,必须大力推行教育资源开放,不断深化国际型学术研究与合作,更好地引进和利用优势资源,提升全方位合作水平,推动中国海外办学,扩大留学生规模,广泛开展国际合作和教育服务。

三、培养模式与办学机制

以北京第二外国语学院(下称"北二外")夏斗湖海外办学项目为例,该项目在实施过程中主要围绕三个方面进行创新和探索。第一,坚持以北二外为中心,服务于学校人才培养模式创新的办学定位。法国夏斗湖校区是北二外的有机组成部分,通过该项目的实施,学校将逐步实现海外教学基地、海外中国教育资源(文化传播)区、国别与区域中心等功能设想,使北二外国际化程度和层次实现质的飞跃。同时，以夏斗湖校区为辐射点，以点带面，激发更多高校进行开放教育、教育输出与人才培养相组合的教育教学改革创新探索，促进北京教育对外开放水平整体显著提升。第二，与多所世界一流大学开展合作，创新、拓展合作之路。夏斗湖校区所开设专业是从学校众多专业中精心挑选出来的，主要是为了配合学校复合型外语人才培养规划，充分发挥多语种优势，大力开展国际交流与合作。北二外已与30多个国家和地区的150余所大学和教育机构建立了全方位、多层次、实质性的交流与合作，每年选派一定数量的教师出国进修、访学、合作科研、从事对外汉语教学等。北二外是以外国语言文学为主体学科、以旅游管理为特色学科，文学、管理学、经济学、法学等多学科门类协调发展的市属高校，是国内外语、翻译、旅游、经贸教学与研究的重要基地。2017年3月新增波斯语、印地语、希伯来语、塞尔维亚语、立陶宛语、爱沙尼亚语、土耳其语、罗马尼亚语8个专业成功备案，目前可教授外语语种22个，基本覆盖欧洲国家主体官方语言，这为在法国建立校区，并以此为基地辐射周边欧洲国家提供了语言优势。第三，坚持高水平、有特色办学，扩大中国高校在国际上的知名度和影响力。在全面实施"法语+"的人才培养模式中，在语言、翻译、管理和对外汉语教学等4个互为关联的知识结构体系内，通过法语语言文化与汉、英、美文化融合，外国语言文学与管理学进行跨学科、跨专业的外延复合，培养英法能力突出、人文素养宽厚、跨文化意识强、掌握广博知识、善于研究、勤于思考的高层次人才。充分利用法国高校优秀教育资源，在跨文化背景下，坚持改革创新，以中法高校合作为基础，不断探索海外联合办学培养复合型优秀外语人才的办学模式，为国家建设和实现"一带一路"倡议提供复语型和外向复合型的专门人才。

基于法国地理位置与人文环境优势的考虑，夏斗湖海外办学项目派往夏斗湖校区的学生以法语、英法复语、旅游管理、汉语国际教育等专业为主。与奥尔良大学合作，在法国进行法语专业教学，并依托法国语言文化环境进行浸润式教学，其得天独厚的语言文化优势无可替代，提升学生的外语交往能力；英法复语专业学生去法国学习，英语为本专业，法语为复合专业，培养高级复语翻译人才；鉴于法国是旅游业和国际体育赛事的发达国家，学生学习专业和法语，为我国冬奥会和高端旅游发展培养人才；

汉语国际教育专业的学生学习法语将对中外文化交往有更全面的了解，同时也与当前对汉语国际推广人才的全面要求相契合。以法国夏斗湖校区为学习基地，学习专业语言知识的同时，广泛开展实习实践活动，进行纯正复语式培养与跨专业复合的有机结合，并对语言对象国有较深入的了解，节省预算开支的同时也便于管理和公共必修课程的实施。同时，北二外的中国语言文学、管理学、法学、经济学专业近些年经过双语课程和全英文课程建设，为在夏斗湖校区开设面向国外学习者的中国特色课程打下了基础。此外，北二外在国内第一家建立中国"一带一路"战略研究院，下设多个国别与区域研究中心，这为项目后期实现建立国别与区域研究分中心提供了前期基础条件。

四、项目实施与初步成效

在北京市教委领导的大力支持下，经过两年的精心准备，北京第二外国语学院作为首家试点院校在法国夏斗湖实施海外办学项目。2016年11月首批师生77人正式入驻夏斗湖校区，当地媒体《新共和国报》和法国第三电视台——中央大区台等多家单位对北二外师生的到来进行了采访和宣传，盛赞与中国共同开展的"新形式大学合作"，相关报道在当地引起了强烈反响。北京高校真正在法国成立了第一个海外校园，成为两国人文交流中教育、青年、地方合作领域的新亮点。

夏斗湖项目的培养模式有两种，一是培养高水平复语型人才，二是培养外向复合型人才。无论是这两种中法共享的培养模式，还是学生的成建制派出方式，在中外教育交流合作中都是史无前例的，极具开创性意义。

该项目重视学生政治素养、家国情怀和文化素质的培养。无论是在法国大选期间邀请总统顾问介绍法国政坛及总统选举的相关知识还是应邀访问代奥尔市政厅；无论是邀请有着30多年历史的法国公益性志愿者组织"爱心食堂"（Restos du Coeur）走进思政课堂，还是在诺曼底重温二战历史；无论是在冈城纪念馆观看南京大屠杀纪录片感受和平年代的来之不易还是参观了里昂中法大学旧址，缅怀革命先辈的奋斗精神。同学们深知，今日的留法是为了祖国的复兴，无论哪个时代，个人的命运都是与国家民族的命运紧密相连的。

项目实施一年多来，多次受到学生家长的赞赏与肯定。家长们在网上留言"看着孩子们在法国开心成长，听着孩子们畅想未来，作为家长，真心为孩子们选择二外这所学校高兴"。"孩子们有机会感受法国的风土人情，融入法国，体会中法的不同，有二外做支撑，做后盾，有老师的全程陪伴与教导，相信孩子们不会辜负法国的美好时光，不会辜负二外领导的厚望，也不会辜负家长们的期望。"

夏斗湖校区师生经过一年的刻苦努力，不负众望取得了骄人的成绩。法语专业学生参加全国法语专业四级考试全部通过且良好和优秀近七成，比国内同专业同年级的通过率高出一倍。英语、旅游管理等专业零法语基础学生 8 人达到法语 B2 水平，8 人达到 C1 水平。

2017 年 6 月，夏斗湖校区的 38 名学生应邀作为第十六届"汉语桥"世界大学生中文比赛法国区决赛的志愿者并得到中国驻法使馆教育公参马燕生和奥尔良大学校长布吕昂等人的高度评价。马燕生公参在致辞结束时，特地赞扬同学们的演出，感谢大家对中国形象和中国文化的宣扬。

该项目开展了中法教育交流史上史无前例的新形式大学合作，是高校创新人才培养与人才培养模式改革的新突破，将为更多学生提供更广阔的人文交流平台和更专业的复合培养模式。

五、项目意义与发展规划

北京市教委与首创集团合作建立海外教学基地，是进一步深化北京高等教育综合改革，推进北京高等教育国际化进程，探索北京高等教育海外办学新模式的重要举措。北京第二外国语学院响应国家号召，利用现有海外教学基地的资源，合作共赢，实施夏斗湖海外办学项目试点，符合国家"一带一路"倡议的要求，符合新时期教育对外开放的要求，同时也是北京城市定位、经济社会发展对高等教育提出的必然要求。

高校"国际校区"的办学模式以及与世界一流学校的深入合作将在未来三至五年发挥不可估量的作用，主要实现海外教育教学基地功能和国别与区域研究中心（国别与区域研究人才培养基地）功能，培养出一批具有国家认同和国际视野，具有扎实专业基础和综合知识素养的高素质国际化人才和国别与区域研究人才，并使更多师生有国外留学、深度互访和交流的机会。以这两功能的实现为载体，尝试海外中国教育资源（文化传播）区功能实现，吸收一批国外学习者入校学习专业课程，传播中国思想和文化以及中国视阈下的专业知识体系。同时也可使高校的国际化层次和水平得到大幅度提升，形成有利于高校国际化、高水平人才培养的新格局，激发更多高校进行开放教育、教育输出与人才培养相结合的教育教学改革创新探索，促进高等教育整体国际化水平的提升，扩大中国高校在国际上的知名度和影响力。

六、结语

在国家高等教育处于全面深化改革的重要时期，作为全国政治中心、文化中心、国际交往中心、科技创新中心的北京，需要更多高端人才。北京高校肩负着培养具有较高综合素质和创新精神的复合型外语人才培养的重要使命。进一步创新高水平人才培养机制，切实满足学生对优质教育资源的需求是高校努力的方向。北二外夏斗湖海外办学项目的实施，将带动学校以人才培养工作为中心的教育教学改革实施，从而全面提升办学水平，提高学生的满意度。通过国内外院校联合培养的模式和"国际校区"的办学机制，进行跨专业复合，实现国际、国内教育的有机衔接，通过有效利用国内外资源优势，推进高校办学国际化进程，培养高水平复合型外语专业人才。

参考文献

（1）中华人民共和国教育部：教育部关于印发《推进共建"一带一路"教育行动》的通知，教外2016［46］号。

（2）杜瑞清：《复合型外语人才的培养与实践》，载《外语教学》，1997年第2期。

北京第二外国语学院"双培计划"项目实施的探索与实践
——校际联合培养助力校内跨专业人才培养提升

武冰欣

(北京第二外国语学院教务处,北京 100024)

摘　要:2015 年,立足"北京高等学校高水平人才交叉培养计划",北京第二外国语学院借助中央高校优势专业力量,充分发挥自身学科特色,按照"3+1"培养模式,承担了"双培计划"项目。"双培计划"项目是校际间的人才交叉培养,实现了"专业+专业"的强强联合,项目实施 3 年来,北京第二外国语学院先后与 6 家中央高校开展了联合培养,建立了校际联合培养机制,并将这种复合专业培养理念应用到校内人才培养改革之中,助力校内跨专业人才培养提升。

关键词:"双培计划";人才培养改革;复合专业;跨专业

一、引言

为进一步推进北京地区高等教育综合改革,服务经济社会发展需求,北京市于 2015 年制定下发了《北京市教育委员会关于印发北京高等学校高水平人才交叉培养计划的通知》(京教高〔2015〕1 号),推出"双培计划""外培计划""实培计划"三个子项目。其中,"双培计划"项目是深化北京高等教育综合改革的重要抓手,是由北京市属高校与在京中央高校共同培养优秀学生的一项举措,重点推进高校之间的交流合作与资源共享,为北京市属高校学生到在京中央高校进行访学拓宽渠道。市属高校计划每年输送 2000 名左右优秀学生，按照"3+1""1+2+1"式等培养机制，到中央高校开设的 100 余个社会紧缺专业和优势专业中，进行为期 2 至 3 年的中长期访学；同时，输送部分学生到中央高校开展为期 1 年的短期访学或者修习辅修专业。

作为"双培计划"项目的执行单位，北京第二外国语学院先后与清华大学、中国政法大学、中国传媒大学、外交学院、北京外国语大学、北京师范大学开展了联合培养，截止 2017 年 9 月，共计招生录取 274 名学生，建立了法学+国际知识产权，国际政治+中华文化与小语种、国际政治+外交学，新闻学+社会学、新闻学+国际政治，英语+互联网电视、英语+互联网新闻、英语+英语教育的校际复合专业人才培养模式。从反馈回来的学生成绩来看，学生基本达到了中央高校相关专业的课业要求，部分双培学生的成绩排名列于班级中等偏上水平。从调研座谈反馈的情况来看，双培学生能够较好地融入中央高校的良好学习氛围中，树立了勤奋刻苦的学习精神。这种校际联合培养机制，使学生获得了更多的专业学习、学术研究、出国交换及素养提升的机会，使校际间的师资得以相互共享，丰富和激活了高校教育资源的配置和流动。

二、问题的提出

（一）国家的战略、高校的发展和学生的个人成才都亟须跨专业人才培养

从服务国家发展战略上讲，"一带一路"倡议、"双一流"战略，都为外语院校专业建设与人才培养提出了新挑战和新要求；从当前教育环境上讲，互联网技术蓬勃发展，学生获取知识渠道增多，人才培养面临着教师主导如何发挥、学生主体如何体现的关键问题；从高校发展的外部挑战上讲，高校正处于高等教育改革浪潮之中，需要大力提升人才培养质量，稳固和提升自身在高等教育中的位置；从专业特色上讲，外语院校的"语言+专业"的学科特点对复合培养有着天然需求并且易于复合。总之，以上

各方面都为跨专业人才培养提供了极大可能。

（二）跨专业人才培养需要更大的体制机制创新

事实上，回顾跨专业人才培养改革历程，经历了从"初具意识、初步尝试"到"'我要他学'学校主导"的阶段，各高校开设辅修、双学位专业，供学生在主修专业课外时间去修读。然而不可否认的是，从政府、学校和学生角度出发，在主观和客观上都无法解决诸如教学时间、教学资源、教师工作量及资金费用等资源配置有限、教学成本增加和增量资源无处可寻的问题。固有观念是跨专业人才培养的最大桎梏，跨专业人才培养理念必须经历升级换代，升级到"'自己要学'学生主动"的阶段。

（三）校际联合培养理念应当助力校内跨专业人才培养提升

"双培计划"项目的实施，使学生获得了更多的专业学习、学术研究、出国交换及素养提升的机会，使校际间的师资队伍得以相互学习交流，丰富和激活了高校教育资源的配置和流动。事实上，这种跨校联合培养机制应当可以推动学校校内人才培养机制的改革创新，并对学校的专业建设、课程建设、实践创新教育改革、师资队伍建设、资源体系完善产生深远影响。

三、"双培计划"项目助力人才培养改革

（一）校际联合培养机制创新

在课程建设上，二外与各中央高校联合制定针对双培学生的独立培养方案，开设具有"专业+专业"复合特色的课程体系。同时，利用二外语

言专业特色,为部分双培学生专门开设英语课程,保障双培学生的外语优势。成绩显示,在中国传媒大学学习的32名双培学生中,24人顺利通过英语专业四级考试,通过率75%。在学业管理上,二外建立了自下而上的各级沟通反馈机制和学生学业追踪管理机制。教务处、学生处及相关二级学院培养单位定期走访调研中央高校,看望学生,及时了解学生学习和生活情况。在组织文化上,注重组织双培学生与在校生一起参加学生活动,培养和树立双培学生对于母校的归属感和荣誉感,加强双培学生对于学校环境的熟悉感和校风学风的认同感,为大学四年级双培学生回归本校后的学习和生活奠定良好基础。

(二) 虚拟教研室建设打造教学共同体

二外联合各中央高校,将具有不同学科背景和专业方向的教师聚集在一起,打造学科、专业交叉的师资队伍,通力协作共同完成教学任务,实现跨越组织边界的教学互动的专业团队。二外以虚拟教研室为平台,从学科交叉的研究层面和课程建设层面开展工作,建设复合型专业课程。同时,与中央高校在教学和科研方面展开深度合作,邀请中央高校知名专家学者来二外进行课程讲授或专题讲座,将"双培计划"项目成果惠及本校师生,实现优质资源共享。

(三) 助力校内人才培养提升

"双培计划"项目是校际间的人才交叉培养,实现了"专业+专业"的强强联合。二外将这种培养理念应用到校内人才培养改革之中,有针对性地将本校特色专业、语言专业和非语言专业进行组合,建立校内复合型人才试验班;同时,将"专业+专业"校际联合培养这一理念贯穿到二外2016年版本科生人才培养方案之中。2016年版本科生人才培养方案的设计理念为"以内置式选课模式为平台,满足学生复合型学习需求",通过压缩班级容量、调整课程时段、完善选课模式等一系列制度,打通专业、年级壁垒,为每一位符合选课范围的学生提供了自主选择和定制个人学习计划的机会，学有所成最终实现"英语+专业+小语"的三大专业复合。这种差异化的跨专业人才培养模式，将极大地提升学生的自主学习能力和未来的就业竞争力。

四、推进"双培计划"项目实施的计划举措

（一）发挥北京第二外国语学院的语言教学经验和专业优势

与中央高校通力合作，逐步实现多元资源共享与交流，为人才培养搭建平台，提供学习和实践机会，让学生们在合作中充分获取双方优势资源，加速提升培养效果，并将校外大复合的理念全面落实到二外校内人才培养改革中，使更多学生受益。

（二）联合中央高校加强虚拟教研室建设

通过虚拟教研室的建设搭建双方教学科研合作平台，进一步展开专业教师团队的课堂教学、科研合作等方面的探索，促成教学经验交流、科研信息共享，推进双方联合出版教研研究论文集，进行人才培养和学术合作联合攻关等，力争实现教学科研团队创新发展能力的共同提升，更好地为国家和北京市高等教育改革提供智力支撑。

（三）总结固化"双培计划"项目实施经验

总结"双培计划"项目执行过程中获取的经验和教训，对于这项改革创新项目的理论基础、管理制度、管理模式、管理机制、合作模式等内容进行梳理，以期达到边工作、边总结的效果，完善形成二外校级层面的专项配套管理制度，为以后项目的顺利执行保驾护航。

五、展望

　　跨专业人才培养理念是二外对深度融入世界舞台、全面参与国际事务的国家战略需求的回应，是对新形势下高等教育改革发展趋势的回应，是对学生及家长高标准学习要求和高品质教育期望的回应。党的十九大提出了"内涵式发展"理念和方向，对高等教育及高校发展具有极大的指导意义，创新人才培养模式必将助力于高校内涵式发展。面对国家战略、北京定位、社会需求及学生意愿，市属高校人才培养工作走进了"新时代"。深化二外教育教学改革要紧跟北京市的改革方向和行动步伐，更好地借助"双培计划"项目校际联合培养平台，同时发挥我校人才培养的传统优势和外语特色，摒弃外语教学工具化的传统模式，将外语作为一个变量并使之功能化，进一步完善跨专业人才培养模式改革，无限挖掘学生潜力，逐步扩大学生受益面，形成既能满足学生兴趣偏好，又有一定竞争淘汰的良性循环，打造"外语+"的新型跨专业人才培养模式。

基于协同理论的国际化与社会多元协同"1+3"外培生人才培养模式

李树红

(北京第二外国语学院旅游科学学院,北京 100024)

摘 要:本文基于协同理论对学生管理工作的启示,以北京第二外国语学院为例,分析国际化与社会多元协同"1+3"旅游管理专业外培生人才培养模式与实践成效,探索创新外培生教育管理工作机制,为高校推进"外培计划"、培养国际化专业人才提供可行性建议。

关键词:协同理论、外培计划、外培生、国际化、管理

一、研究背景

在北京市确立了政治中心、文化中心、国际交往中心和科技创新中心的首都城市定位的宏观国家战略引领下,北京市教委酝酿出台了一项深化北京高等教育综合改革的重要举措"北京高等学校高水平交叉培养计划"。"外培计划"作为"北京高等学校高水平人才交叉培养计划"的重要子计划之一,核心在于不断加强北京市属高校与海外境外知名高校的交流合作,实现优质高等教育资源共享,建立健全高校之间联合开展人才培养的新机制,共同培养符合社会和时代需求的高素质创新人才。简而言之,"外培计划"就是市属高校输送学生到海外境外知名大学访学培养。"外培计划"是北京市属高校今后深入推进高等教育教学改革的重要抓手,同时有助于推进市属高校的高等教育国际化进程。

北京第二外国语学院是一所以面向国际文化交流人才培养和研究为统

基于协同理论的国际化与社会多元协同"1+3"外培生人才培养模式

领,以外国语言文学和旅游管理为优势特色学科,以培养具有国际视野的复合型人才为培养特色的国际化、有特色、高满意度的教学研究型外国语大学。学校依靠国际化办学特色和优势,适时抓住"外培计划"机遇,成为"外培计划"首批执行的市属高校之一。北京第二外国语学院旅游管理学院在上级部门的政策引导下,从2015年起积极落实推进"外培计划",主要以高考招生录取的方式选拔一批拔尖学生派往国外合作院校——美国南卡罗莱纳大学(University of South Carolina)学习旅游管理专业。学院对于高考招生录取为外培访学学生(简称"外培生")采用"1+3"培养模式,第一学年在本校上课,第二至四学年赴南卡罗莱纳大学访学,中外双方学分互认,毕业时颁发双方院校的学历学位证书。

"外培计划"给市属高校带来机遇的同时,也令高校和二级院系面临诸多挑战。如何将学业优异的高考生在一年的时间内培养成符合外方院校录取要求、具备家国情怀和跨文化能力的合格外培生?如何将外培生教育管理工作与其他常规工作一并推进?

本文结合北京第二外国语学院的"外培计划"项目实施情况,浅析协同理论对解决相关教育管理问题的启迪意义。

二、协同理论概述及其启示

协同理论(Synergetics)亦称"协同学"或"协同论",由德国著名物理学家赫尔曼·哈肯(Hermann Haken)1976年提出,是系统科学的重要分支理论,是近十几年来获得发展并被广泛应用的综合性学科。

协同论主要包括协同效应、伺服原理和自组织原理三方面内容。协同论认为,千差万别的系统,尽管其属性不同,但在整个环境中,各个系统间存在着相互影响而又相互合作的关系。例如:高校各院系之间的相互配合与协作关系,以及可能出现的相互干扰和制约等。系统要实现自组织过程,就必须具备自组织实现的条件。首先,系统必须具有开放性。能与外界进行物质、能量和信息的交流,确保系统具有生存和发展的活力;其次,系统必须具有非线性相干性,内部各子系统必须协调合作,减少内耗,充分发挥各自的功能效应。各子系统相互合作产生合力,才能产生协同效应（Synergy Effects），简单地说，就是"1+1>2"的效应。在一定的外部能量流、信息流和物质流输入的条件下，系统会通过大量子系统之间的协同作用而形成新的时间、空间或功能有序结构。在解决现实问题的过程中，除了协同好内部各子系统之间的关系之外，还需协同一切可以协同的力量来弥补自身的不足，提高整体优势。

基于协同论的普适性特征，将其引入管理领域，有助于为解决现实领域的问题提供新的思维模式。一个高校可以看作一个协同系统。基于协同理念，可以像纽带一样把高校不同部门、不同类别的工作有机联系起来，进而高校可以更有效地利用现有的资源和优势开拓新的发展空间，进一步推进高等教育国际化，助力高校内涵式建设发展。

三、探索国际化与社会多元协同人才培养模式

从学院外方合作院校美国南卡罗莱纳大学所在国家的教育政策来看，美国将外国学生来美国学习的教育与本国学生送出国门的国际化教育统一列入本国的高等教育国际化，倾向于"同一化管理"。从国际惯例来看，世界各国对外国留学生普遍采用趋同化管理的培养方式。在高等教育国际化大趋势下，学校接收的来华留学生数量大幅增加，出国留学学生数量也逐年增长。面对这一现状，学校基于协同理论，以国际化为统领，引入国际化管理理念，对包括外培生、留学生、统招生在内的全体学生管理逐步实现从"保姆式照顾"到"趋同化管理"的转变，在实践中积极探索国际化与社会多元协同人才培养模式。

（一）学校内部协同

尽管"外培计划"是北京市教育委员会2015年起实施的新政策，学校并未将外培生管理工作孤立单列出来，而是从高等教育国际化的角度，将外培生、来华留学生与统招生一并视为高等教育国际化的受益对象，将外培生教育管理与来华留学生教育管理工作等常规工作有机结合起来，不

基于协同理论的国际化与社会多元协同"1+3"外培生人才培养模式

仅节省了人力资源成本,而且提高了管理效率。同时,为保证"外培计划"的顺利开展,学校积极协调英语教育学院、国际交流与合作处、教务处等相关部门,整合优势资源,为项目实施提供多方面的有力保障。

1. 培养理念

《国家中长期教育改革和发展规划纲要(2010—2020)》指出,要坚持德育为先,创新德育形式,丰富德育内容,不断提高德育工作的吸引力和感染力,增强德育工作的针对性和实效性。学校坚持把社会主义核心价值观融入教育教学全过程,坚持把中国传统文化教育融入人才培养全过程,注重"融中外,兼知行",大力创新德育形式。

外培生是经过严格选拔、公派出国的优秀拔尖学生代表,肩负着高质量完成学业、服务国家和北京经济社会发展的重要任务。外培生的国际视野应当也必须建立在国家认同的基础上。重视对外培生的中国传统文化和社会主义核心价值观教育,有助于培养他们团结互助、诚实守信、遵纪守法、艰苦奋斗的良好品质和"爱国、创新、包容、厚德"的北京精神,增强道路自信、理论自信、制度自信和文化自信,为外培生坚定理想信念、抵制不良思潮、顺利完成访学及将来走向社会打下坚实的基础。同时,来华留学生是我国与各国之间友谊的桥梁和纽带,是我国优秀文化的传播者。加强对来华留学生的德育工作,有助于培养亲华友华的国际人才,向世界展示传播中国传统文化和悠久文明的精髓,吸引更多的外国人关注中国,热爱中国,支持中国。

针对当代大学生思想行为特点,我校大力创新德育形式,通过"最美冬奥,语你相伴"京津冀中外语伴大赛等丰富多彩的高质量品牌活动,吸引大批中外学生,增进了中外大学生的友谊,促进了跨文化交流和中国文化对外传播能力的提升。学院学生社团定期组织中外大学生共同参加国家博物馆、故宫、国子监等旅游景区、景点游览活动,使中外学生受到深厚的中国文化的洗礼,促进中外文化的交流融合,进一步提升外国留学生在中国学习的积极性。

2. 管理模式

学校对于外培生、统招生和留学生坚持"趋同化管理",将外培生与留学生一同进行"插班式"培养，为外培生、统招生和留学生在获得同等教育的基础上搭建有效互动的平台。学校将全体本科学生纳入"学生—班级（学生班主任、班委）—学生社团（学生会、团总支）—教师（含辅导员、教学秘书）—学院领导班子"五级网格化学生管理组织中。一方面，多元文化的学习生活环境使外培生置身于"未出校门，先出国门"的国际化校园，在经历不同文化背景和思想观点的碰撞过程中，学生能够加速提升外语能力和跨文化敏感度，有意识地培养国际视野，为学生快速适应国外校园生活奠定了良好的基础，同时也有助于来华留学生汉语水平和跨文化能力的提高。另一方面，"趋同化管理"使师生能够正视外培生的"学生"身份，使外培生不盲目沉浸于某些虚幻的光环，踏实完成第一学年在国内的学习，同时也有助于教师严格把握教育公平的尺度，保证外培生学业成绩的真实性，为下一步的外培生选派工作奠定重要的基础。此外，"趋同化管理"有助于促进班级与学风建设。与班级其他同学相比，外培生不仅要完成在国内院校的学业任务，还要达到外方院校的语言水平和学业绩点等录取要求，承受着更大的学习压力，学习劲头十足，在班级中营造了良好的学习氛围，潜移默化中影响了班级同学的学习态度，树立了优良的班风、学风。

3. 部门协同

北京第二外国语学院是一所以外国语言文学为主体学科、以旅游管理为特色学科，文学、管理学、经济学、法学等多学科门类协调发展的著名高校，是中国外语、翻译、旅游、经贸教学与研究的重要基地。依托优势外语教学资源和多元文化环境，在坚持"专业＋外语"复合教学模式基础上，英语教育学院整合优质师资力量，为外培生单独开设英语能力强化班，帮助外培生有针对性地提升英语应用能力，以便更好地适应外方院校全英文的学习生活环境。

国际交流与合作处紧密结合部门工作经验，为外培生进行系统的涉外培训教育，详细介绍对象国人文地理、风俗民情、政治制度、法律宗教、涉外礼仪、公共医疗等必备常识，使外培生对对象国有了全方位、系统化的了解，为外培生遵守对象国法律法规、保护自身安全和利益提供了强有

基于协同理论的国际化与社会多元协同"1+3"外培生人才培养模式

力的智力支持。

教务处紧密结合《〈关于进一步提高北京高等学校人才培养质量的意见〉实施方案（2013—2015）》等文件精神，引导外培生在认真学习专业知识的同时，尽早树立科研意识，将专业知识技能学习与科研创新紧密结合起来，鼓励和支持外培生参与申报学校年度大学生科研创新项目，充分利用先进的国际教育资源，积极主动与校内学生同步开展科学研究，培养学生的创新创业意识和实践应用能力。

（二）学校内外协同

1. 与外方院校加强沟通协调

学校紧扣北京市教委关于实施"外培计划"的工作重点，切实加强与国外合作院校的沟通协调，密切协作配合，不断拓宽校际交流合作的深度和广度。

双方首先建立完善了校院两级协作机制，提高了跨区域、跨时空的办事效率。同时，学院积极开展调研，大力推进综合改革，在借鉴外方院校培养方案的基础上，完成了2016年版旅游管理专业人才培养方案修订工作，进一步完善了人才培养的课程体系和教材体系，充分支撑了国际化、复合型、高层次和应用性的培养目标。此外，学院积极借鉴外方院校先进的教育教学理念和方法，引入多元测评机制，提升了学生的学习积极性和学习效果。

学院还积极邀请外方院校教授来校举行全英文学术前沿讲座，加强了学院教师与国际师资的学术联系，初步搭建了国际教学科研合作平台，在国际知名期刊发表了相关成果，有效地提升了学院师资的国际竞争力。学校与学院不断深化与外方院校的合作，建立了联合培养博士点（北京第二外国语学院与美国南卡罗莱纳大学联合培养旅游博士），构建了旅游管理专业人才从本科到博士阶段的完整培养体系，为今后进一步利用国外优质教育资源，争创一流专业夯实了基础。

2. 与学生家长建立协作机制

外培生家长作为学生的监护人和"第一任老师",在教育、引导学生等工作中拥有不可忽视的力量。学院发挥办学自主性,以外培生家长座谈会为契机,与全体外培生家长建立联系,充分利用微信软件的便捷功能,特别建立微信工作群——"南卡外培生家长群",以便及时沟通传达与"外培计划"相关的资助政策、学业要求、派遣流程等重要信息,及时解答学生家长的疑难困惑,保障信息的透明性和对等性。同时,学院依托微信工作群,积极协同学生家长,努力形成引导教育学生的合力,共同推进"外培计划"的实施。

学生家长通过微信工作群积极配合学院工作,充分发挥主观能动性,群策群力,互帮互助,对资金担保、公证材料、申请签证等平时从未接触过的业务流程认真参与研究探讨,并第一时间分享办理经验,极大地提高了外培生出国手续办理的进度,切实发挥了坚实后盾的作用,也为进一步完善相关工作提供了宝贵的建议。

(三) 协同效应初显

在2015年度"招生计划"外培计划项目上,学校共招生92名高考生,其中旅游管理专业学生20名。经过学校学院的全力培养和学生的勤奋学习,2016年9月,学校"外培计划"整体派出率达90%,其中旅游管理专业外培生派出率高达95%。此外,根据外方院校联络人、外培生班委和家长的反馈,旅游管理专业外培生在外方院校学习专业课程、参与校园活动、独立生活等各方面适应能力良好。外培生在外方院校第一学期的期末成绩统计结果显示,成绩为A的科目平均占比高达81.13%,其中有7名外培生全部科目取得A的优异成绩。

参考文献

（1）北京市教委高教处：《北京高等教育实施"双培计划"与"外培计划"的工作重点》，载《北京教育（高教）》，2015年第6期。

（2）裴怀涛：《完善外培计划推进机制 提升国际化人才培养水平》，载《北京教育（高教）》，2017年第3期。

（3）黄祥嘉：《基于协同理论的高校科研管理绩效提升策略》，载《中国高校科技》，2014年第11期。

（4）http：//www.moe.edu.cn/srcsite/A01/s7048/201007/t20100729_171904.html。

"双一流"建设背景下加强高校教学管理供给侧结构性改革的新思路研究

高钰洋

(北京第二外国语学院日语学院,北京 100024)

摘 要:随着"双一流"建设进程不断加快,建立年龄与知识结构合理、综合素养高的教学管理人员队伍成为建设"双一流"高校的前提与保障。本文在分析中国"双一流"建设的一系列概念基础上,对当前我国高校教学管理存在的问题与面临的挑战进行深度的剖析,判断研究未来高校教学管理的新定位。最后,提出"双一流"建设背景下加强高校教学管理供给侧结构性改革的新思路,一是加强教学管理队伍建设,二是推进高校教学管理科学化改革。

关键词:中国"双一流"建设;高校教学管理;供给侧结构性改革;新定位

一、什么是中国"双一流"建设

2017年,我国全面启动中国高校"双一流"(即:世界一流大学和一流学科)建设。高校"双一流"建设是继"985""211"工程后,中国高等教育领域的又一项国家重点建设工程,是党中央对全国高校的又一次重大战略部署。"双一流"项目着眼于国家"两个一百年"的战略目标,是我国为实现中华民族伟大复兴,实现从教育大国向教育强国地位迈进的重要载体之一。其目的是破除制约大学快速发展的体制机制障碍,加快创建充满活力、富有效率、更为开放、有利于科学发展的体制机制,为积极探索中国特色的世界一流大学和一流学科建设之路注入强大的动力。

（一）什么是"世界一流大学和一流学科"

（1）世界一流大学必须体现举世公认的水平、地位、卓越成就，以及对世界范围的有才之士的巨大吸引力。其次，它不仅要具有世界一流的办学实力、悠久的历史和文化，最主要功能是培养一批对政治、经济和社会发展做出突出贡献的杰出人才，同时，它必须拥有一批在若干领域引领科学和技术进步，在世界享有崇高学术声誉的杰出教授。目的是要通过世界一流大学建设使我国成为国际学术中心，整体上促进我国向高等教育强国迈进，而绝不仅仅是使个别几所大学达到世界一流水平。[1]

（2）一流学科是指针对自身学科结构特点，就关键共性技术的发展方向主动探索，使学科专业结构始终体现行业的最新发展方向和经济社会发展的需求，从而为国民经济建设提供具有前瞻性的人才与技术支撑。一流学科不仅将其发展完全定位在服务行业人才培养和直接解决技术问题上，更需要站在本领域学术前沿，以团队建设、平台建设及国家重大科研项目为载体，强化交叉学科研究，加强学院之间的交叉建设和沟通融合，推动基础学科与应用学科的互为利用，实现多类型学科交叉协同和相互渗透。

（二）什么是中国特色"双一流"

建设世界一流大学和一流学科，不可避免地要参照国际通行的世界大学评价指标体系，对世界大学进行排名，这些指标在很大程度上可以衡量一所大学的办学质量。但我们也应该看到，其评价指标体系在很多方面还无法充分反映我国大学的真实水平和对人类文明发展的实际贡献。因此，"双一流"建设不能盲目照搬世界大学评价指标体系，要探索建立具有中

---

[1] 见《教育部官员解疑"双一流"：有哪些核心任务》（http://www.unjs.com）。

国特色的、世界一流的"中国标准"①，逐渐将中国标准融入到世界标准中去。

中国高等教育的特色之处在于，我们拥有一大批扎根中国大地的行业型学校，特别是行业特色型大学，据统计，自新中国成立以来，我国中央和各部委先后共成立了570多所行业类高校。如果算上地方成立的行业类高校，其总数占我国高校总数的一半左右。比如，我们的地质、矿业、石油、电力、钢铁等独立建制的大学，这些大学在国家发展中都发挥了重要作用，也为地方经济发展与人才培养提供支撑。其次，中国特色"双一流"建设需聚焦中国的文化传统、理论体系、话语体系及人文社会科学范式，其教学评价体系与西方国家评价指标也存在着很大的差异，比如，我国的人文社会科学以中国特色社会主义理论为指导，我国特有的民族教育、国学教育、价值观教育等，我国设有马克思主义理论、中医学、中药学等学科专业，这些均为我国独有的学科专业。这些"中国特色"是无法用世界通用指标来进行衡量的。

（三）什么是高校教学管理

教学管理是高等教学的重要工作之一。它是管理者通过一定的管理手段，促使教学活动达到学校既定的人才培养目标的一个重要过程，是维持正常教学秩序的强力保证。教学管理者，不仅需要完备的知识结构，还需要具备较强的收集与分析能力和协调沟通能力，随着"双一流"建设的全面启动与行业领域发展及学科建设相关的科研教学工作任务不断增多，教学管理的难度也将不断加大，对教学管理工作者的要求将不断提高。建立年龄与知识结构合理、综合素养高的教学管理人员队伍必将成为建设"双一流"高校的前提与保障。当前，在教育领域层面出现的一系列教学管理新问题，表明加强教学管理供给侧结构性改革的思路与路径是必要的。为更好地服务高校"双一流"建设，服务师生，高校应准确把握国家大政方

---

① 见《如何打造具有中国气派的世界一流大学》（http：//paper.people.com.cn/rmlt/html/2017-02/11/content_ 1758363.htm）。

针，将正确的战略思维与理论应用于教学管理人员队伍管理与发展过程中。

二、当前我国高校教学管理存在的问题及挑战

当前，在建设"双一流"的大背景下，我国高校教学管理还存在着一些难题与挑战。

（一）存在的问题

问题一：教学管理队伍管理有效供给不足。 随着高校规模的扩大、改革的深化，教学管理的工作量逐年增加，其工作繁杂琐碎，难以量化，使得教学管理人员的编制配备缺乏充分保障，因此教学管理人员常常陷入大量琐碎的事务性工作而无暇参加业务培训、进修，普遍缺乏专业管理知识和技能，教学管理工作仍然停留于凭经验来应对事务性管理的层面上。同时在职称评定时，由于教学管理人员一般工作实绩隐蔽性强，工作量化难，以致晋升职称较为困难；加之教学管理岗位又具有工作繁重、精神压力大、不被重视等现状，导致部分教学管理人员心态不平衡、思想不稳定、工作不安心，工作积极性和主动性受挫，影响了其对教学管理工作的精力投入，最终影响工作，影响了教学管理功能的有效发挥，这对高校建设"双一流"十分不利。

问题二：教学管理信息化科学化应用不到位。 当前绝大多数高校把精力过多放在信息化平台和硬件建设，教学管理观念的信息化和现代化没有引起足够重视，同时也缺乏一个有效的信息化领导决策部门，没有对教学机构的信息化制定一个明确的规划，没有认清信息化管理中的工作重点，在信息资源建设方面也存在滞后的问题，比如缺乏相应的建设标准，各高校之间无法进行有效沟通，各教学部门之间教学资源也没有实现科学有效的共享，导致各部门之间出现重复性工作，大大降低信息化资源的利用效能。

（二）面临的挑战

挑战一：信息化时代推动大学组织形式发生巨大变化。人类正在进入信息社会，信息技术的进步带来新技术、新设备、新模式的探索和涌现，从而推动了传统教育理念、模式与方法的变革，推动了学习方式的转变，也推动了高校的组织形式与科研方式的改变，比如：学习模式、教育方式、教育理念、科研方式的转变等。"双一流"大学建设，促使教学管理工作者需更加紧密结合国家发展和国家人才战略，充分重视信息技术与教育教学融合的发展，同时高等教育要发挥在国民信息化水平提高等方面的引领作用，教育资源的开放共享是教育和信息技术融合发展的必然。

挑战二：大众化高等教育与市场需求不匹配矛盾突出。高等教育体制改革导致高等教育从精英教育向大众化教育转变，随着社会分工日臻细微，社会对多元化人才需求越来越高，重学历、轻素质的传统人才招录模式不断被打破，高校毕业生供过于求，重技能、复合型人才需求日益旺盛，专业学科不突出与综合素质培养不全面，大学生自身优势短缺、短板明显化的情况导致就业矛盾日益明显。"双一流"建设，则是要求我国高校教学管理紧密结合社会需求与科技创新需求，全面服务复合型人才培养与社会经济发展。

三、"双一流"背景下教学管理的新定位

笔者认为，教学管理其本身具有唯物辩证属性——实践产生理论，理论指导实践。在综合运用合理科学的行政管理方法、思想教育方法以及必要的经济管理手段的前提下，参与到高校教学的各个方面，既是润滑剂，更是发动引擎。未来教学管理不仅仅是一般的事务性工作，而是兼有行政管理和学术管理双重职能，是一门研究"以教学为中心，以高水平的教学质量为目标，以科学管理为主线"的教学及其组织管理的客观规律与内在联系的重要学科，是教学活动与行政管理的中间媒介，地位作用突出。其

不仅需要研究教学管理规律，负责日常教学管理工作，也需要辅助各教学机构设置稳定的教学管理制度，保障教学工作的正常运转，更是需要融入学术研究与教学过程中，积极推动组织实施教学改革，根据教学发展新形势与新要求，是配合学校改革教育思想与教育观念的主力军。

四、政策建议

（一）加强教学管理队伍建设

一是将培训和管理结合，切实提高教学管理队伍的整体素质。建立教学管理人员队伍系统化、常态化和制度化的培训机制，加强教学管理人员的选拔、使用和培养。积极鼓励现有教学管理人员在职进修提高学历层次，定期开办教学管理业务培训，举办教学管理学术研讨会，加强对管理人员实用性专业管理知识与技能的培训，努力提升教学管理人员的业务水平和管理创新能力，积极探索建立教学管理人员出国考察培训的机制。

二是将管理与研究相结合，努力提升管理水平。教学管理并不仅仅是一般的行政管理，而是兼有学术性管理和行政管理的双重职能。引导教学管理人员密切关注教改前沿动态，支持和鼓励教学管理人员结合教学管理工作实践多交流经验，积极开展教育教学改革和教学管理研究，尤其要根据教育改革的新形势、新要求，深入研究教学管理的新问题、难点问题，并以研究所取得的成果指导教育教学改革及管理实践。

三是将奖励与激励相结合，充分调动其工作积极性。在人员队伍机制上，按照专职与兼职相结合的模式，充实教学管理队伍力量，保证教学管理工作质量。在分配激励机制上，从淡化身份、强调岗位的理念出发，按照优劳优酬的原则，优化人力资源配置，最大限度地发掘管理人员的潜能，有力地调动教学管理人员投身教学管理工作的热情和积极性。此外，努力改善教学管理的工作环境和待遇，在职务晋升、职称评审等方面给予一定的政策保障。奖励工作业绩突出的教学管理人员。

（二）推进高校教学管理科学化改革

遵循高等教育的基本规律，以教学管理基本原则为指导，运用现代科学方法，建立起教学管理决策系统、教学信息反馈系统、教学过程监控系统进而实现对教学管理全过程的动态有效管理。

一是建立教学管理的决策系统。 教学管理的决策系统指挥着教学管理系统的运行，教学管理的决策是指参与教学工作的领导者，在实践基础上形成的一定认识的指导下进行的选择目标和行动方案的活动，依靠教学过程中知识、信息的传递、交流、加工和制造，应用信息化工具不断完善学分制下的教学培养计划管理、教师任课管理、教室管理、网上选课及排课、实验预约、考试安排、成绩管理、学籍管理、学生评教、教师评学、教学资源查询分析等教学管理决策系统的建设，实现教学条件、课程形态、教学形式、学习方式、管理手段的现代化。

二是建立教学信息反馈系统。 可靠的信息必须经过信息网络才能获取，教学状况信息反馈系统要求及时得到利用决策执行的准确和有力的信息，以便使决策部门在充足准确的信息下，有效调整和控制教学的顺利进行，信息反馈系统的科学化管理主要体现在教学信息的收集、教学信息的浓缩、教学信息的筛选、教学信息的提取反馈四个方面。如学校每季度都会要求学生在网上对自己的任课教师进行教学评估，这已成为教学质量监控与评价系统中的重要组成部分，并且在实际教学管理工作中发挥重要作用，它不仅能使教师改进教学质量，提高教学水平，而且有助于教学管理人员科学决策，提高管理水平。对学生而言，还可以树立他们作为教育产品消费者在教学活动中心的主体地位，增强他们的主人翁精神，自觉、主动地投入到教学活动中去，从而在教学活动中受益更多。

三是建立教学过程控制系统。 以教学质量为核心，以各类教学检查为手段，实现教学各环节的有效控制。质量控制是指对影响教学质量的因素直接加以干预。对教学质量实行有效控制，关键在于将经过质量检查和分析提出的改进教学的意见付诸实践，切实解决教学过程各个环节存在的问题，及时获取各种反馈信息，对形成教学质量的各种因素进行合理的调控。

参考文献

(1)《教育部官员解疑"双一流":有哪些核心任务》,http://www.unjs.com。

(2)《如何打造具有中国气派的世界一流大学》,http://paper.people.com.cn/rmlt/html/2017-02/11/content_ 1758363.htm。

第四部分

红色资源融入大学生思想政治教育探索[①]
——对全国大学生红色旅游创意策划大赛的思考

李智慧

（北京第二外国语学院旅游科学学院，北京 100024）

摘　要：如何增强思想政治教育的实效性，培养大学生社会责任感和使命感，是大学生思想政治教育需要关注的问题。红色旅游创意策划大赛实现专业教育、革命精神传承与大学生思想政治教育的有机结合。大赛发挥红色资源的育人作用，将地方政府、高校、旅游界资源有效融合，是大学生思想政治教育的方式方法的创新。

关键词：红色资源；思想政治教育；创新

习近平总书记在全国高校思想政治工作会议上指出："做好高校思想政治工作，要因事而化、因时而进、因势而新。"[②] 北京第二外国语学院以丰富当代大学生思想政治教育形式为起点，以"红色历史、红色精神"为内核，结合学校旅游管理的专业背景，设计并组织"全国大学生红色旅游创意设计大赛"，邀请专家、旅游界高管等进校园与大学生赴红色旅游景区等走出去紧密结合，优秀作品直接应用于旅游景区推广和旅行社线路开发，取得了较好的成效。

---

① 此文为2017年二外党建思政暨德育研究会立项课题《以全国大学生红色旅游创意策划大赛促进社会主义核心价值观内化的实证研究》阶段性成果。

② 习近平：《在全国高校思想政治工作会议上的重要讲话》，新华社，2016年12月8日。

一、红色旅游创意策划大赛的缘起和思路

红色旅游创意策划大赛（以下简称红旅大赛）从 2011 年第一届主办至今已连续举办七届。参赛院校和队伍从最初的 1 所高校的 28 支队伍增加到 2016 年的 68 所高校、160 支参赛队伍，涵盖全国 22 个省、直辖市共 56 个城市。

红旅大赛的启动源于对大学生思想政治教育工作的深刻思考，如何将学生的专业知识与实践能力紧密结合，将专业实践与学生的思想政治教育紧密结合，充分挖掘红色旅游资源，以实现专业教育、革命精神传承与大学生思想政治教育的有机结合。通过理论研讨和实践探索，按照"为什么—做什么—怎么做"的内在逻辑，确立了在认知—认同—践行三个层面促进价值转化的思路。在红色资源价值转化的过程中，实现了思想政治教育、专业知识学习和实践能力提升三者的融合。

二、红色旅游创意策划大赛的设计与实施

（一）在价值认知层面，运用多种渠道促进价值传导

红旅大赛本着"专家主导，学生主体"的组织原则，结合大学生的兴趣点，采用多种渠道对红色资源的价值进行宣传推介。

将红色资源与革命精神传承紧密结合。红旅大赛的每一届都紧密结合时代的主题。如第一届以建党 90 周年"中华魂革命情红色行"为主题，挑选具有代表性的红色景区进行线路规划、第四届大赛以"传承鼎新 追梦之旅"为主题，聚焦革命老区旅游业发展；第五届大赛以"铭记历史 面向未来"为主题，聚焦抗日战争胜利 70 周年；第六届以"弘扬长征精神·传承红色基因"为主题，聚焦长征胜利 80 周年。通过有针对性的主题，将红色资源与革命精神的传承密切结合。

将传统优势同信息技术高度融合。在大赛启动推广阶段，不仅通过发布通知的传统形式，同时开通官方网站、官方微信等多种形式进行推广，线上线下同时推进。针对大学生对红色旅游、旅游创意的问题随时答复，及时互动，吸引他们对红色旅游的关注，引导他们积极参与到比赛之中。比赛过程运用情景模拟等多种方式，将大赛过程转化为现场教学过程，使参赛选手和观众受到启迪。对于大赛的优秀作品进行线上宣传，将革命传统和革命精神用红色旅游的方式进行传递。

（二）在价值认同层面，采用多种方式促进价值内化

通过实地考察采风促进价值内化。红旅大赛组织参赛选手实地考察采风，在重温革命精神的基础上完善、丰富参赛团队的作品。采风分为两种形式，一种是选手依据红色旅游创意策划自行选择到红色资源地考察体验，另外一种是组织选手到决赛举办地进行红色资源考察体验。2016年主办方组织百余名参赛选手到贵州遵义考察，在女红军纪念馆参观时，女红军的人格力量和献身精神震撼了每一位师生的心灵，大家忍不住流下了眼泪。

通过红色旅游创意策划设计促进价值内化。大学生围绕红色旅游与传统观光旅游等项目融合发展设计旅游线路和旅游产品方案。这些方案的设计必须基于对红色资源价值的内在挖掘，通过参赛大学生的重新整合以方案的形式展现出来。这种设计整合的过程就是大学生对于红色资源价值内化的过程。2016年参赛团队EPOCH结合江西弋阳红色资源，设计的以方志敏故居"可爱的中国"为核心的旅游策划案，将绿色美景与红色教育紧密结合，打造"亲子游弋阳，红绿齐飞扬"主题，得到了评委的一致认可。这种有吸引力的作品正是以选手对于红色资源价值的有效内化为基础。

（三）在价值践行层面，跨界联合推动价值成果转化

运用N+1模式助力旅游扶贫。红旅大赛采用原创红色旅游创意设计

案加举办地红色旅游产品（线路）创意设计案，突出创新性、实践性和可操作性，实打实为举办地的旅游发展助力。2016年在贵州遵义举办比赛，参赛选手结合遵义红军街、羊肉粉等多种特色产品打造专属策划方案，为遵义县花茂村等乡村设计旅游线路，运用专业知识服务举办地的旅游发展，通过比赛强化了深入基层、服务群众的情感认同。

产学研一体化促进红色资源价值转化。大赛在组织过程中邀请旅游业界、高校、研究机构一同参与，在全国红办的指导下开展工作。大赛从主题策划到方案设计再到落地实施流程一体化。秉承"问题导向"，大学生基于红色资源推广设计的优秀方案及作品会直接被地方旅游局或旅行社采用，用于红色旅游资源的推广。大学生通过比赛夯实专业知识并了解社会、认识社会，增强学生的社会责任感、使命感和人文情怀。

三、红色旅游创意策划大赛的典型特征

红色旅游创意策划大赛从落细落小、入脑入心、濡养默化三方面入手着力打造了针对性强、感受性高、呈现性佳的思想政治教育新渠道，是深入贯彻落实习近平总书记在全国高校思想政治工作会上的讲话精神的生动实践。大赛展现了三个契合的特点：

（一）契合专业学习，打造激发兴趣的赛事

大赛通过深入挖掘红色旅游教育内涵，将理想信念教育与红色旅游创意设计的精神脉络相结合，将爱国主义教育与红色旅游创意设计的意义和现实价值相结合，"同向同行，形成协同效应"。

（二）契合国家大事，把握教育活动的导向

大赛紧扣时代发展脉搏，充分体现"因事而化、因时而进"，主题与时事紧密结合，从小处入手，进一步激发大学生实现中华民族伟大复兴中

国梦的使命感和历史责任感。

（三）契合学生个性，符合学生认知的特点

习总书记指出"要运用新媒体新技术使工作活起来，推动思想政治工作传统优势同信息技术高度融合，增强时代感和吸引力"[①]。此次大赛的发起正是源于"因势而新"，运用大学生乐于参与、喜闻乐见、易于接受的形式载体，传承红色基因，发展红色旅游。

四、红色旅游创意策划大赛的成效

从2011年成功举办首届红旅大赛以来，红旅大赛经历了初步探索、逐步完善和改革深化三个阶段。经过七年的总结和积淀，红旅大赛的科学性、规范性、实效性不断提高，吸引力和影响力不断增强。

（一）大赛紧扣时代脉搏，创新高校思想政治教育新途径

红旅大赛已成为全国高校品牌性活动，也成为一种学生思想政治教育工作的新途径。

（二）弘扬革命精神，大学生思想政治觉悟显著提升

红旅大赛调动了学生爱党爱国的热情，培养了他们的合作意识和创新精神，提高了学生的实践操作能力。通过大赛的形式，也提升了思想政治

---

① 习近平：《在全国高校思想政治工作会议上的重要讲话》，新华社，2016年12月8日。

教育工作的实效性。以第三届大赛为例,参赛的同学80%在比赛之后向党组织递交了入党申请书,有520名参赛的入党积极分子就参赛过程向党组织递交了思想汇报。

(三)活动规模扩大,提升了社会影响力

从第一届到第七届,参赛队伍增加了400%,赛事备受关注。《中国教育报》《中国旅游报》《北京青年报》等媒体进行跟踪报道,新华网、人民网、凤凰网、新浪网等100余家网络新闻媒体进行了相关报道。这些宣传报道和高度社会评价是对红旅大赛活动的认可,也是对进一步挖掘红旅教育新内涵、探索教育新方法的鼓励。

五、红色旅游创意策划大赛的经验

(一)顶层设计,找准凝聚点

红旅大赛旨在以专业教育为基础,将旅游专业教育和大学生思想政治教育有机结合,使学生在红色旅游知识学习的基础上接受思想政治教育。考虑到主题教育活动的内容既要紧扣时代发展脉搏,又要紧扣学生成长本质要求。确立选择红色旅游资源,利用旅游专业理论深入挖掘红色旅游教育内涵,将思想政治教育中的理想信念教育、爱国主义教育和旅游专业教育等内容融入红旅大赛之中。

(二)扎实推进,形成兴奋点

思想政治教育只有渗透在社会关系中,让受教育者参加一定的社会实践活动,才能获得切身体验,教育才能入脑入心。红旅大赛充分利用红色资源的实物存在,用图片文字、导游讲解、线路设计展现历史革命遗址、

烈士陵园等记录革命先烈生前点滴的遗址遗物,让受众身临其中,自觉被先辈们的高尚情怀感动和吸引。

(三) 突出特色,紧握关键点

没有特色,思政教育就没有了吸引力和感召力。五年来持续深入开展红旅大赛主题教育活动,从学校党委、职能部门到学院党委,从教师到学生,都十分重视。这项以旅游专业学习、红色教育和大学生思想政治教育相结合的赛事,为学生提供了自主学习、动手实践、互相合作、勇于创造的发展平台,已经成为学生参与面最广、积极性最高,具有可持续性的公益性文化创意竞赛活动。

首都高校发挥文化引领功能的途径探析

郝京清

(北京第二外国语学院文化与传播学院,北京 100024)

摘　要:首都高校以其特殊的资源优势和地位,在社会的文化引领方面发挥着巨大的作用。本文对首都高校通过人才培养、科研成果转化、面向社会直接开展文化服务活动以及利用多种平台实现对社会的文化引领等途径进行了简要分析,对首都高校在社会文化的孕育与发展中发挥的示范、辐射和引导作用进行了有益探讨。

关键词:首都高校;文化引领;产学研一体化;和谐文化;文化服务;网络文化

"高等学校文化引领功能",是指高等学校在构建社会主义和谐社会中承担着引领社会精神层次提升、传承人类文明演进、推动人类科技进步的重要使命;高等学校应该成为先进文化的开拓者和倡导者,成为社会文化的领航者和示范者,成为推动社会和谐、引领社会风尚的文化圣地和精神家园;高等学校更应该自觉地承担起通过科学技术、思想理念、知识传播等途径引领社会文化发展的责任,为社会提供和输送先进的文化思想和科学技术,成为文化孕育和发散的摇篮和基地。

首都高校具备的特殊资源优势和地位,使其成为先进文化的重要发源地和储备地。那么,如何在这种文化传承和传播过程中直接或者间接地发挥其文化引领的功能呢?我们知道,大学的经典功能有三:人才培养、科学研究和社会服务,首都高校的文化引领功能就是伴随着上述经典功能的实现而展开的。

一、首都高校通过人才培养进行文化引领

北京拥有数量庞大、类别繁多的高等学府,据国家统计局网站最新公布的数据显示,高校总数约182所,占全国高等教育机构的5.06%。首都高校接纳的学生数量和培养的毕业生数量在全国约占比例为3.27%,这样一个庞大的毕业生群体在进入社会各行各业后,将会在政治信仰、价值观念和知识技术等方面成为一个强大的辐射源,从而带动整个社会文化层次的提升。

在构建创新型国家的时代背景下,高校通过培养人才引领社会文化有两方面内容:一是在文化知识上的引领;二是在思想政治和道德上的引领。

(一)文化知识方面的引领

高等教育的根本任务是专业课程的教育和专业人才的培养,高校以精通所授课程并了解学科发展前沿的教师为主力,运用先进的教学理念和方法,在讲课和讨论中激发学生探索研究的兴趣,提高学生的研究能力。通过大学的文化教育与熏陶,将德、智、体、美内化为学生的基本素质,使其走向社会后能运用自身的知识和品质影响社会文化发展。这些人才会带着在学校所学的各种专业知识和创新技能走向各个行业,以各种直接的或间接的方式在他们所在的工作领域影响着社会的发展。特别是师范类的毕业生,他们会带着新知识再次走进校园,并将这些文化转化成新人才成长所需的知识营养和文化积淀,为他们走向更高学府进行深造、为社会做出更多贡献奠定基础。

(二)思想政治与道德培养上的引领

高等教育既传递知识,更滋养灵魂,是教人求真求善的精神家园。大

学所培养的人才一批批地走向社会的各个角落，他们带去的除了习得的文化知识和科学技术外，还有所受到的精神熏陶。从西方思想到中国文化，高校师生们汲取了无数先贤圣哲的思想精髓，并以此来规范自己的道德和行为，在社会中发挥了很强的示范效应，以此推动社会道德体系的建立和完善，进而影响和引导整个社会走向正确的文化方向。

高校教师对学生来说是思想、文化和科技传播的"舆论领袖"，他们在引导学生树立正确的价值观和先进的思想文化方面最具影响力。专业教师的职责不仅仅是传授知识与技能，更为重要的是传递代表先进文化发展方向的思想，从而将学生培养成为政治觉悟高、思想道德素质过硬的人才。教师通过在课堂教学中融入和谐文化的思想内容来引导学生，在授予知识和文明成果的同时传递和谐文化思想，从而全面提升大学生的思想政治素质。此外，不同的大学必然有不同的文化，体现着各自不同的传统。各种学生社团组织的丰富多彩的活动，向学生们展示了文明健康、积极向上、和谐有序的校园文化，潜移默化地塑造着生活在其中的每一个人。这种"母校"文化的规范，必将与学生终生相伴，并在其离开母校后的工作生活中体现出来，使之成为整个社会文化创建活动中的典范。

二、首都高校通过科研成果转化实现文化引领

作为政府决策的思想库、社会发展的助推器和技术进步的动力站，科研型高校可以利用其在高素质人才和先进技术方面的资源，对科技、社会等方面的热点问题进行研究，随即将科研成果进行转化并直接运用于社会相关领域，以此向社会传播文化、知识与先进理念，引领文化发展。具体路径有以下三种：

（一）首都高校通过承接科研课题和提供政策参考进行文化引领

首都高校聚集了国内各行各业顶级的专家学者，他们时时洞察科技动

态，密切关注国内外形势，对各种社会问题及领先科技都有自己独到的见解和敏锐的分析。依托人才和技术方面的优势，首都高校可以配合政府部门及相关机构的决策需要，积极组建研究团队、承接政府部门和相关机构的各种规划项目和科研课题，开展科研攻关、研讨相应对策，为政府部门和相关机构的领导层进行重大问题的决策提供科学依据，从而自上而下地引导社会文化的正确走向。

（二）首都高校通过设立产学研一体化平台与成果转化进行文化引领

首都高校通过设立产学研一体化平台，直接为社会提供人力和智力支持，从而为科研成果向产业转化服务，以此引领整个社会的文化产业发展。

像斯坦福大学之于硅谷一样，清华大学与清华科技园的合作是国内一个成功的范例。这种以产业园区为依托的高校与企业合作发展的模式和面向首都乃至全国的开放式平台，不仅搭建了高校的先进科研成果与思想文化外溢和运用的桥梁，推动了科研成果的产业化转化，更是孕育了一个先进文化传播和运用的重要基地，为社会文化的发展提供了强有力的内在引擎。

2008年北京奥运会期间，首都高校充分发挥了扎实的科研能力和文化内涵，为奥运会的成功举办做出了贡献。清华大学百余位专家所主持的涉及环境监测、建筑节能、场馆景观设计、场馆风险评估等百余项研究成果，被运用到北京奥运会的多个环节；北京交通大学凭借地铁列车运行控制和隧道工程方面的科技优势，为北京奥运的地铁交通提供了保障；北京理工大学也在安保装备、电动车辆研发、开闭幕式文化创意技术以及管理机制等方面为北京奥运会的成功举办提供了强有力的支撑。还有为北京的"碧水蓝天"工程、智能交通提供技术支持和科技创新成果的北京工业大学；为2008年北京奥运会的理念阐释建言献策的中国人民大学；在高性能碳纤维科技攻关中取得重大进展的北京化工大学；等等。首都高校成为实现"绿色奥运、科技奥运、人文奥运"的重要力量。

（三）首都高校通过学术交流与学术传播进行文化引领

首都高校通过举办各种学术会议，与相关各界频繁交流，共同探讨学科前沿问题，向社会传播学术思想和文化理念。北京作为全国政治文化中心，云集了各个专业领域的学界精英，体现着最新的国际国内学术发展动态。首都高校拥有得天独厚的外在环境和内在科研资源，是承办和参与学术会议的主力。这些科研实力雄厚的高校通过承办高水平的学术会议，向与会人员提供该学科的最新研究成果。经过各界人士的多方交流，彼此深化对现有科研成果的理解，并于会后将之带到社会的各个领域。

（四）首都高校通过建设重点实验室与研究基地进行文化引领

首都高校依托各种重点实验室，围绕国家和北京市经济、社会和科技发展战略，结合北京市学科发展优势，开展基础研究；针对行业重大技术问题，开展前沿技术的应用基础研究，获取原始创新成果，增加科技成果的有效供给，研究前沿技术，引领行业技术创新，从而提升社会的应用型科技攻关能力。

这些基地不仅研发出大量的科研成果，培养了一大批科研人才，而且促进大量科研成果转化应用，为市委市政府决策提供参考，为首都经济社会发展提供学术支撑和理论支持。

三、首都高校通过面向社会直接开展文化服务活动进行文化引领

我国高等学校在"去行政化"的转变过程中，越来越多地承担起了社会公共服务的功能。在这个转变过程中，它将形成越来越独立的品格和新文化，并通过服务社会将其优良的校园品格和先进文化推广到社会群体

中，从而带动社会文化风气的变革和新文化的形成。具体的实现渠道有：

（一）首都高校通过面向社区和全社会举办公益活动实现文化引领

首都高校是文化活动的聚集区，更是社区文化活动的积极参与者之一。首都高校参加所在各区的社区文化建设，可以有效影响社区文化的发展方向，向全社会辐射先进的文化思想。具体形式如：组织开展科普知识宣传，与社区共建文明单位，与社区联合举办名家讲座、读书交流会，开展健康有益的体育比赛，向社区提供优秀的音乐会、演唱会、文娱表演等。这些活动可以提高社区成员的文化素养，引导他们利用好闲暇时间，形成良好和谐的社区文化氛围。

高校的公益活动不仅仅针对所在社区，还可以面向全社会、多领域、各阶层。一些高校通过组织大学生进行社会实践，借助文化、科技、卫生"三下乡"等活动，把和谐文化创建活动扩大到京郊农村去，帮助农村地区移风易俗，提高文化水平；有些高校学生走进打工子弟学校义务支教，让更多普通人乃至弱势群体同样感受到高校的文化精神；还有的高校利用其已经形成的科技服务渠道，通过科技服务向企业、向社会传播科学思想和科学精神，对促进和谐文化建设发挥了重要作用。

此外，高校还可以有选择地向社会公开部分图书资源、授课资源、体育设施资源等文化教育资源，从而多层面全方位地为首都市民提供专业性、前瞻性、体验性、研究性于一体的公共文化服务平台，以有利于更多的社会群体深入高校文化生活，感受先进的精神文化，最终有效地将先进文化辐射至更广阔的范围。

（二）首都高校利用高校社团发挥在文化建设中的引领作用

高校校园文化能体现一所大学最直观的对外形象，也能体现高校整体的精神风貌。学校社团是校园文化建设的重地，社团建设走出校园，加强与社会各界的联系、协作与交流。通过与社会其他群体的交际活动，一方面可以利用社会的广阔舞台和丰富资源，增加学生的社会实践经验；另一方面又向外界社会宣传推广了自身的校园文化，并在各种各样的活动中使这种特有的校园风尚和校园文化被社会其他群体所接纳，从而影响社会的文化发展。此外，首都各个高校利用其丰富的人文和地理资源，开展了丰富多彩的社团活动，一些杰出的社团活动获得了非常大的社会反响和带动效应。

四、首都高校利用多种平台实现文化引领

（一）校友会是高等学校发挥文化引领功能的一个特有平台

高校毕业生是高校公共关系中的重要外部公众，他们既是学校的"人才产品"，也是学校的"品牌形象"；是一个信息丰富、知识密集、与母校有着特殊感情联系的群体，是学校公共关系的宝贵资源，也是学校拓宽公共关系的重要渠道。利用遍布国内外各行各业的校友资源来传播学校文化是非常有效的，通过这种方式，可以使高校文化引领得以长期地、持久地和动态地发展。这一方式的实现依托就是校友会。作为学校的专门组织，校友会具备联络校友、服务校友、服务母校的相应职能，是双向服务的载体。校友会利用设立校友网站、编辑校友会刊、举办校友论坛等方式，通过校友研讨会、交流会、报告会、参观考察等各种形式，保持各界各级校友与学校的及时沟通，一方面教育在校大学生，发挥优秀校友的教育示范作用，另一方面及时向校友传递学校的各种发展和校园精神文化动态信息，再借由校友将高校文化和理念传播到所在的地方和行业，从而有效地开发利用校友资源，实现对社会的文化引领。

（二）运用网络与新媒体技术进行辐射面更广泛、更迅速的文化引领

随着互联网技术的迅速发展，网络文化已渗透到人们生活的每一个场所和角落，并以非常强大的力量支配人们的行为和观念。高校利用网络等新媒体来引领社会文化是顺应时代发展趋势的必然选择，这是奉献给社会的一个重要资源。利用好这样的资源，可以进行更为广泛和迅速的社会参与，共同推进先进文化建设。

比如，高校利用网络平台分享优质的授课音频与视频，通过建设精品课程公开课，开启网上学习通道，发布学术交流的通知与信息，提供图书在线借阅与浏览等，鼓励更多的人以较低成本参与到文化学习与交流过程中来，提升社会大众的科学文化素养，服务社会主义先进文化建设。

（三）通过国际文化交流活动进行文化引领

随着经济全球化进程的推进，高等教育国际化趋势也日益显现，体现为国际间大学的合作与交流越来越频繁，国际合作不仅可以打破横亘于异质文化之间的学术壁垒，加强文化交流的力度与深度，而且可以推动多元文化的整合与交融。世界各国的大学特别是著名大学都十分重视不断提高自身的国际化程度，使自己逐渐成为世界各国文化的聚集地，从而使各种文明在大学交融。首都汇聚了众多国内一流的大学，这些优秀高校与国外大学进行各种形式的广泛文化交流，不仅促进了中国传统文化在世界的传播，同时也吸收了外国的先进文化，使我国的文化品质得到很大的提升。借鉴与传播先进的外来文化并促进中国传统文化在世界范围的传播，是高校引领文化的又一方式。

五、小结

作为环境友好型、资源节约型产业,文化不仅是经济的重要组成部分,还是推动经济发展的重要杠杆。当今世界正处在大发展大变革大调整时期,世界多极化、经济全球化深入发展,科学技术日新月异,各种思想文化交流交融、交锋更加频繁,文化在综合国力竞争中的地位和作用更加凸显。当今世界综合国力竞争的一个显著特点就是文化软实力的竞争,世界大国都纷纷开始重视文化软实力的建设,将提升本国文化软实力作为发展的头等大事,文化的竞争日益成为一国参与国际竞争的重要砝码。

北京是全国的政治中心、文化中心和国际交往中心,它在文化资源和对资源的需求等方面都具有特殊性。正是由于北京拥有特殊的文化资源和高校资源以及对文化资源的特殊需求,才使得北京高校成了文化发展和传承的一个重要载体。不仅如此,大学在人才培养、科研活动、服务社会发展的同时,还必须保持对社会的适度超越,以其着眼于未来的精神,保持应有的独立品格和超越功利的价值追求,进而成为现实世界的批判者、理想社会的建构者和先进文化的引领者。

参考文献

(1) 李玉增:《区域高校社会服务领域与内容初探》,载《湘潭师范学院学报:社会科学版》,2003年第5期。

(2) 袁振国:《当代教育学》,教育科学出版社2004年版。

(3) 刘晖:《论大学文化的特征、嬗变与功能》,载《高教探索》,2006年第3期。

(4) 薛天祥:《高等教育管理学》,广西师范大学出版社2006年版。

(5) 潘懋元:《新编高等教育学》,北京师范大学出版社2006年版。

(6) 赵沁平:《发挥大学第四功能作用　引领社会创新文化发展》,载《中国高等教育》,2006年第15/16期。

（7）高占祥：《文化力》，北京大学出版社2007年版。

（8）徐显明：《大学理念论纲》，载《中国社会科学》，2010年第6期。

（9）《中国共产党第十八次全国代表大会文件汇编》，人民出版社2012年版。

（10）杨静：《打造首都文化产业融合先锋》，载《前线》，2013年第10期。

（11）王琪延、王博：《北京建设全国文化中心的设想》，载《首都经济贸易大学学报》，2016年第1期。

"思想道德修养与法律基础"课开展体验式教学的路径探索[①]

李智慧　张珑膑

(北京第二外国语学院党委学生工作部,北京 100024)

摘　要：思想政治理论课要关注如何认识青年学生、如何教育引领青年学生、如何发挥青年学生作用等重大问题。充分挖掘"思想道德修养与法律基础"课教材内容,以大学生理想信念与道德修养为主线,采取实践调研的形式,课上聚焦问题、课下调研实践、课上展示分享、教师讲解提升,因事而化、因时而进、因势而新。通过体验式教学,引导学生做社会主义核心价值观的坚定信仰者、积极传播者、模范践行者。

关键词：思想道德修养与法律基础；社会主义核心价值观；实践教学

习近平总书记在 2016 年全国高校思想政治工作会议上指出,"要坚持不懈传播马克思主义科学理论,抓好马克思主义理论教育,为学生一生成长奠定科学的思想基础。要坚持不懈培育和弘扬社会主义核心价值观,引导广大师生做社会主义核心价值观的坚定信仰者、积极传播者、模范践行者"。"思想道德修养与法律基础"(以下简称"基础")课是高校大学生思想政治理论教育的重要课程,其独特的课程性质、鲜活的课程内容,与大学生的成长紧密相关,蕴含着丰富的社会主义核心价值观教育内容。在"基础"课,积极挖掘教学内容,采用实践教学的手段对大学生进行社会

[①] 本文系北京第二外国语学院 2017 年教改项目《基于实践调研的思想道德修养与法律基础课程体验式教学模式研究》阶段性成果。

"思想道德修养与法律基础"课开展体验式教学的路径探索

主义核心价值观教育，是提升高校思想政治教育教学效果的有效手段。

一、体验式教学是内化社会主义核心价值观教育的现实需要

习近平总书记强调，"要更加注重以文化人以文育人，广泛开展文明校园创建，开展形式多样、健康向上、格调高雅的校园文化活动，广泛开展各类社会实践"。以校园文化活动为载体，开展大学生思想政治教育是高校思政教育的必要手段，其重要性不言而喻。"基础"课以其独特的内容和教学平台优势，在大学生社会主义核心价值观实践教学方面大有可为。

笔者以"社会主义核心价值观下的青春风采"为调研主题，紧扣社会主义核心价值观，结合《思想道德修养与法律基础》课程教学内容，组织学生以小组为单位，围绕大学生理想信念、人生观、道德观、恋爱观、就业观等开展实践调研，将社会主义核心价值观教育落细、落小、落实。该项目已经实施3年，通过实践调研，启发学生对自身成长成才过程中遇到的问题及当前社会热点问题的思考，培养学生的团结协作、勤于思考、勇于创新的精神。在强化学生理论认知水平、增强认识社会和思考现实的能力方面取得了较好的育人效果。为深化大学生对社会主义核心价值观内涵的理解，展现当代大学生青春风采，提升"基础"课教学实效，开展社会主义核心价值观实践教学恰逢其时。

二、开展体验式教学的思路和具体路径

（一）开展"基础课"体验式教学的思路

将社会主义核心价值观教育贯穿于"基础"课课堂和学生学习生活中，通过课上聚焦问题、课下调研实践、课上展示分享、教师讲解提升，

因事而化、因时而进、因势而新。通过实践教学，引导学生做社会主义核心价值观的坚定信仰者、积极传播者、模范践行者。实践教学中充分运用思想政治教育学的基本原理，以实践调研的真实数据为基础，注重思想政治教育学、传播学、组织行为学、教育学、心理学等学科间的交叉和融合，围绕如何在多元文化冲击背景下做好大学生社会主义核心价值观教育，开展互动式、体验式、参与式的思政教育改革。思路包含如下三个递进步骤：

一是问题提出。面对多元文化和多元价值观的冲击，高校大学生的社会主义核心价值观认知和践行有待加强。在"思想政治教育理论课"的主渠道中，如何将社会主义核心价值观教育与大学生思想关注特点的变化相结合是案例探索解决的首要问题。

二是问题分析。面对外部环境变化和大学生自身思想与行为接受取向的变化，通过教育理念、方式和主体角色的变化，以体验式、参与式教育为主要手段，引领大学生提出问题，以兴趣为导向组团开展调研，分析得出调研结论。在调研过程中，提升对社会主义核心价值观的认识和践行，增强教育的影响力、感染力和亲和力。

三是问题验证。通过大学生思想道德修养与法律基础课的平台，在实践教学环节引导大学生围绕选定主题开展调研，进行社会主义核心价值观教育创新路径的案例实证。从2014年开始，已经连续进行3年，提升了我校大学生社会主义核心价值观教育教学的实效性。

（二）开展"基础课"体验式教学的具体路径

基于思想道德修养与法律基础课的实践环节与课堂教学相伴，在课堂之内设置实践环节。总体设置是课程开始阶段明确调研任务、中期过程强化督导、末期开展调研总结分享。作为在课堂教学内设置的实践环节，布置任务和活动总结是在课堂内进行，调查研究和过程督导是在课余时间进行。

一是实施方式与考核标准的确定。

实施中是以自然教学班为基础，班级人数在110人以内，以课上指导、

"思想道德修养与法律基础"课开展体验式教学的路径探索

课下辅导与学生实践调研相结合。具体做法是在学期初布置调研任务，学生在自然教学班中依据各自的小班和兴趣自愿分成小组，每个班级分为10个小组，每组10人左右。按照选题提交调研策划、实施调查研究，调研过程中可以用电子邮件、BB 教学平台、微信等方式与教师进行沟通，教师也可以随时了解并指导学生的调研过程。

考核形式是调研报告和分组展示，成绩以每组最终提交的调研报告和活动总结中的分组展示为准，采用100分制，由学生代表和教师共同评分，最后成绩占学期总成绩的40%。

二是实践过程中的问题及对策方案。

关于调研时间与课上时间的合理分配。无论对于教师还是对于学生，相对于传统的课堂讲授，设置的校内调研的实践环节增加了授课的任务，也需要占用课堂授课的部分时间和课余时间。实际操作中，教师会在学期初的第一节课布置调研任务，期中选择一节课进行调研展示，其余的调研环节需要学生课下完成。

关于调研中学生与教师的有效沟通。作为实践教学的方式，校内调研主要是利用课余时间，除了布置任务和活动总结等完整的课堂交流，比较有效的办法是利用各种交流平台，包括学生比较常用的微信、QQ、电子邮件和学校开发的 BB 网络教学平台。教师将任务要求、调研中遇到问题的解决办法等及时告知学生，同样学生也可以运用这种方式与教师及时沟通。但这种交流方式不能替代面对面交流，所以课下当面交流也是必要的。

关于调研中分组及小组成员的作用发挥。因为思想道德修养与法律基础课课堂是超过100人的中班授课，在自然班基础上的分组既要保证小组的有效运转，又要兼顾大班的组别容量。实践中教师把学生一般分为10组，每组大概10人左右。在具体的调研实践中，怎样能够让每个组员都能真正地参与调研活动，有效的做法是要求小组提供调研环节中任务分工并在每个环节由相关同学向教师汇报调研情况，也可以根据调研的进度对小组成员进行抽查，了解分工的执行情况。

关于调研的考核及结果运用。虽然调研题目的设置与学生生活密切相关，能够引起他们的兴趣，但作为教学中的环节，学生也很关注成绩。在学期初布置任务时教师明确告知了校内调研所占分数成绩的40%及具体考核方式。在调研总结展示中,请每组派出一名代表组成学生评委和教师一起打分,取平均分作为小组展示成绩。展示的成绩与调研报告的成绩相结合,给出每组成绩。鉴于各小组人员的贡献量不同,在最终分数上会为小组有特别贡献的同学增加一定的奖励分数,以保证评价的客观公正。

(三) 开展基础课体验式教学的调研效果

三年来,社会主义核心价值观校内调研累计参与学生1000余人,调研涉及大学生理想信念、人生观、道德观、恋爱观、就业观等近二十个大类,子题目涵盖社会主义核心价值观中的"富强、民主、文明、和谐、平等、公正、法治、爱国、敬业、诚信、友善"等各方面内容,取得了较好的效果。

一是先进典型不断涌现,社会主义核心价值观育人效果明显提升。学生对社会主义核心价值观内涵和意义的理解更加深刻。通过多主题、多环节的实践调研活动,学生加深了对社会主义核心价值观的认识,对于在校园和社会生活中如何践行核心价值观有了自己的思考。一批理想信念坚定、成才方向正确、品行良好的学生个人与集体涌现出来,展示了二外学生的精神风貌。

二是调研规模不断扩大,学生参与积极性明显提高。"基础"课教师精心设计社会主义核心价值观实践调研环节,有效提升了调研的科学性和针对性,提高了调研的吸引力和影响力,学生主动参与到实践调研中。校内调研在实施过程中充分发挥大学生学习的积极性、主动性、创造性。通过自行组建团队、自主设计调研方案、自主完成实践调研,培养了学生的组织能力、实践能力和团队协作能力,提升了学生运用理论知识分析和解决实际问题的能力和意识。

三是实践调研广受关注,育人成果广受好评。三年来,实践调研成果得到校内各方的关注和认可,二外课题组在全国高校思想政治理论课实践教学研讨会上做主题发言。通过调研及成果展示,教师进一步了解了学生的思想动态,拉近了师生的距离。同时,学生在实践调研中坚定了理想信念,对自身发展也有了更为准确的定位。

三、"基础课"体验式教学的主要经验和推广价值

（一）主要经验

一是深刻认识实践调研对于学生社会主义核心价值观教育的重要意义。要认识到社会主义核心价值观从认知到践行，达到内化于心、外化于形必须要有实践载体，通过实践调研提升大学生社会主义核心价值观践行是行之有效的方式。"基础"课教师，有责任利用课堂主渠道开展形式多样、学生乐于接受的社会主义核心价值观教育。二是始终坚持一切从学生实际出发，重视学生主观能动性发挥。外因要通过内因才能够发挥作用。在实践调研中，要充分发挥学生的积极性，从选题的确立，到调研的开展，学生作为实践主体，教师只在必要时予以指导。对于学生在实践调研中好的做法，在各实践团队中推广分享。三是推动调研围绕提升社会主义核心价值观教育实效展开。实践调研活动的目的是提升社会主义核心价值观教育效果，以学生自我教育为主体。在调研的总结展示环节，教师要引导学生在实践分析的基础上看到调研结果与社会主义核心价值观践行的内在关系，对于学生认知不深的地方要适时引导，深化提升。经过三年的实践，我们已经建立了行之有效的调研组织实施体系，从选题、实施到总结，实现了学院指导与教师分工合作的统一、督导与激励的统一、学生调研过程督导和展示评比激励的统一。整体部署提升规范性，通过鼓励探索发现激发新活力、创造力，从而形成良性的发展机制。

（二）推广价值

习近平总书记强调，要坚持把立德树人作为中心环节，把思想政治工作贯穿教育教学全过程，实现全程育人、全方位育人。社会主义核心价值观实践教学注重全方位、全过程育人。通过实践环节，将教师指导与学生主导有效结合，注重学生的体验和参与，形成了较为有效的、可推广的教

学经验。

一是示范性强。作为北京高校首批思想政治理论课教育教学改革示范点，案例基于学生的自我教育，依靠学生自发组成的小组完成，教师只需要在关键环节指导。调研的选题、环节、评价反馈已系统化，在各高校都可实施，具有较强的可操作性。二是覆盖范围广。思想政治理论课是大学阶段的公共必修课，案例调研结合课程的实践教学环节开展，能够覆盖全体在校大学生。三是育人效果好。在社会主义核心价值观案例调研中，基于兴趣选择的主题调研，让学生探索求知的愿望得到尊重和满足，而实践调研的数据分析也有利于进一步推动价值观的认知和践行，使学生成为德才兼备、全面发展的人才。

参考文献

（1）习近平：《把思想政治工作贯穿教育教学全过程 开创我国高等教育事业发展新局面》，载《中国教育报》，2016 年第 1 期。